全国高等学校中药临床药学专业创新教材
全国医疗机构中药临床药师培训教材

中药药物经济学

主 编 唐洪梅 刘国祥

副主编 张师愚 郭洁文

编 委（以姓氏笔画为序）

王 莹（中山大学孙逸仙纪念医院）
王 婷（广州中医药大学）
邓志军（广州市中医医院）
司徒冰（广州医科大学附属第三医院）
朱全刚（上海市皮肤病医院）
伍俊妍（中山大学孙逸仙纪念医院）
刘若轩（广州市中医医院）
刘国祥（哈尔滨医科大学卫生管理学院）
孙 旭（广州中医药大学第一附属医院）
孙振青（青岛市海慈医疗集团）
李丽明（广州市中医医院）
李国成（中山大学孙逸仙纪念医院）
杨 青（青岛市海慈医疗集团）
杨 轶（广东省人民医院）
杨 敏（广东省人民医院）
杨 晨（广州军区广州总医院）
利亭婷（广州中医药大学第一附属医院）
何艳玲（广州市妇女儿童医疗中心）
邱 孟（中山大学肿瘤医院）
邱凯锋（中山大学孙逸仙纪念医院）
张 恒（青岛市海慈医疗集团）
张 歆（哈尔滨医科大学卫生管理学院）
张师愚（天津中医药大学）
陈卓佳（中山大学肿瘤医院）
陈峦峦（广州医科大学附属第三医院）
范秀荣（北京中医药大学东直门医院）
林静吟（广州市正骨医院）
郑 琳（天津中医药大学）
房财富（中山大学肿瘤医院）
姚 媛（广州中医药大学第一附属医院）
徐 涛（河南中医药大学第一附属医院）
郭洁文（广州市中医医院）
唐洪梅（广州中医药大学第一附属医院）
黄红兵（中山大学肿瘤医院）
黄金宇（辽宁中医药大学）
曹礼慧（广州医科大学附属第三医院）
蔡庆群（广州中医药大学第一附属医院）
熊 芬（广州中医药大学第一附属医院）
潘 莹（中山大学肿瘤医院）

人民卫生出版社

图书在版编目（CIP）数据

中药药物经济学/唐洪梅，刘国祥主编. —北京：人民卫生出版社，2016

ISBN 978-7-117-23681-2

Ⅰ. ①中… Ⅱ. ①唐… ②刘… Ⅲ. ①中药学—药物学—卫生经济学—医学院校—教材 Ⅳ. ①F407.7

中国版本图书馆CIP数据核字(2016)第270904号

人卫智网	www.ipmph.com	医学教育、学术、考试、健康，购书智慧智能综合服务平台
人卫官网	www.pmph.com	人卫官方资讯发布平台

中药药物经济学

主　　编： 唐洪梅　刘国祥
出版发行： 人民卫生出版社（中继线 010-59780011）
地　　址： 北京市朝阳区潘家园南里19号
邮　　编： 100021
E - mail： pmph @ pmph. com
购书热线： 010-59787592　010-59787584　010-65264830
印　　刷： 保定市中画美凯印刷有限公司
经　　销： 新华书店
开　　本： 787×1092　1/16　　**印张：** 14
字　　数： 341千字
版　　次： 2017年1月第1版　2017年1月第1版第1次印刷
标准书号： ISBN 978-7-117-23681-2/R・23682
定　　价： 36.00元
打击盗版举报电话：010-59787491　E-mail：WQ @ pmph. com
（凡属印装质量问题请与本社市场营销中心联系退换）

出版说明

近几年我国临床药学快速发展，尤其是西药的临床药学工作，正在全国如火如荼地开展，无论是学校教育，还是药师培训，都取得了显著的成绩。相比西药临床药学工作的开展情况而言，我国的中药临床药学人才培养工作才刚刚起步。

由于不合理用药导致的中药不良反应逐年上升，紧密结合中医临床开展中药临床药学，促进中药的合理应用，避免中药药害事件及减少中药不良反应的发生已迫在眉睫。目前全国各地各级医院特别是中医院十分重视中药临床药学工作的开展，但从开展的情况来看，存在的最大问题就是缺乏中药临床药学人才。为此，许多医疗机构和高等医药院校强烈呼吁尽快开展中药临床药学人才的培养教育工作。

为顺应这一人才培养需求，针对目前国内尚缺少中药临床药学专业全国性教材和培训用书的现状，更好地满足院校教育、继续教育的实际需求，在广泛调研和充分论证的基础上，我社与全国中医药高等教育学会中药教育研究会、中华中医药学会医院药学分会于 2015 年 4 月正式启动了全国高等学校中药临床药学专业创新教材、全国医疗机构中药临床药师培训教材的组织编写与出版工作。

作为全国首套中药临床药学专业创新教材和培训用书，本套教材具有如下特点：

一、以中医药理论为指导，突出中药临床药学专业特色

中药临床药学是在中医药理论指导下，以患者为对象，研究中药及其制剂与人体相互作用和合理应用的一门综合性学科。由于中医药有其独特的理论体系和特点，因此，该套教材在内容组织上不同于西药临床药学，是以中医药理论为指导，以中药学、中医学及相关社会科学知识为基础，创建具有鲜明中药临床药学专业特色的教材体系。教材内容紧密结合中医药理论，确保学生掌握必要的基本理论、基本知识和基本技能，以期培养出从事中药临床药学相关工作的，能够正确合理地使用中药、避免中药药害事件、减少中药不良反应发生的综合性、应用型中药临床药学人才。

二、以实践技能培养为核心，实现理论知识与临床实践有机贯通

中药临床药学是一门实践性很强的学科，因此，本套教材在编写中强调理论联系实际，注重对学生实践技能的培养，特别强调引入中药临床药学实践中的典型案例，使教材内容更加贴近岗位实际。旨在帮助学生理清理论知识与实际工作之间的关系，使学生在获取知识的过程中能与实际的岗位需求相结合，达到学以致用的目的。

三、以执业药师考试为契机，实现医学教育与药师考试有机融合

国家对 2015 年执业药师考试大纲进行了大幅度的改革，确定了“以用定考”的总体

方针，大大加强了对考生在药学服务、合理用药等方面知识水平和实践能力的考核。本套教材的编写目的和编写思路与执业药师考试改革的方向相契合，教材内容充分兼顾到执业药师考试大纲的要求，可为高校毕业生踏入工作岗位进行执业中药师考试奠定坚实的基础，也为正在医疗机构从事中药临床药学工作的从业者顺利考证提供了保障。

四、以教师和专家合作为起点，实现院校教育与继续教育实践有机衔接

考虑到中药临床药学专业实践性较强这一特点，为保证教材内容充分结合实际岗位要求，本套教材的编写团队由院校教师和临床一线的药师、医生共同组成，不仅能够确保一线工作岗位上的实践技能和实际案例写入教材，而且搭建了院校教师与医院专家合作的平台，为教师了解岗位需求、专家深入院校授课提供了有利条件。同时，本套教材也充分吸收了现阶段中药临床药师继续教育工作的宝贵经验，为今后开展继续教育和规范化培训奠定了基础。

本套教材的编写，得到了全国中医药高等教育学会中药教育研究会、中华中医药学会医院药学分会、全国高等学校中药临床药学专业教材建设指导委员会的精心指导与大力支持，得到了全国相关院校骨干教师以及医疗机构一线专家的积极参与，在此表示衷心的感谢！期待各院校、各医院在实际教学和工作中的使用过程中，对教材提出更多的宝贵意见，并请及时反馈给我们（renweiyaoxue@163. com），以便及时更正和修订完善。

人民卫生出版社

2016 年 9 月

全国高等学校中药临床药学专业创新教材
全国医疗机构中药临床药师培训教材
书　目

序号	教材名称	主编	单位
1	中药临床药学导论	梅全喜	广州中医药大学附属中山医院
		彭代银	安徽中医药大学
2	临床中药药物治疗学	张　冰	北京中医药大学
		周祯祥	湖北中医药大学
3	中药临床药理学	吕圭源	浙江中医药大学
		马世平	中国药科大学
4	中药药事管理	谢　明	辽宁中医药大学
		董　玲	北京中医药大学
5	中药药物经济学	唐洪梅	广州中医药大学第一附属医院
		刘国祥	哈尔滨医科大学
6	中药治疗药物监测	李范珠	浙江中医药大学
		许丽雯	上海中医药大学附属龙华医院
7	中药药学信息检索与应用	姚　毅	南京中医药大学附属医院
		吴水生	福建中医药大学
8	中药药学服务	王丽霞	中国中医科学院广安门医院
		宋　英	成都中医药大学附属医院
9	中药临床药师基本技能与实践	陆　进	中日友好医院
		杜守颖	北京中医药大学
10	中药药性学	郑虎占	北京中医药大学
		彭　康	南方医科大学
11	中成药与西药的相互作用	曹俊岭	北京中医药大学东直门医院
		甄汉深	广西中医药大学

续表

序号	教材名称	主编	单　　位
12	中药处方点评	李学林	河南中医药大学第一附属医院
		吴庆光	广州中医药大学
13	中药药源性疾病与防范	苗明三	河南中医药大学
		华国栋	北京中医药大学东方医院
14	中药临床方剂学	孙洪胜	山东中医药大学附属医院
		全世建	广州中医药大学
15	临床常用中药饮片鉴别	赵奎君	首都医科大学附属北京友谊医院
		刘春生	北京中医药大学
16	循证中药学	夏伦祝	安徽中医药大学附属第一医院
		张伶俐	四川大学华西第二医院

全国高等学校中药临床药学专业
教材建设指导委员会

成员名单

主任委员

彭代银　安徽中医药大学
彭　成　成都中医药大学
曹俊岭　北京中医药大学东直门医院
梅全喜　广州中医药大学附属中山医院

副主任委员

林　羽　福建中医药大学
李范珠　浙江中医药大学
林瑞超　北京中医药大学
马世平　中国药科大学
谢　明　辽宁中医药大学
夏伦祝　安徽中医药大学第一附属医院
姚　毅　南京中医药大学附属医院
赵奎君　首都医科大学附属北京友谊医院
唐洪梅　广州中医药大学第一附属医院
徐德生　上海中医药大学附属曙光医院

委　员（以姓氏笔画为序）

马　春　北京卫生职业学院
王　晖　广东药科大学
王世宇　成都中医药大学
王丽霞　中国中医科学院广安门医院
王昌利　陕西中医药大学
王景红　中国中医科学院望京医院
田元春　广西中医药大学第一附属医院
吕圭源　浙江中医药大学
吕良忠　浙江中医药大学（浙江省人民医院）
华国栋　北京中医药大学东方医院
刘春生　北京中医药大学
闫娟娟　山西中医学院

许丽雯　上海中医药大学附属龙华医院
孙洪胜　山东中医药大学附属医院
杜守颖　北京中医药大学
李亚秋　辽宁中医药大学附属医院
李丽静　长春中医药大学
李国辉　中国医学科学院肿瘤医院
李学林　河南中医药大学第一附属医院
李培红　中国中医科学院西苑医院
杨丙友　黑龙江中医药大学
杨新建　天津市中医药研究院附属医院
吴　清　北京中医药大学
吴水生　福建中医药大学
吴庆光　广州中医药大学
何　新　天津中医药大学
邹爱英　天津中医药大学第二附属医院
沈夕坤　苏州市中医医院
宋　英　成都中医药大学附属医院
张　冰　北京中医药大学
张一昕　河北中医学院
张立超　上海中医药大学附属中医医院
陆　进　中日友好医院
陈乃宏　湖南中医药大学
陈树和　湖北省中医院
陈素红　浙江工业大学
陈雪梅　厦门中医院
苗明三　河南中医药大学
林　宁　湖北中医药大学
林　华　广东省中医院
林良才　广州中医药大学
林能明　浙江中医药大学附属杭州市第一人民医院
欧阳荣　湖南中医药大学第一附属医院
郑虎占　北京中医药大学
钟凌云　江西中医药大学
秦华珍　广西中医药大学
聂继红　新疆医科大学附属中医院
桂双英　安徽中医药大学
郭桂明　首都医科大学附属北京中医医院
唐秀能　广西中医药大学附属瑞康医院
谈瑄忠　南京市中医院

符　颖　海南省中医院
彭伟文　广州中医药大学附属中山医院
董　玲　北京中医药大学
董婷霞　香港科技大学
曾赋芳　新疆医科大学
甄汉深　广西中医药大学
戴昭宇　香港浸会大学

序

随着世界经济的发展，越来越多的人群有机会接触并受益于医疗卫生服务。与此同时，医疗科学技术的飞速发展在预防与治疗疾病方面也取得了长足的进步。人均期望寿命的增长以及人均卫生资源需求量的显著增加，对世界各国的医疗卫生体系都形成了巨大的冲击。如何合理有效地使用卫生资源已成为政府、社会和个人必须面对的问题。一方面，政府（作为付费方）需要鼓励创新药物、疗效高的药物的使用，但由于支付能力有限，又不可能把层出不穷的新药、好药照单全收，政府需要找到一个公平的方式评价哪些药的性价比最高，以作为制定支付政策的依据。在此背景下，基于成本效益分析的药物经济学评估成为了世界各国政府的首选方法。

药物经济学研究的精髓是对药物的疗效、费用和疾病管理进行全面综合性的评估以产生真实的性价比数据，以确定被评估药物是否“物有所值”。药物经济学评估着重于平衡费用和健康效益，评估不仅展示各药物的总体费用，并力图从实际角度去评估通过某一治疗干预方案，使患者能获得怎样的健康效益。相对于传统的基于疗效和安全性的临床评估，药物经济学评估进一步加入了经济性因素并对药品的总体价值进行了综合考虑。药物经济学评估的最终目标是为药品的市场准入、定价和报销政策的制定提供科学依据。

中药在我国医疗卫生系统中占有极其重要的地位，并普遍被民众所接受。我国每年在中药上的医保花费非常可观，但药物经济学还未被广泛地运用在中药的评估中，以鼓励高性价比中药的使用及对疗效不佳、价格不菲的中药品种进行淘汰。而且现有的药物经济学评估方法也不适合于中药临床疗效评估的特性。我国新一轮医改启动以来，政府在制定相关医保、卫生医药政策时，多次提到运用药物经济学的方法和技术手段支持医保目录制定、药物遴选、临床治疗决策、药品定价、报销以及招标谈判，也希望此方法和技术手段能够为之后相关政策的制定和走向提供科学依据。本书的出版将为药物经济学研究在中药评估中的应用起到规范研究方法和促使中药创新的作用。

中山大学药学院
医药经济研究所
宣建伟

2016年10月11日　广州

前 言

经过一年多努力，汇集20多家代表性医疗机构及高校编写人员的共同心血，《中药药物经济学》终于面世，这是全国高等学校中药临床药学专业创新教材的一本，也是全国药物经济学领域中的第一本具有中药特色的教材。

中医药作为我国传统的特色诊疗模式，在疾病的预防和治疗中具有重要作用，不可替代。应用药物经济学评价指导药物价格的制定，已逐渐成为我国医药卫生体制改革中科学决策的重点参考。应用现代经济学的研究手段，结合中医药的特点以及流行病学、决策学、生物统计学等多学科研究成果，研究如何提高药物资源的有效配置，提高合理用药水平，帮助医疗机构制定医院用药目录、确定药物的使用范围，规范临床用药，从而控制药品费用的过快增长，减轻患者的经济负担，具有很好的临床价值。因此，中药药物经济学也是中药临床药学研究的重要内容。

本教材在中药药物经济学评价体系中强调中医的辨证施治和整体观，体现了中医药的优势和特色，同时具有药物经济学评价方法学的指引，具有实际操作性。

药物经济学是发展中的学科，中药药物经济学更需要在探索和实践中不断完善。由于编者水平有限，教材内容难免有不足和缺漏，恳请读者批评指正。

编　者

2016年11月

目 录

第一章 概 论

药物经济学是经济学在药学学科里的普遍运用，是利用经济学的理论和方法来研究人们对健康水平需求的无限性与药物资源的有限性之间的这种矛盾现象与问题，为药物资源的合理配置和有效利用提供科学依据的一门新兴学科。

经济学是研究人们如何作出选择，以便使用稀缺的或有限的资源来生产各种物品和劳务，并把它们分配给不同的社会成员以供消费，使人类现在和将来的欲望得到最大满足的一门社会科学。即研究如何对稀缺资源进行有效配置，以便最大限度地满足人类需要的一门社会科学。在经济学里，认为经济物品或生产经济物品的资源总是不足的，经济学把资源和物品相对于无限的人类欲望的有限性称为稀缺性。

药品是人类抗御疾病、生存繁衍的重要物质基础，是社会发展及人类预防和诊治疾病不可缺少的重要物质资源。全社会资源的稀缺性决定了医药领域可用资源（药物资源）的有限性。稀缺性的客观存在，决定了如何有效配置和最佳利用有限的资源、提高资源配置和使用效率成为组织和个人所必须面对的问题。

本章主要介绍药物经济学的基本概念、主要研究内容和方法、研究与应用的发展概况，以及药物经济学与中药临床药学的关系等，希望帮助读者能在总体上了解这门新兴学科，便于读者更好地学习后续内容。

第一节 药物经济学

一、药物经济学的概念与意义

（一）药物经济学的定义

药物经济学是 20 世纪 70 年代后期发展起来的一门边缘性应用学科，“药物经济学”作为一个专有名词首次出现在 1986 年。对一门新兴学科的定义，关系到人们对这门学科的基本认识和定位，关系到对这门学科研究对象及其应用领域的界定，关系到该学科的发展和应有作用的发挥程度。截至目前，国内外还没有能够得到普遍认同的、具有权威性的药物经济学定义。

一般认为，下面几个定义比较有代表性：

（1）药物经济学研究主要指对卫生保健系统中药物治疗的成本（资源消耗）以及药物产品和服务的效果（临床的、经济的、人道主义的）进行识别、测量和比较。这是美国人 Bootman 等人编写的全球第一本药物经济学方面的专著《药物经济学原理》（*Principles of Pharmacoeconomics*）（1991 年第 1 版、1996 年第 2 版、2004 年第 3 版）中给出的定义。

(2) 药物经济学是一门科学，它评价医药产品、服务及规划的总价值，强调在疾病的预防、诊断、治疗和管理干预措施中的临床、经济和人文结果，提供最优化配置卫生资源的信息。这是国际药物经济学与结果研究协会（International Society Pharmacoeconomics and Outcomes Research，ISPOR）2003 年组织编写的《卫生保健的成本、质量和结果》一书中给出的定义。

(3) 药物经济学泛指西方经济学在药物治疗评价上的应用，包括一切有关药物临床应用的经济学研究，具体地说，药物经济学应用现代经济学的研究手段，结合流行病学、决策学、生物统计学等多学科研究成果，全方位地分析药物治疗备选方案的成本、效益或效果、效用，评价其经济学价值的差别。这是复旦大学陈洁教授主编的《药物经济学》一书中给出的定义。

(4) 药物经济学是应用经济学的原理和方法来提高药物资源的配置效率，促进临床合理用药，控制药品费用的增长，为药品的市场营销提供科学依据，为政府制定药品政策提供决策依据。这是复旦大学胡善联教授在《药物经济学与药品政策研究》一书中给出的定义。

(5) 药物经济学是应用经济学等相关学科的知识，研究医药领域有关药物资源利用的经济问题和经济规律，研究如何提高药物资源的配置和利用效率，以有限的药物资源实现健康状况的最大程度改善的科学。它是一门为医药及其相关决策提供经济学参考依据的应用性学科。这是沈阳药科大学孙利华教授在《药物经济学》一书中给出的定义。

需要指出的是，对于药物资源的理解有狭义和广义之分。狭义层面上的药物资源是指药品及其使用过程中所必需的医疗产品或服务（例如，注射器及注射服务等）。而广义层面上的药物资源不但包括狭义层面的药物资源，还包括在药品的研发、生产、流通、使用等环节所需的人力资源和其他各种物质资源，以及技术、资金、时间等决定着狭义药物资源数量、质量和经济性的资源。目前的药物经济学研究基本上还仅限于狭义层面，而这种意义上的药物资源的稀缺程度是随着广义药物资源的利用程度而不断发生变化的，因此更为广泛、深入、有效的药物经济学研究应该建立在广义层面的药物资源概念上。

（二）药物经济学的研究目的与意义

由上面介绍的定义可以看出，国内外专家、学者对药物经济学的研究范畴、应用领域等方面的界定不尽相同。但根据这些定义也不难发现，对药物经济学的研究基本上隐含着一个相同的目的，即提高药物资源的配置效率，最大限度地发挥药物资源的作用，用有限的药物资源实现人们健康水平的最大程度改善。对于这一点，已经得到广泛的认可。我们也可以知道，药物经济学研究的主要目的不是片面地追求药物资源的最大节约，而是促进药物资源能够实现优化配置和充分利用，所关注的既不是单纯的成本最低，也不是单纯的收益最大，而是收益与成本之间的综合比较。

我国是处于社会主义初级阶段的发展中国家，又是人口大国，目前正逐步步入人口老龄化社会。虽然经济总量较大，资源总量位居世界排名的前列，但人均资源较少，人均经济实力仍十分有限。

当然，人均医药资源也相对较少，可用于医药卫生的绝对额和相对额与发达国家相比都存在很大的差距，人均医药卫生资源远远低于发达国家水平，但人们对生命质量和健康水平的需求却不亚于发达国家，使得用有限的药物资源满足人们日益提高的医药卫生需求之间的供求矛盾更加突出，应用药物经济学指导我国的医药实践就变得尤为紧迫和重要。这也是药物经济学研究的意义所在。

此外，在过去相当长的时间里，人们最为关注的是药物的安全性和有效性，经济性曾一度被忽视。20 世纪 80 年代以来，随着药物资源的有限性与人们欲望的无限性之间矛盾的日益加剧，使得人们不得不对药物的经济性给予应有的关注。

药物资源利用程度的提高离不开相关政策的规范与指导，离不开药品研究、开发、生产、流通、使用各环节人员的努力。这些关键人物必须具备药物经济学知识。我们的药品和医疗服务要面对国际市场的竞争，经济性较差的药品和服务自然缺乏竞争实力。发达国家药品的安全性、有效性和创新程度都要优于国产药品，国产药品之所以还有一定的市场就是因为价格低廉，但价格低廉不一定就是具有经济性。因此，学习一些药物经济学知识，树立经济意识和观念，用药物经济学研究与评价结果指导相关政策的制定和有关的实际工作，无论对我国的社会进步、医药行业的健康和可持续发展，还是对医护人员、药学工作者，甚至对每个人都是十分必要的。

（三）药物经济学的学科性质与特点

药物经济学来源于成本—效益分析在药物治疗方面的应用。目前这门学科仍处于发展和完善过程中，它也属于横跨自然科学和社会科学的边缘学科，带有综合性和交叉性质。药物经济学借用了基本的药学、经济学、药物流行病学、卫生技术评估、统计学、决策学、循证医学、伦理学等有关学科的原理与方法，与上述学科存在着较为密切的联系。

总体上看，药物经济学存在着较为突出的特点，即综合性强、定量性强、比较性强、预测性强、应用性强。微观上看，更多地从属于经济学的学科特点。药物经济学学科虽然处在不断发展和完善的阶段，但其重要作用已在国内外的实践中得以发挥和体现。首先，药物经济学学科促进了药学与其他学科的融合与交流，也拓展了各学科尤其是经济学应用的领域；其次，药物经济学学科有利于提高医药卫生资源配置的效率和医疗决策的科学性，有利于提高医疗卫生管理的水平；最后，药物经济学学科有利于促进药学学科的发展，促使医药卫生领域有关标准和决策要素由传统的安全性、有效性向安全、有效和经济三大要素转变，从而促进药学学科的发展。

二、药物经济学的研究内容

每个学科的研究内容都是与研究目的直接相关的，药物经济学也不例外。目前，国内外专家学者对药物经济学的研究目的看法比较一致，即提高医疗卫生资源的配置效率，最大限度地发挥资源的作用，用有限的医疗服务实现人们健康水平的最大程度改善。这就要求药物经济学不仅关注药物的治疗成本，还要关注药物的治疗效果。由此可以看出，药物经济学的研究内容十分广泛，可以涉及医疗卫生服务的方方面面，只要能有效配置和合理利用资源，并实现健康状况改善的都可以包含在内。

同时，从社会的、人道主义的以及情感的角度考虑，药物经济学所研究的对象或方案都直接与人体相关，关系到人的健康权与生命权，因此，在作相关研究时，必须要充分考虑这些因素。

当前，进行药物经济学研究的专家学者主要集中在高校及科研院所、制药企业、政府、医院和医疗保险机构。研究主要涉及以下几个领域：①学术研究：探讨药物经济学研究方法，制定药物经济学评价指南，为患者提升治疗效率，为管理者提供政策依据；②临床应用：指导临床合理制订诊疗方案，指导用药，也包括患者对诊疗方案的参与；③政策制定和管理：合理制定医疗卫生政策、医疗保险政策，遴选国家基本药物和医保报销药物，指导药品定价，为新药研发提供依据等。

具体的研究内容主要有：

（1）对药物资源进行药物经济学评价：一般情况下，对药品的消费经常伴随着其他医疗服务共同发生。利用药品或其他手段进行诊疗时，通常会有多种备选方案。不同的备选方案需要耗费不同的资源，并产生不同的效果，也就是对药物资源的利用效率会有所不同。药物经济学在这一领域的研究内容主要是评价备选方案，判定方案的经济性，从而选择经济性最佳的方案，为医疗决策以及医保政策的制定提供科学依据。

药物经济学评价是药物经济学研究的最基本内容。药物经济学评价所研究的问题包括经济性的方方面面。例如：患者如何选择药物或诊疗方案治疗最经济？什么药物可以列入国家基本药物目录？哪些药物应该在国家基本医疗保险制度的报销范围之内？企业研发什么药物最具有经济性？

（2）提高药物资源的利用效率：药物经济学主要研究在保证药物安全、有效的同时，如何实现药物资源利用效率的提高。研究提高药物资源配置效率的途径与方法，创新驱动医药科技进步等等问题。

（3）探讨医药和经济之间的关系：医药是一国经济的重要组成部分，医药投入与经济发展之间存在着相互作用、相互影响、相互制约、相互促进的关系。医药既是投资也是消费。从人类健康角度考虑，诊疗成本是投资；从日常生活角度考虑，诊疗成本又是消费。药物经济学在这一方面主要的研究问题也很丰富，比如：一国用于医疗卫生的投入占国民收入的比例多大较为合理，医疗卫生服务中药物支出所占的比例多大较为合理，选择什么水平的医疗服务与国情相符等。

从目前药物经济学的研究与实践来看，绝大多数还属于第一方面，即进行药物经济学评价。随着药物经济学的不断完善和发展，我们相信药物经济学将被应用到更加广泛的领域。

三、药物经济学的研究方法与步骤

药物经济学的主要研究内容是药物经济学评价，即对药物资源进行经济性评价。通常，在经济性评价考察与分析中，主要从两大方面进行：一是成本；二是收益。成本是为达成一事或获得一物所必须付出或已经付出的代价，通常用货币单位计量。收益是指有利的或有益的结果。药物经济学评价是利用公共领域经济评价的理论和方法结合医疗领域特殊性而发展起来的。

（一）方法

药物经济学评价常用方法为成本—效益分析（cost-benefit analysis，CBA）、成本—效果分析（cost-effectiveness analysis，CEA）、成本—效用分析（cost-utility analysis，CUA）及最小成本分析（cost-minimization analysis，CMA）。

在上述方法中，成本—效益分析是药物经济学评价中最早开始使用的方法。这个方法来自于公共领域经济评价中的效益-成本比。在公共领域的经济性评价中，效益-成本比的计算，需要将成本和收益全部用货币的形式来计量，而在医疗卫生方面，收益通常表现为人的生命和健康好转等难以用货币来计量的内容，因此，专家学者们试图用临床效果（如挽救的生命数量、治愈出院的病例数量等）或效用（如质量调整生命年，QALYs 等）的指标来计量收益。在此基础上，形成了药物经济学评价的特有方法，即成本—效果分析和成本—效用分析。

最小成本分析，是在收益相同的情况下，成本—效益分析、成本—效果分析、成本—效用分析的一个特例，使用最小成本分析需假设收益相同，这种方法十分简便，但精确度不高。成本—效益分析适用于单个或多个治疗方案的评估，但一些隐性的结果难以用货币形式确定，结局的价值也较难用货币估计。成本—效果分析指标相对容易获得，具有直观性并且容易定性和定量，但没有考虑患者的满意程度和偏好或者说是生命质量的内容。成本—效用分析涉及了患者的满意度和偏好，合并了医疗获得的健康效果中的数量和质量，适用于单个或多个治疗方案的评估；但对于治疗的结果难以准确测量，且目前没有大家一致认可的比较标准，难以对质量调整生命年进行定量的比较，也难以将 QALYs 的变化转换成有意义的临床结局。

这四种方法各有特点，根据各自优势，成本—效益分析在宏观分析和决策时较为常用，成本—效果分析在临床上应用最为广泛，成本—效用分析对于慢性病的评价则很有优势，而最小成本分析的使用则比较受限。

（二）步骤

1. 明确要解决的问题及目标　由于药物经济学评价的服务对象多种多样，不同的服务对象所追求的目标不同，计量成本和收益的标准也不同。药物经济学评价的服务对象为全社会、医院、保险公司和患者四种。立场和观点不同，要解决的问题不同，相应的成本、收益值也随之不同。明确所要解决的医疗问题，找出解决该问题的所有治疗或干预措施，使之构成备选方案。备选方案的确定需要注意：一要包括所有的措施；二是方案必须具有可行性；三是备选方案要可以互相比较。

2. 选择恰当的评价方法　前面介绍了药物经济学常用的评价方法有成本—效益分析法、成本—效果分析法、成本—效用分析法和最小成本分析法。不同的评价方法有不同的特点和最佳适用对象，因此要根据需要解决的问题不同，选择恰当的评价方法。

3. 识别并计量成本和收益　不同的服务对象所追求的目标不同，计量成本和收益的标准也不同。药物经济学评价研究者要依据服务对象对成本和收益进行识别，并收集相关的资料和数据，采用恰当的方法，对成本和收益进行科学的预测和合理的计量。成本和收益计算的正确、合理与否，关系到药物经济学研究与评价工作本身是否科学合理。

4. 比较成本和收益　采集到成本和收益之后，要运用所选择的评价方法，分别计算出每一种方案的药物经济学评价指标值，并逐一进行比较，必要的时候可以进行相关的论述、分析和解释，在备选方案中选出最具有经济性的方案，为决策者提供依据和参考。

5. 进行不确定性分析　不确定性分析是药物经济学评价中必不可少的重要一环。由于药物经济学评价中的成本和收益会受到很多因素影响，这些因素具有程度不同的不确定性，加上药物经济学研究设计、测算方法等的局限性，导致对成本和收益的测算与计量难免会有误差，使得评价结果偏离备选方案的实际情况，给决策带来风险，甚至导致决策失误。为了减少分析结果产生的误差，尽量避免不确定性因素导致的决策失误，必须对这些影响因素进行不确定性分析。

不确定分析是检验药物经济学评价结论是否可靠的必不可少的步骤，敏感性分析是药物经济学评价中最广泛采用的不确定性分析方法。

四、药物经济学的历史发展

药物经济学分析起源于成本—效益分析在药物治疗方面的应用。成本—效益分析方法主要应用于经济学、工程学、运筹学、系统工程学等学科的实际应用方面。其实，成本—效益分析的应用远远早于理论方法的诞生。据宋代科学家沈括在《梦溪笔谈》中记载，我国北宋真宗年间，首都汴京（今开封）发生火灾，皇宫被烧。大臣丁渭受命主持皇宫修复工程。他从众多方案中综合比较，选出了一个最佳方案，这个最佳方案使丁渭提前完成了皇宫修复工程。"丁渭工程"被认为是世界上较早的成本—效益分析法的应用实例。但这时成本—效益分析方法还没有上升到理论高度。19 世纪法国经济学家朱乐斯·帕帕特首次提出了成本—效益分析方法的概念。其后，这一概念被意大利经济学家帕累托在 19 世纪末期重新界定。

到 20 世纪 40 年代，美国经济学家尼古拉斯·卡尔德和约翰·希克斯对前人的理论加以提炼，形成了"成本—效益"分析的理论基础。随着经济的发展，成本—效益分析在实践方面得到了迅速发展，被世界各国广泛采用。

然而，将成本—效益分析应用于医疗尤其是药物治疗方面却为时较晚。直到 1966 年，美国人瑞思的《估算疾病的成本》一文打开了成本—效益分析在药物治疗领域应用的大门。1970 年，美国人埃可顿对心肌梗死的预防进行了成本—效益研究，是第一次将成本—效益分析法应用于医药卫生的具体领域。

1977 年，英国学者维斯坦和斯泰顿在《新英格兰医学杂志》上发表了两篇文章，将成本—效益分析和成本—效果分析应用于卫生服务项目，提出为合理分配和利用有限的卫生资源，必须采用成本—效益分析法，并由此引发了一系列关于成本—效益分析在医疗保险领域应用的研究和讨论，引起了医药工作者及医药卫生决策部门的关注。

随后，英美等国的大量专家、学者和研究人员对成本—效益分析在医疗卫生领域的应用进行了更为广泛深入和全面细致的研究。1978 年，明尼苏达大学学者在《美国医院药学杂志》上介绍了成本—效果分析方法；布特曼等人还于 1979 年出版了早期药学研究文章，文中成本—效益分析被用于评价个体化氨基糖苷给药剂量在严重烧伤并伴有革兰阴性菌感染的败血症患者的治疗结果；1979 年，布特曼等人开始在药物治疗方案的比较中应用成本—效益分析方法；1980 年，萧恩玻姆率先提出成本—效果分析应该与临床药理试验同时进行；1985 年，德茨可对如何应用经济学分析优化临床药物试验的设计，如何降低财政预算和患者数量，同时增加临床试验的显著性进行了探讨。

直到 1986 年，汤森德发表了《上市后药物的研究和发展》一文，阐明了开展药物经济学研究的必要性。至此，"药物经济学"一词才首次出现。

1989 年《药物经济学》杂志在美国创刊；1991 年布特曼等人编写了世界上第一本专著《药物经济学原理》，标志着药物经济学作为一门新兴的独立学科已经形成。

药物经济学产生及不断发展的过程，是人们对医疗卫生领域认知的不断深化、相关学科理论和方法的不断发展等多种因素共同作用的结果。其中最主要的因素是各国医疗费用不断攀升，给政府、保险机构和个人造成了沉重的经济负担，从而使得患者、第三方支付者及政府对如何安全合理又经济地消费医疗服务的需求不断增长，促进了药物经济学不断向前发展。

五、药物经济学的应用

药物经济学的作用是促进药物资源的优化配置和高效利用。从国内外的实践来看，主要表现为以下几方面的具体应用：为新药审批、上市提供参考；为药物研究开发决策提供依据；为药品合理价格的形成及医保费用补偿水平的确定提供参考或依据；为国家基本药物目录及医保报销目录药物的遴选提供依据；为临床治疗路径的合理选择及合理用药提供依据；为医疗决策提供依据；为制定药品政策提供依据等等。

（一）应用于卫生资源的合理配置

药物经济学评价最主要的目的是提高医疗卫生资源的配置效率，最大限度地发挥资源的作用，用有限的医疗服务实现人们健康水平的最大程度改善。

世界各国都很重视医药卫生资源的配置与利用效率。药物经济学评价可以为决策部门制定科学、合理的卫生决策提供参考依据。同时，通过应用药物经济学研究结果，改善卫生资源的配置，还可以使有限的医药资源能满足更多人的医药需求，提高医疗卫生保健的公平性与可及性，使人群整体的健康效果得到最大程度的改善和提高。药物经济学评价结果还可以提高药品的经济性，推动医药企业不断地探寻降低在药品寿命周期内的各种成本的途径与方法，促进医药企业发展。

药物经济学研究还可以应用到医药卫生部门经济与一国宏观经济的关系方面，为确定医药卫生资金投入水平提供参考依据。

（二）应用于新药研究与开发

新药的研究与开发具有技术含量高、投入高、附加值高和风险性高等特点，因此，投资者对新药研发特别谨慎。最近一些年来，药物经济学研究开始被应用到新药研究与开发阶段。药物经济学研究能为新药开发的优先次序，预测药物的风险、收益并及时地终止研发等关键环节提供帮助，从而帮助研发者优化人力、财力等资源的配置效率，最终提高新药研发的总体效率，为企业带来收益，有助于制药企业在激烈的市场竞争中处于有利地位。

（三）应用于临床医疗决策

随着医药科学的不断发展进步和医药科技水平的不断提高，在临床上，用于治疗疾病可供医患双方选择的药物品种及相应的治疗方案和手段也变得越来越多，而不同品种或规格的药物也往往具有不同的价格，导致产生不同的治疗成本，甚至不同的治疗效果。药物经济学能够帮助医生或临床药师合理地选择治疗药物。

同时，医院不同，提供的医疗服务也不同，服务成本通常也不会相同。如今医疗单位的竞争日益激烈，成本的高低决定着医疗机构的生存状况如何。药物经济学应用能够促进医疗机构科学决策，在保证和提高医疗水平的同时不断地提高医疗服务的经济性，从而促进医疗机构不断地健康发展。

（四）应用于药品定价

制药企业生产的药物，不仅要安全、有效，价格也是政府和患者关心的问题。药企可以通过药物经济学评价，能够掌握临床上患者及医保机构对药物的意愿支付能力，从而从战略上初步确定价格范围。在加拿大、法国、瑞典、芬兰、荷兰等国家的药品定价体系中，都开始引入药物经济学评价，其中法国、瑞典、芬兰已通过立法明确要求。

药品定价十分复杂，既有生产成本、研发成本、销售与批发成本，还要考虑目标利润、市场竞争等因素，既有处方药还有非处方药，既有自由定价也有政府定价，而且欧洲、美洲、亚洲、非洲情况各异，政府的管控程度也不一样，发达国家和发展中国家也不尽相同。药物经济学评价从药物治疗方案的成本和收益两个方面出发，综合考虑和评价药品的成本和功效，从而为科学、合理地制定药品价格及相关政策提供依据。但经济学方面的评价最多只能估算药物的货币价值，为新药提供一个参考性的价格范围，而不能最终制定价格。因为，价格的制定必须平衡社会、医保和药企等多方的利益。

（五）应用于药品费用控制

药品费用控制一直是药品政策中存在较多争议的一个问题。药品费用控制的最根本目的是提高药品的利用效率和配置效率。但由于涉及多方面的利益，包括患者、医生、政府和医疗保险机构以及药品生产销售者，因此在制定药品费用补偿政策时要统筹兼顾。在某些国家，政府既要管制药品定价，又要决定药品公共补偿或共付水平。药物经济学评价可使两者有机地结合起来，有利于政府、不同主管部门的协调合作，减轻国家财政和社会保险基金的费用负担。但由于具体情况的多样性，目前还没有一种通用的模式，来抑制药品费用不断地增长，并能够满足药企的需要。

一个国家制定药品政策的目的在于保障药品的公平可及性与持续性，促进药品的合理使用并控制药品费用的合理增长，而药物经济学评价能指导有关政策的制定，大有可为。

（六）应用于国家基本药物目录制度

国家基本药物目录制度是世界卫生组织（WHO）于1995年开始推荐一些国家使用，WHO希望通过制定基本药物目录，使其成员国，尤其是发展中国家大部分人口得到基本的药物供应，降低医疗费用，促进合理用药。我国1996年初公布了第一批国家基本药物目录，随后几年根据需要不断地进行调整。我国在制定基本药物目录时，遴选原则之一是“价格合理”，但较少考虑药物经济学评价，对药物单价比较关注，对药物在整个治疗期间特别是人的寿命期内的药品费用总量及其效果考虑不多。药物经济性评价可弥补这一缺陷，能够提供确保所遴选的药物“经济合理”的依据。因此进行国家基本药物遴选时，应将药物经济学评价结论作为与安全性、有效性同等重要的指标予以详尽、具体的评价。

我国的药物经济学研究起步较晚，目前正处于由理论研究转向应用研究的摸索阶段，国家还没有制定相应的药物经济学评价规范，在新药评审、药品价格制定、医保报销管理及相关医药卫生政策等方面只有框架性的建议，还没有具体的、明确的规定。

药物经济学是一门应用性的学科，提高应用的程度是药物经济学学者的职责，一方面要提高研究质量，另一方面要普及应用环境。在未来，要大力进行方法学研究，重视以实验为基础的研究和模型研究，还应该满足决策者的需要。

随着人们对健康水平需求的日益提高，药物资源的有限性与需求的无限性之间的矛盾将日益突出。为此，对药物资源优化配置和高效利用的要求也将不断提高，药物经济学研究成果的应用也必将引起更多的国家、政府、相关组织和患者个人的重视，从而推动药物经济学研究在深度和广度上不断扩展，促进药物经济学研究的领域、对象和内容更加深入、广泛，使药物经济学研究更加完善。

（黄金宇　唐洪梅）

第二节　药物经济学与中药临床药学

一、中药临床药学简介

中医药作为我国特有的医学诊疗模式，其应用已有几千年的历史，在疾病的预防和治疗中具有不可替代的重要作用。中药临床药学是传统中药与现代科学结合而发展起来的一门新学科，也是临床药学的一个新分支，其核心是研究中药治疗的安全性、有效性、经济性和合理性。如何应用中医药学理论，使中药密切结合临床，在人体内发挥最大、最合理的防治疾病的效能，并用现代科学方法探讨其作用机制，是开展我国独特的中药临床药学工作的迫切需要。但由于中医药理论本身的特殊性，使中药临床药学操作起来更加复杂，更具挑战性，加之起步晚，重视程度不够，且目前尚无一套固定的中药临床药学开展模式，各医院开展中药临床药学的内容各不相同，水平也不一致，导致这些年中药临床药学的发展非常缓慢。因此，建立中药临床药学的理论体系和实践模式，并在此基础上开展中药临床药学工作已成为医院中药工作者的当务之急，也对促进该学科的发展具有重要意义。

（一）中药临床药学的概念

中药临床药学是指在中医药理论指导下，以患者为对象，多种监测手段为辅，研究中药及其制剂与人体相互作用和合理、有效、安全用药及应用规律的一门综合性学科。它是介于中医各科治疗学和广义的药物学之间的边缘学科，也是中医药与现代科学相结合发展起来的新学科，与西药的临床药学不同点在于，其以中医药理论指导为特色，重视中医药学的理、法、方、药的组成，借助现代科学技术力量，研究中药药理、中药临床应用及其在治疗中的安全性、有效性、经济性和合理性，从而达到提高中医药的临床疗效、减少不良反应的目的。

有临床研究者将中药临床药学称之为临床中药学，这两个概念既有一定的关联也有一定的区别。临床中药学是中药学的分支，是在中医药理论指导下，根据临床应用的实际需要，对常用中药的来源、药性、炮制、功效和应用指征等进行药物的分析鉴定、配伍以及临床效验的评估和药事管理等，旨在解决临床应用中药的有关问题；其内容从中药方面说，主要是中药药性，即药之阴阳属性、四气五味、归经、升降浮沉等内容；从临床方面说，主要是药物与脏腑病证的关系，随证用药的规律，药物的最佳配伍，药物宜忌，药物之毒、副作用，药物对人体生理、生化功能的影响以及药物进入人体后的药代动力学及药效学等研究，使临床应用中药能保证安全、有效、合理。

简单来说，“中药临床药学”和“临床中药学”两者均是在中医药理论指导下，研究合理有效与安全用药的科学，其核心是合理用药。但从狭义上来讲，“中药临床药学”既是中药学的学科分支，又是临床药学的分支学科，更侧重于中药合理用药的问题。而临床中药学主要是研究中药基本理论及其在中医理论指导下进行中药临床应用的一门学科，它与临床学科密不可分，根植于临床，其任务就是要实现“老药新用，常药特用，优化量效”。因此，中药临床药学和临床中药学各有侧重，我们更倾向于“中药临床药学”的提法。

（二）开展中药临床药学的必然性和必要性

自20世纪50年代，临床药学在美国建立以来，药师的职业观发生了根本的改变，将过去传统的药学重点从“药”转向“药与人之间的相互作用”，即以患者为对象，研究保证药品质量和合理、安全及有效用药。临床药学已打破单纯保障药品供应的工作模式，朝着医药结合，保证患者用药安全、有效、经济的方向迈进。当临床药学发展到一定阶段后，药学工作进入临床药学服务（pharmaceutical care）时代。将药学本身纳入到人类健康的监护体系中，要求药师与医生、护士一样将患者当作直接的服务对象，以患者为中心，为药学的发展寻找到更高层次的道路。

回顾我国传统医药学史，中医临床与中药应用的紧密结合，已有近两千年的历史。传统中医药之所以历经千载而不衰，是由于中医药已经形成了一套完整的理论体系，中医、中药的紧密结合对合理用药起着至关重要的作用。但随着时代的发展和行业的细化分工，医药逐渐分离，中医和中药脱离的现象越发严重。中药临床药学正是在这一背景下逐步发展起来的，是联结中医临床和中药学的桥梁学科，在不断发展中赋予中药学新的内涵。

中药的临床应用，离不开中医基本理论的指导。中医理论，重视理、法、方、药的整体性，强调辨证论治的基本法则，注重个体差异；中药本身，也具有药材、药性、药效特色，这就决定了中药临床应用所必须面临的问题：中医临证处方多无恒定；剂型以汤剂为主，煎服方法可随病情、用药习惯而变化；用药重视药物品系等级质量，讲究药物炮制，注重配伍禁忌等。然而，在实际临床工作中，这些问题并未得到妥善解决。假冒伪劣药品进入药材市场，中药不良反应呈现多发趋势，处方不合理等情况时有发生。特别是“马兜铃酸肾病事件”“鱼腥草注射液紧急停用事件”“刺五加注射液事件”……一系列中药药害事件使中药的安全性受到了质疑。究其根源，并不是中药本身出了问题，而是中药的合理使用出现了问题。我国药品安全风险中，中药占较大比重，如何合理使用中药，避免中药药害事件及减少中药不良反应的发生已经成为迫在眉睫的问题。中药临床药学的概念自20世纪80年代中期提出以来，在广大中药学工作者的努力下，有了长足的进步。中药的合理用药、患者的个体化给药、中药配伍变化及复方研究、中药药代动力学和生物利用度研究、不良反应监测及现代中药制剂研究等工作均已开展。但综观全局，其进展却较为缓慢。分析其原因，除了人们的观念尚未改变，该学科得不到普遍重视外，其中另一个主要原因就是该学科的研究思路、方法及内容未能统一，众说纷纭，莫衷一是。从这个意义上讲，探讨中药临床药学的学科特点，构建该学科的逻辑框架，将对促进该学科的发展有重要作用。

（三）中药临床药学的特点

中药临床药学与西药临床药学既有共同点，又有各自的特征。而中药临床药学，归纳起来主要有以下几点：

1. 以中医药理论为指导 中医药学是我国古代灿烂的科学文化和丰富的医药实践经验相结合的产物，具有完整而独特的理论体系，蕴含丰富的科学内涵。中医以人体为研究对象，从宏观的高度和广度来考虑问题；重视理、法、方、药的整体性，强调辨证论治的基本原则，这就确定了中药临床药学不同于西医临床药学之处。中药临床药学在中医药理论指导下，可充分发挥优势，根据中医学发展的基本规律和要求，体现阴阳五行、整体辨证、动态平衡的合理内涵，注重脏腑经络的生理病理、病证方药对应和以临床疗效为检验标准的有机结合；将“四气五味”“升降沉浮”的传统中药药性、现代药学的药理学、药代动力学、毒理学等与中医临床辨证论治结合起来。

2. 满足中医临床用药需求为目的 根据中医临床需求和用药规律，开展中药学的相关研究，以中药学的研究成果为指导，帮助和保障中医临床用药的合理性和安全性。

3. 具有新兴边缘学科的优势 现代科学技术清楚地告诉我们，学科间的相互渗透是使科学技术高度发展的基础。如现代的物理学和化学结合起来，产生了分子物理学；现代医学与化学结合起来，从细胞水平进入到分子水平。中药临床药学本身是一门既属药又属医的应用学科，也是一门介于中医各科治疗学与广义药物学之间的新的边缘学科。正因如此，中药临床药学更有条件开展“临床-实验-临床”研究。中药临床药学的开展模式，应该是从临床发现苗头，再进入实验。实验研究证明有效，又再次进入临床进行观察。如此“临床-实验-临床”的研究模式，既保证了中药临床药学的研究始终处于中医药理论的指导下，同时又结合临床、实验室研究，为中药的开发应用提供更可靠的依据。

4. 多手段研究，多部门联合 中药临床药学的研究是一项极其艰巨和复杂的工作，需要从多方面入手，采取多部门联合，协调一致才能取得成效。所谓多途径、多手段就是要在继承传统理论的基础上，基于临床，采用现代科学的多学科手段进行研究。所谓多部门的联合，就是说中药临床药学不仅仅是医院中药临床药师的事，还涉及很多部门，如药厂、科研机构等，需要多部门的密切配合。

（四）中药临床药学的研究内容

目前，中药临床药学工作的开展主要是从两方面进行的：一是用现代科学技术手段对传统中医药理论进行再研究，如用现代研究方法对中药的性、味、归经及配伍等理论进行研究；二是在中医药理论指导下，采用先进的技术和方法研究中药，如新制剂研究、药代动力学研究等。概括起来分为以下几点：

1. 深入临床，指导合理用药 中药临床药师走进临床第一线，是开展中药临床药学工作最关键的部分。中药临床药师结合自身专业的优势，在中医理论指导下运用其药物知识、最新药物信息资料、用药品质、使用方法及药物检测手段等，为提高疗效、减少不良反应的发生提供意见，参与中药给药的方案制订，确保中药安全、合理、有效地应用于临床。

2. 结合临床开展中药理论研究 中药理论的研究是开展中药临床药学的前提。采用现代药理学及药物分析等方法对传统中药性、味、归经等理论加以解释，证明传统中药药性理论的科学性，为更好地指导中医临床用药提供帮助。除在实验研究中，建立适当“证”的模型外，更应该直接从临床中观察中药对不同患者的作用，以阐明药物的作用及机制。结合临床研究中药理论，将有助于揭示中药性、味、归经等理论学说的物质基础及作用机制。

3. 传统中药配伍理论的研究　复方配伍是中药应用的普遍形式，中医用药有君、臣、佐、使之别。根据药物性质并结合具体病情进行配伍，如气血同调、寒热并用、补散兼施、升降相伍等；以及根据病因、病性、病位、病势进行配伍用药，如标本兼顾、表里双解等。采用现代药理学、毒理学、药物分析等方法对配伍禁忌进行多方面的研究，通过试验可证明其中有些配伍可导致毒性增加或药效降低，通过合理的配伍可达到药效增加，降低不良反应，为临床科学、合理配伍提供参考。

4. 中药用量及炮制理论的研究　药物的用量是保证药效的重要因素。中药的用量与药物性质、患者体质、病情、时令、地域等因素有关。应综合考虑，权衡用量轻重。不讲究药物用量的“度”，往往导致各药剂量不分轻重主次，或用量过大，浪费药材，甚至增加毒性，或用量偏小，疗效不足。因此，只有寻找出比较适宜的用药剂量，才能做到合理用药。

中药的炮制，是减毒增效的重要措施。通过炮制前后毒理学及药效学研究表明，炮制可降低甘遂、牛膝、苦杏仁等的促癌活性及甘遂的皮肤刺激作用，达到保留药效或增效目的。故应用现代研究方法对传统炮制理论进行研究也是中药临床药学研究的内容。

5. 煎服方法的研究　汤剂是目前临床应用最为广泛的剂型。汤剂的煎煮适度，将直接影响中药的临床疗效，关系患者的用药安全。因此，根据药物的不同性质，或患者的个体化需要，确定煎煮方法，设定质量控制，对提高中药的疗效、降低中药毒副作用有重要的作用。

给药途径、方式和时间也将直接影响药物的吸收和疗效，因此，根据药物的性质以及病情选择服药方法，选择设当的时间间隔服药都是中药临床药学有待研究的内容。

6. 中药质量的控制，质量标准的制定　传统的中医药非常注重品种基原，一直以来都有“道地药材”的提法，但目前还存在中药材名不副实的情况：一是品种来源混淆；二是近缘品种替代；三是以假乱真。中药材受品种、地区温湿度、采收季节、加工方法等影响，质量也会有不同等级的分别。故核实中药材来源，防止以假乱真，辨别药材规格等级，是确保用药安全有效的重要内容。

医院中药制剂大多数为复方，成分复杂，要作定性定量测定难度较大。所以制定中药制剂的质量标准也是中药临床药学必须加以研究的任务。

7. 中药不良反应监测和上报　随着我国临床药学工作的开展，中药引起的不良反应及中毒报道逐渐增多，已引起人们的普遍关注。中药临床药师要积极开展中药不良反应监测，注意收集、总结中药的不良反应资料，及时上报。分别从中药品种混乱、炮制不当、辨证不准、配伍失度、用法不当等相关因素着手，分析不良反应发生的原因。一旦出现不良反应或疗效不佳，应建议临床医生重新修订药物治疗方案。医院根据《医疗机构药事管理规定》和《药品不良反应报告和监测管理办法》等规定制定医院的药物不良反应监测与报告制度，在临床药物使用过程中及时发现不良反应的发生，减轻对患者的损害，防止重大药害事件的发生、蔓延或重演。

8. 药代动力学研究和生物利用度监测　药代动力学研究药物在人体内吸收、分布、代谢、排泄的过程；生物利用度用于表示药物制剂中的主药到达体循环的数量和速度。由于个体差异及不同制剂的原因，导致药代动力学及生物利用度都会产生很大的差异。

特别是当多种药物联合服用时，药物之间发生相互作用，更需要特别注意监测，以及时修订给药方案。当然，目前对中药的药代动力学研究仍以动物实验研究为主，但人体药代动力学研究也取得了一定的进展。由于临床药代动力学和生物利用度的监测的开展，将有助于进一步指导临床的合理用药。

9. 中药药物经济学研究 中医药作为我国特有的医学诊疗模式，在疾病的预防和治疗中具有重要作用，不可替代。政府部门迫切需要了解中药尤其是《国家基本医疗保险和工伤保险药品目录》中中药的经济性，实现有限医疗卫生资源的合理配置。事实上，应用药物经济学评价指导药物价格的制定，已日益成为我国医药卫生体制改革中科学决策的重点参考。因此，中药药物经济学也是中药临床药学研究的重要内容。应用现代经济学的研究手段，结合中医药的特点以及流行病学、决策学、生物统计学等多学科研究成果，研究如何提高药物资源的有效配置，评估中药治疗的成本—效果（益）关系，提倡合理用药，可以帮助医院制定医院用药目录，确定药物的使用范围，规范医师用药，从而控制医院药品费用的过快增长，减轻患者的经济负担。

10. 药物情报收集与咨询服务 药物情报的收集与咨询服务是临床药学工作的重要组成部分。随着中药学事业的发展，药物的品种和数量均以惊人的速度增加，单由临床医师掌握如此巨量的药物知识和信息，实属不可能。因此，中药临床药师应经常收集有关药物治疗方面的资料，建立药学情报信息库，以便针对临床治疗工作中的问题，提供药物信息。中药咨询的形式主要有窗口咨询、电话咨询等，中药临床药师向患者提供用药咨询、用药指导，使患者顺利完成治疗；定期向医护人员提供用药介绍、药品不良反应、配伍禁忌等信息，促进临床合理用药。中药临床药师只有做好完整的情报收集和咨询服务工作，才能真正做到医药结合，也才能真正起到中药临床药学的作用。

11. 临床试验及药物评价 药物的临床试验是指任何在人体（患者或健康志愿者）上进行的药物系统性研究，以证实或揭示实验药物的作用、不良反应和（或）实验药物的吸收、分布、代谢和排泄，从而评价实验药物的疗效及安全性。这是一项经常性的工作，经常总结临床试验的各种资料及对药物进行评价，是中药临床药师的重要工作，特别是临床新药的应用，更应进行详细的观察总结，以便为今后临床更合理地使用提供信息。

12. 开展中药处方点评 2007 年由原卫生部颁发实施的《处方管理办法》将处方点评纳入临床药学的工作中。目前，全国各地处方点评工作开展得如火如荼，但中药的处方点评工作还属于起步阶段。中药处方点评工作从中药辨证施治原则、药物配伍、给药途径、用药剂量、用药时间、用药禁忌、药物相互作用及中药注射剂的合理使用等方面开展，从而保证临床用药的安全性、有效性、经济性和合理性。推动中药处方点评工作的开展，将促进中药临床药学的发展。

（五）中药临床药学的现状

自 20 世纪 50 年代开展临床药学以来，传统的中医药学工作者不甘落后，不断探索中医药走出国门、迈向世界的道路。中药临床药学在中药的合理应用、患者的个体化给药、中药配伍变化及复方研究、中药药代动力学和生物利用度研究、不良反应监测及现代中药制剂研究等领域均已开展，但纵观全局，其现状可用“起点低”“普及少”和“投资少”等来形容。

1. “起点低”——中药师整体素质有待提高 基层医院药学工作人员，尤其是中药学的工作人员技术力量相对薄弱。一方面普遍存在第一学历、职称结构偏低，甚至由于历史原因，非药学专业人员占了一定比例，这对于开展中药临床药学确实难度不小；另一方面，这与国内专业设置的偏颇有关，中医院的中药师相当一部分是来自医药院校的毕业生，所学专业主要是中药方面的基础知识，知识面较窄，运用率不高，知识结构老化，而且临床知识相对缺乏，相对于同等学历的临床医学系学生来说，药师缺乏深入临床的基本知识和临床技巧，导致临床药学开展遇到不容小觑的阻力。

2.“普及少”——医疗机构开展中药临床药学的工作少甚至空白　目前国内尚无中药临床药师的规范化培训方案和培训基地。在一项“国内55所医院开展临床药学工作现状调查”中指出，只有约16%的医院开展“药师下临床参加会诊与查房”，不超过50%的医院开展了治疗药物监测、药物不良反应监测、药物利用与评价研究等工作，大部分的临床药学服务在二级医院还处于空白状态，中药临床药学工作的开展更是少之又少。

3.“投资少”——医院领导对临床药学不够重视，投入的力度不够　受到“重医轻药”传统观念的限制，大部分的临床医师和医院领导对中药临床药师下临床不理解，存在这样或那样的顾虑，不清楚临床药师工作的真正意义，对临床药师工作有片面性认识，固有思维把临床药学错误地等同于一般药剂工作，认为临床药学工作可有可无，摆不到院长的议事日程上，导致中药临床药学工作举步维艰。

二、药物经济学与中药临床药学的关系

（一）药物经济学是评价中药临床药学价值的客观指标

药物经济学是指经济学在药物治疗评价上的应用。它采用现代经济学的研究手段，结合流行病学、决策学、生物统计学等多学科研究成果，全方位地分析不同药物治疗方案、非药物治疗方案（如手术治疗方案）以及不同医疗或社会服务项目的成本、效益或效果、效用，评价其经济价值的差别。中药临床药学是中药学与中医临床密切结合发展起来的一门应用学科，是以中医药理论为指导，以患者为对象，探讨中药的临床应用，为合理用药提供重要依据的应用型学科。中药临床药学研究合理应用中药，并以安全、有效用药为目的，属于临床药学范畴。

像其他许多医疗保健服务一样，因为人们不了解这种工作的效益，中药临床药学的价值从一开始就受到很多人的质疑。随着中药临床药学工作的深入开展，各界人士开始对临床药师的工作予以充分的肯定。但是医院里开展临床药学工作的最大缺憾是没有从一开始就产生成本效果数据。没有显性的数据指标，使人们无法了解中药临床药学服务的价值。药物经济学不仅可以指导临床合理用药，还可作为一个客观指标体现中药临床药学的价值，填补中药临床药学的缺憾。

药物经济学与中药临床药学的研究方法、对象、范畴都不一样，但合理用药的核心内容使两者存在着天然的内在联系。

（二）药物经济学是中药临床药学研究的内容

中医药作为我国特有的医学诊疗模式，在疾病的预防和治疗中具有重要作用，不可替代。但近年来，我国的医疗费用急剧增长，远远地超出了国内生产总值的增长速度，从而严重影响了我国经济的发展和人民生活水平的提高。政府部门迫切需要了解中药尤其是《国家基本医疗保险和工伤保险药品目录》中中药的经济性，实现有限医疗卫生资

源的合理配置。因此，如何在众多的治疗药物中选择疗效好、成本低的药物是我国所有医学组织、医疗单位、家庭以及个人面临的问题。药物经济学解决的问题正是中药临床药学工作中“安全、有效、经济”中的“经济”问题。所以，药物经济学应纳入中药临床药学的工作内容中，纳入中药临床药师的职能范围。

三、中药药物经济学的特点

中医药在我国已有上千年的发展史，要想走向世界，就需要提供科学的证据证明中医药在防治某些疾病方面明显优于西药。近年来，随着中药临床研究工作的进步，越来越多的研究表明中药的安全性和有效性。而中药的经济性还需要通过药物经济学评价进行研究。但目前大部分国家的药物经济学评价指南都没有就如何对植物药进行药物经济学评价给出规范。我国台湾地区的《台湾药物经济评估方法学相关指南》也没有对中药作出不同于西药的特殊规定。《中国药物经济学评价指南》（2015 年版），提出了药物经济学评价方法的一般框架和规范，是我国药物经济学研究执行的方法学指南，也是用来评估研究质量的标准，但这些标准基本上是按照传统药物经济学评价标准来制定，没有反映出中药的特殊性。因此研究者需要掌握中药药物经济学评价的特点，从而更好地衡量中药的价值。

（一）研究时限

中药在治疗慢性疾病和疑难杂症时效果多优于西药，且中药是从整体出发来改善患者的健康水平，故采用中药进行治疗的疗程普遍较长。虽然中药的短期临床效果可能不如西药，但是中医在治病时是从深层次来改善人体的气血、阴阳，以进一步增强人体的抗病能力的。因此对中药进行药物经济学评价时需要长期研究，以反映中药给人体带来的长期效果，研究时限越短则越不利于中药的评价。

但是，目前我国中药药物经济学评价研究的研究时限普遍很短，忽略了超出研究期限后中药给患者带来的积极治疗效果。2007～2012 年中药药物经济学评价研究中，研究时限大于 1 年的只占 1.22％，小于 1 年的占 96.34％，未阐明研究时限的有 2.44％。由于研究条件和经费的限制，对中药进行长期研究的难度较大。

（二）适应证

中医诊断治疗疾病是通过辨证论治，根据证候来用药的。而西医则是通过辨病来用药的。中药具有多层次、多靶点的特点，在针对某种证候治疗的同时还能有效调节人体功能和抗病能力。而西药的特异性较强，一般情况只能对特定适应证起到积极的治疗作用。《中国药物经济学评价指南》（2015 年版）规定的药物经济学研究的适应证是已批准的西医诊断的适应证，这显然对中药的评价不利。

在很多情况下中医的证候和西医的适应证并不是两两对应的，这就使得中药在进行药物经济学评价时只能遵循西医的适应证。将多层次、多靶点的中药和特异性很强的西药就单个适应证进行成本—产出分析，使得中药在治疗相同证候的其他适应证和从整体调节人体的产出优势没有得到体现。因此中药的药物经济学评价需要建立与传统不同的适应证标准，以使得中药和西药公平地进行比较。

（三）成本

1. 直接成本　直接成本（direct cost）是指与特定的医疗服务项目直接相关的支出，

包括直接医疗成本（direct medical cost）和直接非医疗成本（direct non-medical cost）两项。直接医疗成本是为预防、诊断和治疗疾病所提供的药品、服务、诊断、治疗、护理、检验等消耗的成本；直接非医疗成本是患者求医时所有的旅费、食宿费、营养费等。中药与西药相比直接医疗成本较低而直接非医疗成本较高，在成本测量时需要引起注意。

直接医疗成本发生在医疗卫生领域内。其中中药的药品成本一般低于西药，与西药相比不良反应也较少，故其不良反应治疗成本也较低。此外，由于中医采用传统的望、闻、问、切的诊疗方法，与西医昂贵的辅助诊疗设备相比节约了大量的诊疗费用。直接非医疗成本发生在医疗卫生领域外。由于中医辨证论治的特点，需要患者经常回访以调整用药，故其交通成本一般较高。目前中国药物经济学评价研究几乎不考虑直接非医疗成本。

2. 间接成本　间接成本（indirect cost）是指患者因病造成缺勤、劳动力下降或丧失，甚至死亡引起的损失以及家属看护造成的收入损失等。中医与西医相比更多采用的是保守治疗，因此，很少导致患者由于治疗疾病而请假旷工，避免了劳动力的损失。但若患者已经由于疾病而无法参加工作，此时西医疗程短、见效快的特点能使患者尽快恢复劳动，减少劳动力的损失。在实际研究中应根据情况区别对待，准确评价中西医不同治疗方案间接成本的大小。2007～2012 年中药药物经济学评价研究在测算成本时很少有计算间接成本的，计算间接成本的评价研究仅占 4.88%。

3. 隐性成本　隐性成本（intangible cost）是指患者由于疾病导致的疼痛、痛苦、悲伤等难以用货币确切表达的成本。隐性成本既来自疾病本身，也来自治疗该疾病的医疗服务，如药物副作用造成的痛苦、抑郁等不良反应成本。中药汤剂的熬制时间长，且味道苦，这不免使患者恐惧、担忧，因而产生了隐性成本。但中成药的外形和剂型都更接近于西药，可有效避免这种隐性成本的产生。虽然隐性成本是客观存在的，但却很难对其量化，在实际研究中也很少考虑。

4. 产出　中医把人体看作一个有机联系的整体，在治疗疾病时多采用的是整体治疗。传统的药物经济学评价一般采用单个效果指标作为临床产出指标，这对于中药的药物经济学评价非常不利。但若采用效用来作为临床产出指标的话，则能够更好地评价中药的整体产出情况。效用是指药物治疗或服务满足人们对一种特定健康状况的期望或偏好，是人们对医疗服务的结果作出的自身的一种主观评价和感受。成本—效用分析不仅注意健康状况，而且注重生活质量，采用一些合成指标，如质量调整生命年（QALY）来评估和比较改进生命质量所需要费用的相对大小。该指标综合了治疗方案对患者生命的质和量两方面的内容，更全面地评价了治疗方案对患者的整体作用。

对于中药来说，使用效用作为临床产出指标尤其重要。中医在治疗疾病时不仅治疗了表现于外的症，更是通过症以辨别出证和病，从内在整体地对患者进行治疗。可以说，辨证施治不但能治疗本次疾病表现出来的体表症状，更能防止潜在的同证他症的发生。总的来说，中医的整体施治更易于提高患者的生存质量。

由于目前我国的生存质量研究还未得到发展，各种健康量表和问卷的汉化工作也还有待于进一步展开，现阶段进行成本—效用分析还有一定的难度。但是对中药来说成本—效用分析是最佳的评价方法，是将来中药药物经济学研究的发展方向。

（邱凯锋　王　莹）

参考文献

1. 高鸿业．西方经济学．北京：中国人民大学出版社，2000.
2. 蒋学华．临床药学导论．第2版．北京：人民卫生出版社，2014.
3. 孙利华．药物经济学．北京：中国医药科技出版社，2004.
4. 孙利华．药物经济学．北京：人民卫生出版社，2014.
5. 姚宏．国际药物经济学研究与发展．北京：化学工业出版社，2006.
6. （美）F. 兰迪．瓦根伯格．应用药物经济学．俞雄，周琦奕，陈扬，等译．北京：化学工业出版社，2010.
7. 胡善联．药物经济学．北京：高等教育出版社，2009.
8. 陈洁．药物经济学．北京：人民卫生出版社，2006.
9. （英）沃利，（英）哈克斯，（英）伯兰德．药物经济学．邱琼，蔡声霞译．北京：北京大学医学出版社，2007.
10. 梅全喜，曹俊玲．中药临床药学．北京：人民卫生出版社，2013.
11. 吴剑宏，陈幸谊．探讨开展中药临床药学模式．中国医药导报，2011，8（10）：139-142.
12. 李庆生，陈子珺，田芳．从学科特点论临床中药学与中药临床药学．中药材，2002，25（1）：49-52.
13. 曾聪彦，梅全喜，沈健．医院开展中药临床药学工作的实践．中医药管理杂志，2013，21（10）：1027-1030.
14. 李庆生．临床中药学应当坚持医药结合全方位发展——关于临床中药学发展若干问题的思考．天津中医药，2006，23（2）：93-97.
15. 王义海．试论中药临床药学的任务和研究内容．山东中医药大学学报，2001，25（2）：135-136.
16. 李继红．中药临床药学的研究．现代医药卫生，2008，24（22）：3414-3415.
17. 王丽霞，牟稷征，陆丽珠．中药临床药学研究现状及所面临的问题．中国药房，2001，12（9）：570-572.
18. 翟华强，王燕平，王永炎．中医临床药学的现状与未来．中国中药杂志，2013，38（3）：459-461.
19. 郭玉姝．中药师开展中药临床药学服务探讨．中国药房，2014，25（11）：974-976.
20. 梅全喜，曾聪彦，沈健．中药临床药学研究新进展．中国药房，2013，24（27）：2584-2587.
21. 陆丽珠．中药临床药学的现状与展望．中国药事，1997，11（4）：265-268.
22. 张洪峰，陈晨，王乐，等．中药药物经济学研究进展．中国药房，2013，24（31）：2969-2971.
23. 梅全喜，曾聪彦．由“鱼腥草注射液紧急停用事件”引发的思考．中国药房，2006，17（15）：1124-1126.
24. 梅全喜，高玉桥，胡世林．应理性对待含马兜铃酸类中药．中国药房，2006，17（7）：554-556.
25. 李明晖，刘国恩．中药经济学评价的意义和特点．中国药物经济学，2009，25（3）：11-14.
26. 冯志宏，王中越，申俊龙．中药药物经济学评价问题研究．中国医药导刊，2011，13（5）：864-865.
27. 谢雁鸣，黎元元．我国亟须制定中药药物经济学评价指南．中国中医药报，2015，（3）：1-3.
28. 梅全喜，曾聪彦．中药临床药学的现状与未来发展的思考．中国药房，2008，19（36）：2801-2804.
29. 梅全喜，曾聪彦，沈健．中药临床药学实践．中医药管理杂志，2013，21（10）：913-915.
30. 王桃柱，朱文涛，张娜，等．国内药物经济学文献评价及现状研究．中医药管理杂志，2010，18（4）：295-297.

第二章 中医药市场状况与经济学评价

第一节 我国中医药概况

一、我国中医药现状

根据国家中医药管理局《2012年中医药统计分析提要报告》，全国中医机构（包括中医类医院、中医类门诊部、中医类诊所、隶属于卫生部门的中医科研机构）达到39305所，全国卫生机构中中医机构所占比例达到4.14%。高等中医药院校45所；开设中医药专业的高等西医药院校90所；开设中医药专业的高等非医药院校118所。中医药科研机构共134个。中医药科研机构专利申请受理数299件，专利授权数176件。中医药科研机构重点发展学科数191个，其中：中医学40个，民族医学3个，中西医结合医学7个，中药学68个，中医学与中药学其他学科5个。

（一）规范化建设

为规范我国药品研究与开发，1985年《中华人民共和国药品管理法》正式实施，国家随之制定、颁布了《新药审批方法》，药品审评委员会及办公室同时成立，负责新药的审批工作。1992年，特别针对中药公布了《〈新药审批方法〉有关中药部分的修订和补充规定》。该《补充规定》和《新药审批方法》对中药的分类、药物安全性的非临床实验与临床试验内容以及要求均有明确和详细规定，为建立我国中药研究的规范化体系奠定了基础。

1988年，原卫生部颁布《药品生产质量管理规范》(GMP)，直到2004年7月1日实现了所有药品均在符合药品GMP条件下生产的目标，促进了医药行业的生产和质量管理水平的提高。在GMP颁布实施多年后，为适应当时产品需求及对药品生产管理要求，全面提升我国药品生产企业质量管理水平，使药品生产更规范、质量更可控，借鉴国际先进经验，通过1992年和1998年两次修订及公开征求意见，《药品生产质量管理规范(2010年修订)》（卫生部令第79号）于2011年3月1日起正式施行。随着新版药品GMP的稳步落实，为医药产业的优胜劣汰、兼并重组提供了历史性机遇。部分规模小、效益差、产品市场无序、质量管理水平落后的企业，逐步被淘汰。而对生产规模大与管理水平高及市场占有份额优势多的企业也利用了这次机会，进一步调整品种布局，及时提升了产业的集中度，有效促进了我国制药工业与国际接轨，加快了医药产品进入国际市场的步伐。

这一系列规范化管理办法的实施也有力保证了中药产品的研发、生产、销售和使用秩序。通过全面提升中药产品生产质量的管理水平，从源头上强化药品的质量管理，确保其安全、有效。还可以提高中医药行业的准入标准，淘汰落后产能，有利于中医药产业做大做强，推动中医药产业的结构升级调整，推动我国中药生产企业转型和与国际接轨，加快中药产品进入国际主流市场。

（二）中药产业规模

据国家统计局数据：2015 年上半年我国中药饮片加工行业规模以上企业数量达到 972 家，中药饮片加工及中成药生产行业资产占 29.16%，收入占 30.28%，与化学药、生物药呈现出三足鼎立之势。2015 年，我国中药贸易克服了外需低迷、价格下跌、要素成本持续快速上升等多种因素的影响，整体表现较为突出。我国中药类产品进出口额达 47.95 亿美元，同比增长 3.56%；出口额 37.70 亿美元，同比增长 4.95%。中药产业已成为我国快速增长的产业之一，发展潜力巨大。

根据中药材产业研究院发布的《2014～2018 年中国中药材 GAP 基地发展模式与投资战略规划分析报告》数据显示，中药材 GAP 基地认证从 2004 年至 2014 年 6 月，共有 152 个基地通过了中药材 GAP 认证。2015 年，CFDA 又通过了 24 个中药材 GAP 认证。在资本市场上，包括同仁堂、云南白药、康美药业、以岭药业在内的大多数 A 股中药上市公司都建有中药材 GAP 生产基地。2016 年 2 月 3 日，国务院印发《关于取消和调整一批行政审批项目等事项的决定》（国发〔2016〕10 号），取消中药材生产质量管理规范（GAP）认证行政许可事项。国家食品药品监督管理总局不再开展中药材 GAP 认证工作；对中药材 GAP 实施备案管理；促进中药材规范化、规模化、产业化发展。GAP 认证取消，并不意味着对中药材质量的放松，2015 年，药监飞行检查、药品质量抽检，饮片或中药饮片企业一直都是检查的重点。可见，监管部门对产品质量的监管更为严格。

二、我国中医药特色

中医药发展源远流长，作为独具特色的卫生资源，知识体系独特，它与西医药共同担负着维护和增进人民健康的重要使命，是中国特色医药卫生事业不可或缺的重要组成部分。中医理论中的整体观念、辨证论治、阴阳学说、五行学说、生克制化原理等都体现了对客观规律的深刻认识，反映了人与自然的和谐统一，并能动态认识疾病的发生与人体和自然的关联性。中医药作为一个学科，主要研究人体、疾病的防治、养生，并以特殊的完整术语体系精准表述及传播。在传承流传过程中为了更好阐释和解析医学理论，融合了哲学、气象、地理等科学文化。不断完善自身的理论体系，从而保持着鲜明的开放度和持续的创新性。

（一）传统的中医理论体系

中医学从《内经》开始，其理论体系就具有整体观与辨证论治统一的特点，贯穿浓厚的儒家及道家文化色彩，而中医理论的形成及发展离不开中华民族传统的思维模式，虽然后者可能影响或制约了中医理论的发展，但它又能不断吸纳和吸收各个历史时代的人文和哲学科学先进的研究成果，如阴阳、五行等，都是从中国的哲学思想演变而来，体现着医学与社会科学、人文科学的高度融合和统一。

1. 整体观念

（1）中医理论中的整体观：中医治疗疾病讲求因时、因地、因人制宜，整体观念始终贯穿中医理论体系，它提倡人体作为一个有机整体，人体的各个脏腑、组织、器官之间存在着相互作用，协调一致。它是以五脏为中心通过经络相互连结在一起，而以气、血、津液濡养全身，同时又通过相生、相克相互调节，及正常的生理活动维持着平衡，当这个平衡被打破时人的气机就会紊乱，产生疾病。因此中医学诊疗疾病推崇从整体出发，通过局部病变反过来观察分析整体的病理改变，把局部的病变与整体的病理反应统一起来，调节整体，改善局部。中医还提出“天人合一”的观点，也是围绕并强调人与自然的和谐统一。《黄帝内经》曾有记载“人与天地相参也，与日月相应也”，自然界的变化会直接或间接影响人体的生命活动，人体同时也会表现相应的反应。《素问・阴阳应象大论》也有关于“天有四时五行，以生长收藏，以生寒暑湿燥风；人有五脏化五气，以生喜怒悲忧恐。故喜怒伤气，寒暑伤形”的论述。都指出人与自然界要相互适应，才能维护与保障身体健康。地域与环境对人体影响也很大，江南地区湿热重，生活在那里的人，皮肤肌腠会比较疏松，而北方相对干燥寒冷，生长在北方的人的皮肤多致密，因此也就导致了不同地域常出现当地特有的地方病。地方性甲状腺肿、地方性克汀病、大骨节病、布鲁菌病等都是属于地方特有高发疾病。

（2）应用单味与复方中药的整体观：单味中药所体现出来的整体观在于其主要成分之间的相互协同、相互制约，其药效活性往往是以多靶点、多环节发挥作用，因此，也就出现了中医理论中的“异病同治，同病异治”。复方中药的临床应用已有两千多年的历史，组方遵循中医辨证论治。大量运用现代物理学、化学、生物学和医学等方法的研究及实践证实，复方中药整体的作用也是通过多靶点、多途径显示疗效。随着现代先进科学技术方法的应用，以整体疗效起作用的机制得到了深层次的阐述。中药复方的多成分、多靶点、多环节的综合治疗作用体现了中医药理论的整体观。

2. 辨证论治　辨证论治是中医药学理论的精髓，具有提纲挈领的作用。由《内经》开始，到《伤寒杂病论》，对其进行了全面的阐述，从《伤寒论》提倡“六经辨证”，再到《金匮要略》指出“脏腑经络先后病”，贯穿地体现了辨证论治的重要。辨证是认证、识证的过程，是将“四诊（望、闻、问、切）”收集的资料、症状和体征，通过分析、综合，辨清疾病的起因、性质、部位和邪正之间的关系，并概括判断为具体证。证是对机体在疾病发展过程中某一阶段病理反映的概括，包括病变部位、原因、性质以及邪正关系，反映了这一阶段病理变化的本质。论治又称施治，它是根据辨证的结果确定相应的治疗手段。辨证和论治是先后不同的两个阶段。前者决定了治疗的前提和依据，后者是治疗的手段和方法。通过论治的效果可以检验辨证的正确与否。因此，辨证论治是认识疾病和解决疾病的过程，体现了理论与实践相结合，它是理法方药在临床上的具体运用，指导着中医临床工作的基本原则。

中医药认为同一疾病在不同的发展时期，出现不同的证型，不同的疾病在其发展过程中，也可能出现相同证型，因此在治疗疾病时可以分别采取“同病异治”或“异病同治”的原则。“同病异治”是指对同一疾病、不同阶段出现的不同证型，采用不同的治法。“异病同治”是指不同的疾病在发展过程中出现性质相同的证型，可以采用同样的治疗方法。这种针对疾病发展过程中不同质的矛盾用不同的方法去解决的原则，体现了辨证论治具有整体与个体化、灵活运用的特点。

（二）中医“治未病”思想

《黄帝内经》就记载有“上工治未病，不治已病”，“未病”主要指未病先防和既病防变。唐代孙思邈提出的“上医医未病之病，中医医欲病之病，下医医已病之病”，将疾病分为“未病”“欲病”“已病”三个层次。其中的重点是“未病养生，防病于先”，未患病之前先预防，避免疾病的发生，这也是中医学一直倡导“健康未病态”的治疗原则。还有“欲病施治，防微杜渐”，应该在疾病无明显症状之前采取措施，治病于初始，避免机体持续失衡，它是“潜病未病态”的治疗原则。再有就是“已病早治，防止传变”，其实是提醒疾病已经存在，需及早诊断并治疗，防止由浅入深引发脏腑之间的传变，这是“欲病未病态、传变未病态”的治疗原则。总之，治未病的根本原则就是通过预先采取措施，防止疾病的发生与发展，从“未病先防”到“欲病早治”和“既病防变”，“治”与现代社会提倡的“养生”共通，它是提醒人们在日常生活中应注重情志调养、合理饮食、适度锻炼、保持阴平阳秘等，维持正常工作状态。

（三）道地药材的应用

我国幅员辽阔，气候变化多样，地形结构复杂，中药材资源种类十分丰富。由于不同地域的地形、土壤、水分、气温和光照等诸方面不同生态环境，造就了不同产区的道地药材，如川药、广药、云药、贵药、怀药、浙药等。药材分布的生态环境不同，其外部形态、内部结构以及生理特性、生化成分相差甚远，很多药材也因产地来源不同，其疗效差别明显。唐代《千金翼方》就首先记载了各地出产的中药材，“道地药材”一说由此而来，它是指在特定环境和气候等因素的综合作用下，形成的产地适宜、品种优良、产量高、炮制考究、疗效突出、带有地域性特点的药材。它们也是种质因素、生态环境因素、栽培技术因素、采收与产地加工技术等综合因素好药材的代名词，特定产地形成了各自优质的道地药材。如阿胶的“阿”，是指山东东阿县，党参的“党”，表示产于山西上党（现为长治市）；川贝的“川”，表示来自于四川。

历代医家都非常注重道地药材的使用，“四大怀药”是指古怀庆府（今河南省焦作市）所产的山药、牛膝、地黄、菊花等四大中药。我国最早的药物学经典《神农本草经》就把“覃怀地”（怀川）所产的山药（薯蓣）、地黄、牛膝、菊花列为上品。汉代张仲景在其《伤寒杂病论》中有58处运用了“浙八味”。明代李时珍也在《本草纲目》中引宋代的《图经本草》说：“白术生杭、越”。

道地药材经过长期中医理论与实践证明，疗效好，质量稳定。其核心：一是经过长期的中医用药的检验，得到肯定的优质药材；二是特定产地，也就是在特定的生态气候环境条件下生长或生产的，离开其适宜的生态气候环境生产出的药材质量会发生改变，道地药材的生态气候环境适宜药材的生长。产地的生态气候环境包括气候、土壤、生物等多种生态因子组成的生态环境。

道地药材作为药材品质的概念，既有区域经济、文化的概念，也是自然经济的产物。道地药材的经济概念，是指道地药材产区出产的中药材是在若干产区竞争角逐的优胜者，以道地药材的生产、经营为中心形成了多方面的经济联系，并发展成为地方经济支柱产业。道地药材的生产必须依靠当地的药材生产者具有成熟的生产（采集）、加工技术，从而形成对药材生产与加工的特定文化氛围，并能极大地促进当地文化的发展。所以，道地药材是自然选择的结果，其发展、产区的变迁都是药材对自然选择、适应的反映。

三、我国中医药优势

中医药学是根据中国哲学的天人合一、五运六气学说，按照阴阳五行所揭示的生命运动的规律，以经络、脏腑学说为基础，运用望、闻、问、切四诊合参的诊断，借用简便易行的方法和自然界万物的偏性来纠正人体偏性，使之恢复和谐平衡以保障人们健康的医学。

（一）文化积淀深厚

夏、商、西周时期可以找到记载有大量医药卫生内容的史料。作为中医经典的《黄帝内经》《难经》《伤寒杂病论》《金匮要略》《神农本草经》及《温病条辨》等陆续问世，对进一步推动中医药历史的发展起到了关键的作用，同时，各朝代对传统医学体系也进行了完善与补充，中药炮制学、针灸、脉学、方剂、伤科、炼丹、养生保健等都有长足的发展。那些具有深厚底蕴、流传下来的中医药典籍等宝贵资源需要我们继承和发扬。

（二）预测疾病的发生、性质、趋势

中医五运、六气学说就是运用五运、六气的基本原理解释气候变化的年度时间规律及其对人体发病的影响。简单来说就是通过它们预测未来年份疾病发生的可能与性质，这也是中医的精华所在。例如，1956 年，石家庄市曾流行乙型脑炎，师仲景法用“白虎汤”，用清热解毒、养阴法治疗，治愈率达 90%以上，而次年北京流行此病时，用“白虎汤”无效。时任中医研究院副院长的蒲辅周从临床实践中发现，北京多年阴雨连绵，湿热交蒸，因此属暑湿偏盛，遂用杏仁滑石汤、三仁汤等化裁，通阳利湿，收到了良好效果，大大缓解了疫情的大范围扩散。蒲老在总结经验时说：“在这一次实践中体会到，由于气候的影响，今年的患者在诱因上多有暑湿并重的现象，个别的还有一些变症，我们在治疗脑炎过程中，随时都要注意到这一些”。天气对人健康的影响很重要，《素问》里有：“不知年之所加，气之盛衰，虚实之所起，不可以为工矣”。《儒门事亲》也记载：“治不明五运六气，检遍方书何济”。

（三）养生与保健

中医提倡“上医医未病之病，中医医欲病之病，下医医已病之病”，即“治未病”，不仅是防病于未然，还要求养生保健。中医的养生方法有多种，如运动养生、饮食养生、音乐养生、书法养生等。而汉代的孙思邈倡导的“养生 13 法”里，就有“发宜常梳、齿宜常叩、耳宜常鸣、腹宜常摩”。因此，中医所讲的养生保健不能简单等同于现代的医学之预防。

（四）非药物疗法

中医里的各种非药物疗法，包括砭、针、灸、导引按跷、拔罐、刮痧、按摩、点穴等。它充分调动了人体的自我康复能力。1977 年美国医学家 G. L. 恩格尔首次明确提出生物心理社会医学，它统一了生物学与心理学、社会学观察人类健康和疾病的医学模式。这种新医学模式特点是：沿着系统论思路，把人理解为生物的、心理的、社会的三种属性的统一体，人的健康和疾病不仅是生物学过程，还有心理和社会的影响因素，从生物、心理、社会相统一的整体水平理解和防治疾病。中医学是一种生物心理社会医学，包括人与天地相应的理论与实践，是比生物心理社会医学在内容上更丰富和完备的一种医学模式。有学者结合他的观点提出“新世纪医学模式”，就是生物心理社会医学和被动（医生做的治疗、保健与养生）与主动（医生指导下患者自身做的治疗、保健与养生，按医生开出的以导引为主的运动处方、行为处方与非药物疗法处方进行的自我治疗）相结合。它充分强调了中医非药物疗法的意义与重要性，尤其是在医生指导下患者自行进行非药物疗法对自身治疗、保健与养生的作用，特别适合当前日趋严重的老龄化社会。

（五）治疗领域优势

中医药在我国农村有着深厚的群众基础，中医承担了近三分之一的门诊服务量和近四分之一的住院服务量。在百多万乡村医生中有50%以上的医生运用中西医两种方法和药物防治疾病。

中医早已被纳入城镇医疗保障体系。全国各省、市行政区域，基本都设立了设施较为完善的中医医疗机构，在医疗卫生体制改革中，中医药医疗服务已纳入基本医疗保险。尤其是在新型农村合作医疗和社区卫生服务中，它成为最具中国特色的服务方法。

中医药在中医骨科、肛肠科、皮肤科、妇科等学科，在治疗重大难治性疾病和一些慢性病、多发病方面具有一定的优势，广为人们接受。特别是针灸、推拿、中西医结合等特色疗法，逐渐受到世界的关注和接受。因此，深入研究和开拓发扬中医药事业的优势具有深远的意义。

（六）简、便、廉、验

“简”是指中医的化繁为简、辨证论治，通过望、闻、问、切确定病情；“便”是指就地取材，治疗方法简便；“廉”是指中医治疗费用相对较少；“验”则是指中医的疗效好。例如，中医治疗乙型脑炎、流行性出血热、SARS、艾滋病等都有良好的效果。

（七）中药自然资源丰富

我国地域辽阔，横跨寒带、温带、热带，气候多样，地势、地貌复杂，自然资源极为丰富，中医药源远流长，中药资源的开发历史悠久。

1. 药材引种与种植　我国道地药材种植历史悠久，建国以来，道地药材的引种与家种取得巨大进展。20世纪80年代开展了全国普查，结果发现需求量大、主要依靠栽培的中药大约有200多种，经过大规模的野生变家种、家养和引种，已初步建立起600多种中药材生产基地（基本上都是著名的道地药材），道地药材的栽培体系基本形成。

中药栽培具有2600多年的历史，在长期的生产实践中，我国对药用植物的分类鉴定、选育与繁殖、栽培技术及加工贮藏等都积累了丰富的经验，建立常用中药规范化栽培、鉴定体系。中药材栽培面积已达500多万亩，年产量约2.5亿公斤。在进行道地家种研究的同时，引种国外药用植物方面也做了大量的工作，过去依靠进口、不能满足我国人民用药需要的品种，现在很多已引种成功，逐步做到自给。目前我国的药用植物栽培无论是品种数量或是种植规模均处于世界领先地位。

2. 中药资源开发

（1）古方、验方中药的开发：中医药浩瀚的经典医籍是人类生物信息的巨大财富，我国现存中医药典籍逾8000种，记载着数千年来中医药的理论和实践经验。许多方剂疗效确切，据统计，有文献记载的中药方剂就有10多万首，民间流传的经方、祖传秘方均是中药筛选开发的巨大资源。古方、验方具有开发资源广、投资成本低、风险小、周期短的特点，在我国医药产品中占有重要位置。

（2）食品及保健食品的开发：研究《黄帝内经》里的“药食同源”与“治未病”内容可发现，目前，市场上的药膳也是依据“三分药七分养”“药补不如食补”的中医理论，使用中药作为食品保健强身、预防和治疗疾病或促进机体康复，延缓衰老。

2014年10月28日，国家卫生和计划生育委员会《按照传统既是食品又是中药材物质目录管理办法》(征求意见稿)(国卫办食品函〔2014〕975号)指出，按照传统既是食品又是中药材的物质，是指具有传统食用习惯，且列入国家中药材标准(包括《中华人民共和国药典》及相关中药材标准)中的动物和植物可使用部分(包括食品原料、香辛料和调味品)。用于食品、富含挥发油的中药多达十多种，肉桂、八角茴香、花椒等早已作为食品香辛料使用，发展中药食用香料、相关食品、保健品产业，研发调节免疫、抗疲劳等多种功能保健食品，推广食补优于药补的健康理念，蕴藏着广阔的市场前景。

综上所述，中医药体现了人文与科学的统一，从理论上看，中医药作为研究人体生命健康和疾病防治的医学，具有独特的生理观、病理观与疾病预防观。

(郭洁文　李丽明　刘若轩　邓志军)

第二节　国内外中医药市场经济状况

一、国内中医药市场经济情况

(一) 国内中药材市场情况

1. 中药材专业市场　1996年经国家中医药管理局、原卫生部、原国家工商行政管理局审核批准设立了17个中药材专业市场，经过多年发展和整合，中药材专业市场不断被洗牌，其流通量约占全国中药材交易总量的七成，它们是中药材流通的主要渠道。还有很多产地市场和中小规模中药材市场，大多存在于中药材产地，以经营道地中药材为主，品种较为单一，交易规模也不大，如云南文山州的三七产地市场，甘肃陇西文峰中药材市场主要经营西北道地药材。另外，还出现了由药材公司或者中成药生产企业与农户签订种植合同，采用“公司＋农户”模式，从产地直接到生产需求地，也是一种便捷的中药材流通模式。

现代化信息手段催生了众多新的流通模式，如连锁经营、网上交易、期货交易等。新的交易模式挤压了传统模式的交易空间，造成大量生产企业绕过交易市场，自行开办中药材种植基地或者直接从产地采购。专业市场的交易方式相对落后，缺少电子化、标准化等现代交易手段，难以适应中药产业现代化发展的要求，为适应市场环境的变化，中药材专业市场不得不走上转型发展的道路，具体措施包括企业化改造，改进市场交易手段，扩大经营范围等等。但目前仅有个别专业市场完成了企业化改造，开始走上了快速发展的道路，大部分市场仍然还在转型探索中。

2. 中药材价格异动　2010年至2013年间，中药材市场经历了很大的冲击，中药材价格普遍上涨超1倍以上，如党参，价格从2010年的10元/公斤上涨到2013年的140元/公斤，太子参从40元/公斤上涨到400元/公斤。中药材涨价对中药相关行业影响严重，造成了部分中成药生产企业被转、关、停。

中药材价格在市场上的变化常受产量、销量、自然灾害、疫情、人为炒作等因素的影响。2015年中药材丰收，药材价格一路低迷后。2016年江南、华南、西南等地连续大雨，贵州、湖南等中药材产地受到影响，北方各地却是干旱少雨天气，导致中药材种植大面积减产，部分品种中药材价格借势走高。游资的炒作，加速了这种价格的异动。游资虽然刺激了药农的种植积极性，但也呈现出中药材新增产量远超市场增量需求的不良后果。

3. "问题"中药材 随着2011年"硫黄熏蒸当归"事件、2013年中药材农药污染事件的曝光，中药材质量一直就是大众关心议论的话题。相当多的中药材存在假冒伪劣、掺杂使假、非法加工等现象，不合格的伪劣、掺假中药材或者硫黄过度熏蒸的中药材混入市场。

2015年1月22日至28日，国家食品药品监督管理总局组织检查组分别对河南禹州、安徽亳州、河北安国、湖南廉桥、四川荷花池等5个中药材专业市场进行飞行检查。检查发现上述中药材专业市场普遍存在不同程度的以次充好、染色增重、掺杂使假、违法加工、非法经营等问题。

(二) 中药产业情况

中药产业已向专业化与集约化方向发展。中药产业是最具特色的民族产业，包括中药农业、中药工业、中药商业及近年发展起来的中药服务业，涉及众多领域。中药工业备受关注，它又分为中成药工业、中药保健品工业、中药兽药工业、中药日用化工品工业、中药加工装备制造业等，而中成药工业已被看作是中药工业发展水平和前景的标志。

近年来，我国中医药产业发展迅猛，年总产值以超过20%的速度增长，而同期世界医药产业的增长速度为4%～7%。医药卫生体制改革全面推进和不断深化，《关于促进中医药服务贸易发展的若干意见》《中医药事业发展"十三五"规划》等政策相继出台。2012年新版的《国家基本药物目录》将中成药的数目从2009年的102种增加到203种。

中成药作为中药产业的重要一环，发展前景广阔，随着国家对中药产业加大了研发投入，中成药行业快速向现代化方向发展，现代化中成药产品较传统中药具有良好的品质以及较高的临床效果。由于它具备了一些化学药特点，可以实现某种病症的靶向治疗，这种现代化的中成药将成为未来中成药领域的核心竞争产品。

发展中医药已成为转变地方经济发展的战略选择。西部各省市普遍依托中药材的资源优势，带动区域经济跨越发展，并成为我国西部大开发的重要支撑点。陕西铜川将发展中医药作为城市转型的方向，河南禹州、安徽亳州、河北安国、湖南廉桥、四川荷花池等地都将中医药产业作为支柱性产业。而广东省早在2006年就提出了中医药强省战略，2016年广东省人民政府办公厅《关于印发广东省推动中药材保护和发展实施方案(2016—2020年)的通知》，及由广东省人大发起并起草的《广东省岭南中药材保护条例（草案)》，建立了种源、产地、种植、品牌四个环节的保护制度，并在保护第一批8种岭南中药材的同时，实行动态保护，逐步实现对更多种类岭南中药材的保护。以上均是广东省为加强中药材保护，促进中药产业科学发展的举措。

中医药科技创新体系日趋完善，国家中医临床研究基地、国家工程技术研究中心、国家中药工程研究中心及一大批国家重点研究室与创新平台陆续投入运行，基本形成了中医药科技创新完整体系。

2014年，中药工业总产值超过7300亿元，与"十一五"末相比，增长130%，中药类产品进出口额达到46.3亿美元，中药产业的国际竞争能力显著提升。同时，中医药自主创新能力显著增强，52项中医药研究成果获得国家科技奖励，授权发明专利2.3万件，中药研发取得了重大突破，"发现了青蒿素——一种治疗疟疾的药物，在全球特别是发展中国家挽救了数百万人的生命"的药理学家屠呦呦，获得2011年度美国拉斯克临床医学奖，并于 2015 年获得“诺贝尔生理学或医学奖”。2010 年 1 月，复方丹参滴丸通过了美国食品药品监督管理局（FDA）Ⅱ期认证，成为我国首个进入美国 FDAⅢ期临床试验的中成药，显示出中医药展现的巨大开发潜力和市场前景。

二、国外中医药市场经济情况

20 世纪 70 年代初，世界开始涌现中医热潮，随着我国对外开放政策的实施，中医药事业在国外得到迅猛的发展。自 2001 年我国加入 WTO 后，中药产业就以天然绿色资源优势抢占国际市场，纯天然中药逐渐获得许多国家认可。2004 年 9 月 23 日，根据欧洲议会和欧盟理事会的要求，正式成立了草药药品委员会，以作为草药药品专门的管理机构，主要负责欧盟范围内草药药品的审批和监管，美国允许中草药作为复合药物进行临床研究。亚洲、北美和欧洲是中药出口的主要市场，近几年其出口都保持着稳步增长的态势，而亚洲市场就占据了中药出口总值的三分之二，这些全球性的中药市场承担着我国中草药、中成药、保健品的主要出口任务。

（一）亚洲市场

1. 东南亚市场　新加坡的中医药有着悠久的历史和良好的群众基础。新加坡承认传统中医药，新加坡卫生部是药品的管理机构，还成立了中医药管理局，并通过“新加坡中医团体协调委员会”进一步加强中医药管理。卫生科学局则负责新加坡的中药监督管理工作。中成药在新加坡有着明确的定义和法定地位，但仍被视为是西药的补充。开设中医学院、中医师注册工作也在进行中。应用范围被严格限制，对含汞、铅、砷等重金属的中药或成药明令严控，新加坡对中药加工的药品制剂强调重金属及其他有毒物质的含量检测，规定砷含量不得超过 5ppm，汞不超过 0.5ppm，铅不超过 20ppm，铜不超过 150ppm。禁止销售黄连、黄柏、川乌等有毒药品。进口的中药材多数是补益类药。

马来西亚基本按照西方国家的技术标准对中药进行管理，没有单独立法管理传统药物。1998 年成立了“传统医学和补充医学委员会”，协助卫生部监督马来西亚传统医学和补充医学的政策实施情况。虽然他们支持、关注中医，但仍未接受中医师注册，存在不注册也可行医的现象。政府对药物重金属含量有控制标准，有毒及濒危野生动物药品一律禁售。

泰国承认中医药的合法地位，中医师考试及格的可换发临时执照，并在 1987 年正式通过批准中草药议案。

越南承认中医即传统医学医生。越南的传统医学主要来源于中医药学，并结合本民族的特点发展成为东医学，越南很早就提出东医与西医相结合。中药材种类繁多，品种齐全，包括植物类、动物类、矿物类药。至 2014 年中国共有 16 家药品生产企业获得在越南的经营许可证。

菲律宾食品药品监督管理局是传统和替代药物的管理和注册机构。菲律宾已成立国家传统医药局，旨在加强对传统医药的管理。1997 年菲律宾总统签署了《传统与替代医学法案》，提出通过发展传统和补充替代医学以及将其整合进入国家卫生保健体系以改善医疗保健服务质量是政府的一项政策。

印尼政府也很重视传统医药，承认中医药是印尼传统医药中一个很重要的组成部分，与其民族医药“印尼土医”的地位相同，都是官方认可的合法执医者，但须经过官方考试合格后，再向当地卫生部门申请注册，方可行医。

此外，在印尼、缅甸、柬埔寨、尼泊尔等由于受亚裔、华裔文化的影响，中医药都有浓厚的民众基础。

2. 日韩市场　日本称中医药学为汉方医学。日本按照西药管理方式管理汉方药，由厚生省负责管理。中医药在公元5世纪传入。目前中药已得到健康保险承认，它的汉方药（中药）制剂在国际市场的覆盖率达到了80%。汉方医学医疗、科研、教育、学术机构齐全，公众对汉方医药持信任态度的占大多数。日本针对汉方药的特点制定了相关法规，如《关于如何对待医疗用汉方浸膏制剂的问题》《医疗用汉方制剂管理的通知》《汉方浸膏制剂的生产管理和质量管理的自定技术标准（草案）》《日本药局方外生药规格》等。厚生省把《日本药局方》中收载的汉方药仅限于张仲景的210种经方，其中147种批准为“医疗用医药品”，可以在医院中使用，其余63种为“一般用医药品”，只限药店销售。

日本从中国进口的中药材主要是甘草、野山参和圆参。中成药就有蜂王精、银翘片、银翘丸、六神丸等。日本对进口中药饮片（生药）进行外观性状、纯度、灰分、酸不溶灰分、水分、含菌量、水浸膏、醇浸膏、醚浸膏、精油含量等指标测定，进口中成药还需进行外在质量（如色泽，颗粒大小是否均匀，有无霉变及沉淀等）、重量偏差、崩解时限、干燥失重、灰分、酸不溶灰分、重金属、砷盐及其他有机毒性成分、浸出物含量、显微鉴定指标（如主要组成成分不全或超出等）、有效成分含量、含菌量等方面的检测。如果检验结果与日本制定的标准不符，则被认定为不合格，不允许进入其国内市场。

中医药与韩国当地医药相互结合，形成了当地的传统医药学，古代称之为“东医”。1980年，韩国政府颁布法令，将在韩国的传统医学统称为“韩医”。韩国政府保健卫生部不仅允许韩国传统医学存在，还将“韩医”列入医疗保险体系，韩医药在韩国具有合法地位。1969年韩国保健卫生部规定11种古典医籍上的处方可由药厂生产而无须做临床试验，其中有4种分别源自中国古籍《景岳全书》《医学入门》《寿世保元》及《本草纲目》。为了促进大众健康，建立草药和相关产品的市场规则和品质鉴定方法，1984年，韩国保健卫生部颁布了《韩国草药药典》，出台了专门针对中药的标准，对药材实施严格的管理。韩国目前共有56个成方制剂、68个单方制剂作为药品进入健康保险。20世纪80年代末，建立80个中药厂，占全部中西药厂总数的22.2%。从1992年开始，逐步实施中药制剂生产的GMP标准，目前估计韩国中药市场已达10亿美元以上。我国对韩出口的中药材种类逐年增加，以甘草、桂皮、半夏、茯苓、黄芩、红花、远志等出口金额较大。

为规范中药标准，韩国先后制定了《韩国草药药典》及《天然药物标准》。韩国草药检测的国家标准包括基原、名称、性状、成分鉴定、纯度、总灰分、酸不溶性灰分（限定最低含量）、干燥失重、挥发油含量、提取物含量及药材质量等级等。韩国对中药材的检验严格，每批产品都要接受韩国“进口中药材检验方法”中的规定要求，包括有害物质如农药、重金属、漂白剂等的检验。

（二）欧美市场

1. 欧洲市场　主要包括西欧各国的草药市场。为了进一步强化欧洲植物药的标准化研究，德国、法国、比利时、瑞士、英国的植物疗法协会联合成立了欧洲植物疗法联合会，并以《德国药典》内的药用植物专题资料作为《欧洲药典》的依据。1961 年，德国正式将植物药列入第一部药品法令，1976 年，第二部药品法令规定，包括植物药都要通过特定专委会评审，1978 年卫生部内设专门负责审查植物药的植物药专家委员会（E委员会），审查修订近 400 条草药及复方制剂的标准条款。德国是西欧使用中草药最多的国家，占据德国和欧盟 70%的市场份额，服用中草药的德国人近六成。其银杏制剂年销售额超过 1 亿美元。用甘草、穿山甲、知母、茯苓等中药制成的止喘药和用大蒜、山楂、芦丁制成的青春活力片等在欧盟国家中的年销售额曾达到 22 亿美元。在德国两成药店，没有处方亦可出售中草药。

法国是欧盟第二大草药市场。1952 年法国医学科学院承认针灸疗法是一种医疗行为。1985 年法国卫生部成立了“针刺治疗诸问题研究委员会”，决定将中医学教育纳入高等医学院校课程中。1999 年，中草药已列入国家医疗保险。法国最大的草药制造商是阿科菲阿麦公司，有超过 23000 家药店，其中就有一万多家是草药与天然药物的主要销售终端。除本国外，草药市场主要还有来自印度、中国、非洲、德国的草药。最受欢迎是减肥、催眠，治疗紧张、循环及消化系统疾病、疼痛、便秘和风湿病方面的草药。

2004 年，欧盟颁布了《欧盟传统草药注册程序指令》，要求在 2011 年 4 月 30 日之后，植物药必须按《欧盟传统草药注册程序指令》规定的程序注册并获得药品批文后方可上市销售，并规定了允许进行简易注册的 7 年过渡期。但在 7 年的过渡期内，绝大多数中国中成药生产企业并没有向欧盟递交注册申请。2012 年 3 月地奥心血康胶囊以荷兰为突破口成功获准在欧盟国家注册上市，实现了中国具有自主知识产权的治疗性药品进入发达国家主流市场“零的突破”。

2. 北美市场　北美的草药市场主要是出现在保健品商店、药房、超市和邮购商店，但也只能是作为食品或营养补充剂出售。

20 世纪初，植物药就与化学合成药物一起被列入《美国药典》。目前，美国已将植物药列为饮食补充剂进行管理。与欧盟各国的管制相比，美国对植物药的控制较为宽松。FDA 不再要求中草药是所谓“单体纯品”，允许使用“安全、有效、可控”的“混合物”。1998 年白宫成立了补充与替代医学中心，2002 年白宫“补充与替代医学政策委员会”向布什总统及参众两院递交最终报告，将中医列为替代医学保健系统之一。FDA 还在网上公布了美国《植物药研究指导原则》，在世界范围征求意见。美国一些保险公司对中草药的研发投入了巨资。目前，美国是全球最大的医药保健品消费市场与原料型产品需求国。由于存在巨大的产业需求，美国一直都是我国中药产品出口的主要目标市场之一。

根据《美国膳食补充健康和教育法案》，中医药被限定在膳食补充剂的范畴，生产商不能声明某种膳食补充剂能够治疗某种疾病，只能提示通过科学研究，它们对身体的某些结构或器官有改善和保健作用。这种定性从某种程度上限制了中医药作为药品在美国市场的发展。在美国，中医医师必须经过州政府认证，并不是所有的州都允许中医行医。

此外，加拿大、意大利、荷兰、罗马尼亚、波兰、奥地利、保加利亚、俄罗斯及前苏联各国、阿根廷、墨西哥等国家的政府和民众对西方草药、中医药越来越广泛重视，他们都是中医药的潜在大市场。

（三）非洲市场

虽然多数非洲国家卫生事业较为落后，但也属于在崛起的中草药国际市场。1960 年至今，我国向非洲派出的多批援非医疗队，活跃在坦桑尼亚、赞比亚、莫桑比克、刚果、马里、几内亚比绍等国，很多人了解了中医中药与针灸，并为中医药在非洲的发展打下了基础，为改善当地医疗条件作出了贡献。目前，非洲来华留学学习中医药的人数不断增加，遍及非洲大多数国家和地区，有些学生还获得了硕士学位。中医药教育为中医药进入非洲开辟了发展之路。

非洲有 10 亿人口，每年的药品消费量仅占全球的 1%，缺医少药是大多数非洲国家的现状。然而，非洲人对中药却不陌生，中国产的特效抗疟药“青蒿素”就挽救了上百万非洲人的生命，广为当地人熟知。清凉油和风油精更是他们最熟悉的中国制造，从几内亚首都科纳克里，到南非海滨小镇奈斯那，都能见到它们的踪迹。据了解，从 20 世纪 60 年代起，中国向坦桑尼亚、赞比亚、马里等国陆续派驻援非医疗队，使当地人对中药、针灸理疗等留下了好印象。

2000 年，南非政府通过法律程序确认包括中医针灸在内的补充医疗的合法地位。2002 年南非政府自 2 月到 8 月间，对南非市场上的各种草药制品进行申报登记，申报登记后的可合法进入市场销售。以此为契机，中国的中医药企业和南非本土中医药企业成功在南非注册了中药品种，如风油精、仁丹、红花油、花露水、六神丸等产品早已在非洲建立了信誉，近十余年来云南白药、复方丹参滴丸等一批产品也已落户南非。2003 年，中医针灸医师在南非合法化，使中医进入了法制化发展的轨道，中草药临床应用及贸易也进入了快速发展期。2011 年中医医疗正式被纳入南非医疗体系。

（郭洁文　李丽明　刘若轩　邓志军）

第三节　药物经济学在中药领域的应用

一、应用于卫生资源的合理配置

药物经济学（pharmacoeconomics）是人类为应对医药资源配置问题而发展起来的新兴交叉学科。药物经济学应用经济学的理论基础，系统、科学地比较分析医药技术的经济成本和综合收益，进而形成决策所需的优选方案，旨在提高医药资源使用的总体效率。截至 2011 年底，已经有 32 个国家和地区的相关部门制定出适合本地区的 34 个药物经济学评价指南，用于指导和规范药物经济学研究。2011 年，由北京大学中国卫生经济研究中心和中国药学会药物经济学专业委员会牵头编写的《中国药物经济学评价指南》（以下简称《指南》）正式发布，标志着我国的药物经济学研究上了一个新的台阶。

中医药是我国特有的医学诊疗模式，在疾病防治中具有不可替代的重要作用。但药物经济学在中医药领域的实际应用还处于非常初始的阶段，不论是规范指南理论还是实力研究，基本上还是一片空白。由于中西医理论的不同，评价指标各异，开展中药药物经济学评价存在困难。为此需要克服以下瓶颈，例如：研究时限不足；适应证的选择困难；研究设计、方法单一；研究对象局限；缺少专业人才；《指南》对中药开展药物经济学评价指导不足等等。因此，我国亟须制定中药药物经济学评价指南，实现有限医疗卫生资源的合理配置。

2012年7月8日，第一部《中药药物经济学研究规范》（草案）出台，迈出了中药药物经济学研究的第一步；2013年，中国中医科学院中医临床基础医学研究所编制并公开发表了《中药上市后药物经济学评价技术规范》（以下简称《规范》），规范了中成药药物经济学评价方案的设计、实施细则，使中成药药物经济学评价更加科学合理，为下一步制定中药药物经济学评价指南打下了基础；2014年，国务院副总理刘延东明确提出“中医药是我国独特的卫生资源、潜力巨大的经济资源、具有原创优势的科技资源、优秀的文化资源和重要的生态资源”。中药药物经济学应该作为一种决策辅助工具，在医药政策制定、药物资源优化配置、预防与诊疗方案选择、药品定价、国家基本药物目录、药品报销目录确定及管理、药品费用补偿水平确定、临床合理用药指导、新药研发战略研究等诸多方面起到重要的参考和指导作用。

因此，制定中药药物经济学评价技术规范和指南，指导开展中药药物经济学评价，促进其成果运用于政府决策是大势所趋。相信在不久的将来，中药药物经济学必将为维护广大民众的健康福祉，促进我国医药事业的发展和全民医疗保障体系建设作出更大的贡献。

二、应用于新药研究与开发

（一）药物经济学应用于中药新药研发的现状

随着药物经济学的发展与应用，药品的研究与开发已被赋予新的含义与范围，它使药品的研发不仅仅指研制新的治疗作用、更强疗效、较低毒副作用的新活性化合物，还可通过挖掘现有药物资源的利用率，降低治疗成本，提高治疗成本效果比值等方面寻找药物开发的方向。

目前，药物经济学在研发中起到的作用越来越重要，药物经济学评价已经用于临床药品开发的早期以及研发决策的某些关键环节。这种分析有助于研发者决定是否进行某种药物的研发，是否将生产的药品进行临床试验程序，是否继续开发已经进入临床试验程序的药品；某些早已停止开发的药品，仍在临床试验阶段、常规性复检或近期投放市场的药品也将进行药物经济学评价。

中药新药的研发已经成为新药研发领域的热点之一。尽管如此，中药新药研发仍以改变剂型和开发新的中药复方制剂为主，这两类中成药新药低水平重复开发也最为严重，创新程度普遍不高。这样的中成药新药开发既浪费大量的社会资源，上市之后又往往促进了医疗费用的上涨，并成为未来被淘汰的对象。因此，有必要对中成药新药的研发增加“经济性”评审标准，引导中成药新药研发资金的合理流动，鼓励制药企业研制、开发和销售能满足社会人群需求的中成药新药，为中成药新药研究开发提供选题依据，避免中成药新药开发的低水平重复，避免企业投资失误而损失大量社会资源，从而使中成药新药开发更加科学、合理和经济，使有限的中成药新药研发资金发挥最大的效益。目前，中药研发的经济学研究属刚起步阶段，研究与实施难度大，中药研发的经济学评价的模式还有待于逐步探索。

（二）药物经济学评价在中成药新药上市前的应用

目前我国中药新药研发仍以改变剂型和开发新的中药复方制剂为主，低水平重复开发严重，创新程度普遍不高。其原因在于，开发来源于久经考验的处方或对已上市中成药改变剂型，很容易达到“有效性”和“安全性”这一评审标准。因此，中成药新药上市评审时除了考虑药品的质量、有效性和安全性以外，还应考虑药品的经济性，在实施开发工作中对新药进行药物经济学评价，从治疗效果、治疗成本、经济价值以及应用前景进行全面分析，鼓励开发具有成本效果优势的新药，而对于那些低水平重复开发、既不具成本优势也不具效果优势的新药不准予上市，严禁改头换面的老产品进入市场。

（三）药物经济学评价在中成药上市后的应用

药物经济学评价是中药上市后再评价的一个重要环节，能更好地体现中药上市后的临床价值和市场价值。为此，中国中医研究院的王昕等提出了《中药上市后药物经济学评价技术规范》，该技术规范参照了各国的药物经济学指南，结合中药的特殊性，初步制定适用于已上市中药的药物经济学评价的主要内容。通过规范中成药药物经济学评价方案的设计、实施细则，制定《中药上市后药物经济学评价技术规范》，将使中成药药物经济学评价过程及结果更加科学合理。

1. 目的和研究角度　中药上市后药物经济学评价的目的是上市药物治疗疾病的成本—效果分析，提供成本效果最佳的药物治疗干预方案，监测药物的不良反应，优化药物资源配置。

中药药物经济学评价研究可以站在国家、企业、医疗服务提供者、第三付费方及终端消费者等不同的立场，分别从全社会、产业、医疗服务提供者、保险机构和患者等不同的角度和观点来进行。评价立场和观点不同，评价的目的或目标也随之而异，从全社会角度出发的中药药物经济学评价其研究评价的目的是实现全社会药物资源的最优配置和最佳利用，进而实现社会群体健康状况的最大程度改善；从医疗服务提供者、保险机构角度出发的中药药物经济学评价其研究评价的目的是如何以尽可能少的成本获得尽可能大的收益，实现自身利益的最大化；从患者个人角度出发的中药药物经济学评价其研究评价的目的是如何以尽可能少的个人支付，实现自身健康状况的最大程度改善。研究者应根据研究目的和报告对象明确研究角度，应当自始至终坚持研究角度的一致性。一旦研究角度确定，研究设计分析方法、成本和效果的测算等一系列评价过程也随之确定下来。

2. 评价的药物　由于甲类《国家基本医疗保险和工伤保险药品目录》中的中成药多为通用药，其成本效果已不用证实，不需要进行评价。而对于“疗效较好，价格略高”的新药进入乙类《国家基本医疗保险和工伤保险药品目录》时，可以通过药物经济学评价来比较新药与常规用药的增量成本—效果比，为决定某一中成药是否可以进入各省的乙类药品目录提供依据。

新上市的，存在众多替代产品的药品需要进行评价。对于具有传统疗效的中成药要有重点地开展经济学评价，治疗同一病症有中、西医治疗方案的，不同品牌的同种中药质量差异较大的，有多种剂型的，这些中药品种应该作为评价对象。

3. 评价的研究设计　药物经济学评价设计包括前瞻性的“平行”研究和药物经济学临床试验、回顾性队列和病例对照研究、模型法研究设计及混合研究设计。药物经济学临床试验是药物经济学评价常用的方法，也可接受二次数据的 Meta 分析，但必须保证研究文献的同质性。诊断应采用“病”“证”结合的模式。

4. 评价指标的选择　由于中成药是按规定的处方和方法加工而成的剂型，组成成分较多，常常具有多重疗效。评价前应预先确定疗效评价的观察指标和判断标准。临床效果可以有多个评价指标，包括主要疗效、次要疗效、辅助效果、不良反应。疗效评价标准应参考我国和国际颁布的评分标准。

中药从整体把握疗效，全方位调节机体功能，因此要根据研究目的和对照药物的不同，确定疗效评价标准。当中成药有多重疗效时，选择主要疗效来进行衡量和评价。使用生物生理学指标、临床疗效指标和健康指标，中成药的疗效应该按照相关病症的权威疗效评定标准进行疗效评定。

临床疗效的评价可以采用“病”“证”结合的模式进行，也可以采用综合评价；由于患者伴随有其他疾病，因而需要同时服用其他药物时，这些药物难免与被评价药物存在协同、拮抗等联合作用，干扰了对被评价药物的效果的准确判定，这时可以进行被评价药物使用前后的自身对照，或者对患者进行配对比较，以消除其他配伍治疗对该评价药物的影响。

由于中医治疗基本上不会使用单一的某一种中成药进行治疗，而是要与其他中成药或者其他西医手段配伍治疗（以下称之为“基础治疗”），这时可以设计3组治疗方案：被评价中成药＋基础治疗组（A＋O），常规对照药＋基础治疗组（C＋O），基础治疗组（O），分别测量3组的疗效，通过分别与基础治疗组（O）的比较获得被评价中成药和对照药的疗效，对中成药疗效的判定，除正常理化检查，还应结合治疗前、后中医诊断的结果，并与前述理论假设的中医诊断预期结果进行比较，以接近程度进行评估。

5. 产品描述、目标人群描述和疾病经济负担考察　要进行药物经济学评价的药物对目标人群总体中特定疾病的总成本，从宏观层面研究疾病对全社会所造成的经济损失，为优先重点的选择提供依据。

在对产品进行药物经济学评价时需要明确药物的适用人群、纳入标准及排除标准。目标人群应当采用流行病学特征描述受试者的类型，如疾病类型和严重程度，有或没有其他并发症或危险因素，年龄、性别、社会经济特征等。

6. 明确药物临床定位　全面阐述药物的治疗范围，如果范围狭窄，要准确表达限制的范围；如果范围较广，则要指明针对的主要适应证。同时要考虑临床有合并用药的情况。由于某些中药的组成成分较复杂，具有多层次、多靶点的特点，适应证复杂，临床定位多不明确，在进行药物经济学评价时需明确临床定位，对相应适应证进行成本—产出分析，为了确定临床定位，在药物经济学评价前，进行相应的临床调研分析以明确药物临床定位。

7. 对照药物的选择　中药药物的经济学评价建立在比较不同治疗方法的基础上，因此对照的选择非常重要。原则上，对照的选择应遵循公正平等的原则。药物的对照通常是标准治疗方法或常用方法，可以是药物或非药物治疗。标准对照是常规医疗中效果被证明的首选治疗方法。对照药应选择适应证相同的常规治疗药物；若药物属于新的治疗类别，则选择适应证最相近的药物作为对照。如果某些疾病目前仍然无有效的医疗措施或不建议干预，可以与安慰剂进行比较，但需说明无医药干预的临床合理性。

8. 评价人员的要求　必须经过培训，拥有相关专业知识技能和经验，熟悉研究背景和要求，具备良好的道德素质。

9. 成本测量　从社会化的观点出发，药物经济学评价中的成本可分为直接成本、间接成本和隐性成本。直接成本和间接成本又分别包括医疗成本和非医疗成本。

成本是资源（Q）数量向量和单位价格（P）的乘积。每种资源数量应以自然单位列出。直接成本的单位价格采用市场零售价格进行估算。

间接非医疗成本计算有3种方法：人力资本法、意愿支付法和摩擦成本法（friction cost method）。最常用的计算方法是人力资本法，即采用年平均工资来测算因患病或死亡带来的社会经济的损失。意愿支付法是指一个人愿意确保健康和接受某种治疗干预自愿支付的最高金额，通过对受试者的问卷调查获得，采用此方法要特别说明研究中的假设、提问方式、测量效益的范围、问题的语言表述等等。由于受试者回答受保健系统和许多因素影响，调查方法还有待改进。“摩擦成本法”的基础是疾病导致的生产损失，取决于厂家为恢复生产所花费的时间。摩擦成本指替代受试者工作所花费的成本，常受市场失业水平的负面影响，生产力损失的这段时期称为摩擦期。

10. 效果测量　药物经济学评价效果测量时选用效果（effectiveness）指标，在进行急性疾病药物经济学效果评价时，多用各种实验室或生物生理学的测量指标（如血压、血糖、血脂、血液学指标、病毒性标志物、病原菌培养转阴等替代指标、不良反应发生率、因不良反应或治疗失败退出临床试验的比例等）来评价药物效果。在慢性疾病药物经济学评价时，观察效果的时间一般要长达数月，甚至数年，可对结局指标如致残率、复发率、病死率、生存质量等进行测量。

在药物经济学评价效果测量时也会选择效用（utility）或效益（benefit）指标。具体采用何种指标取决于研究目的、研究角度、研究设计、药物的预期效果和疾病的特点等。中成药上市后药物经济学评价可以首选效果指标。研究时间足够长者，也可以选择效用指标。条件许可的情况下，也可以将健康测量结果转换为以货币单位计量的效益指标。

11. 不良反应监测　一个药物的所有安全性问题很难确定和预测，一般靠大规模的长期临床监测来确定药物的ADR发生率、ADR类型和特征，药物经济学评价应包括因ADR导致的经济损失及对不良反应进行成本分析和效益风险评估。

12. 成本和效益的贴现　贴现是指将未来成本和未来结果转化成现值。中药药物经济学评价研究项目一般时限较长，如果研究的时间超过1年，就应该对成本和效果进行贴现。为了提高研究间的可比性，所有研究都采用相同的贴现率很有必要。建议应对采用的贴现率进行敏感性分析。

13. 不确定性的处理　中药药物经济学评价研究的学科特点之一是预测性强，即在中药药物经济学评价研究过程中所用的数据不是备选方案真正实施于总体后的实际数据，而是备选方案实施于样本而得的数据。由于影响样本和总体实际的成本和收益数据大小的因素是多方面的，且这些因素未来的变化具有程度不同的不确定性，加上研究条件的差异及患者的个体差异等因素的作用，以及样本数据本身的代表性、真实性和可靠性等有赖于中药药物经济学评价研究设计的科学性、合理性等等，所有这些影响会导致样本数据与总体实际发生的数据之间很可能存在偏差，从而可能导致评价结论偏倚或错误，最终给患者或付费方带来风险和损失。

为了尽可能地降低决策失误的风险，减少损失，需要了解各种影响因素发生变化时对备选方案经济性的影响程度，需要了解备选方案对各种因素变化的承受能力，以及对应于影响因素可能的变化，备选方案经济性的概率分布，需要掌握风险条件下正确的决策原则与决策方法。不确定性分析将有助于上述问题的解决，因此，中药药物经济学评价研究要结合不确定性分析来进行，以提高研究结果的可靠性，减少决策失误的风险。

从分析方法上来看，既可以使用传统的统计分析方法，也可以使用敏感性分析方法来处理不确定性。传统的统计分析方法如对于独立的成本和效果，可以直接计算95%置信区间来估计其测量的精确程度。而对于成本效果比的置信区间则可以根据情况选择椭圆法、Taylor级数扩展、Box法、Fieller's准则和非参数的bootstrap法来计算成本效果比的置信区间。如果不知道成本效果数据的分布，可采用非参数方法bootstrap法和Jack-knife估计技术计算成本效果比的置信区间。

14. 数据分析　确定型敏感性分析：单因素（one-way sensitivity analysis）、多因素（multi-way sensitivity analysis）、阈度分析（threshold analysis）、极端值分析（analysis of extremes）和情境分析等。

15. 评价方法　可选用成本—效果分析（CEA）、成本—效用分析（CUA）、成本—效益分析（CBA）、最小成本分析（CMA）来分析中药上市后药物经济学评价方法。

16. 方法和结果的报告　参照《中国药物经济学评价指南》格式撰写。本技术规范规定了上市后中药药物经济学评价的流程，通过对上市后中药药物经济学的评价，从而使患者在得到最佳治疗的同时承担最小的经济负担，对于为人民群众提供安全、经济、高效的医疗服务以及优化中医药资源的配置具有深刻的意义。

三、应用于临床医疗决策

（一）药物经济学应用于中药临床医疗决策的现状

药物经济学将经济学原理、方法和分析技术应用于评价临床治疗过程，是开展临床合理用药、做好药品资源优化配置、做好临床药学服务、使药物治疗达到最好价值效应的重要内容。其主要任务是对比不同药物治疗方案，以及与其他治疗方案所产生经济效果的相对比值，通过优化治疗成本与效果的结构，使药物治疗达到最好的价值效应。

中药合理用药是指在中医基础理论指导下，对患者的当前病理本质作出判断，确定具体症状，并安全、有效、简便、经济地使用药物，达到治疗疾病的目的。但目前中药的应用情况中，普遍存在多种中药配伍应用、中西药不合理联用、中药药源性疾病发生率升高等现象。如何运用药物经济学理论，指导中药合理用药的全过程十分重要。

孙晓等对截至2014年所有国内有关专业期刊上发表的中药药物经济学评价文献进行了系统评估和质量评价，认为：①药物经济学研究越来越被重视，但中药药物经济学方面的探索相对较少；②慢性疾病是主要研究对象，需要长时间治疗和较高费用，但发现目前的研究，治疗时限较短，没有体现中药在改善临床疗效、复发率、治疗费用方面的优势；③文献之间可比性差，其原因在于成本测算、效果指标观察采用的标准不一致；④分析方法大部分单一采用成本—效果分析，药物经济学分析时间较短。

（二）药物经济学应用于中药临床医疗决策的实例

中医药在我国的疾病防治、医疗保健工作中发挥着不可替代的重要作用，而药物经济学评估将为中药的临床合理用药提供科学的数据支持。

尽管如此，西药仍是目前我国药物经济学评价研究的主要对象，中药药物经济学评价属于起步阶段，制定适合于中药的药物经济学评价模式，全面、客观地评价中医药的健康产出仍是当前面临的技术难题。

为此，中国中药协会循证医学与药物经济学专业委员会在2012年首先编制了《中药治疗脑卒中循证药物经济学评价技术要点》（以下简称《技术要点》），对中药治疗脑卒中药物经济学评价过程中在样本选取、研究方法、研究角度、成本选取、效果效用指标确立等方面出现的诸多不规范现象进行纠正，并向行业征求修订意见。

1. 编制背景　中药治疗脑卒中（中风）临床疗效确切，应用广泛，是中医药的特色和优势治疗领域，但是部分该类药品缺乏规范的循证医学和药物经济学数据，需要通过药物经济学成本—效果、成本—效用、成本—效益等评价方法，明确该领域众多不同中药产品的经济学特性。本《技术要点》是在《中国药物经济学评价指南》基础上，根据脑卒中的疾病发病特点及药物经济学理论编制。

该《技术要点》基本步骤设计依次为：研究目的与假设→研究角度→研究类型→目标人群→干预措施及对照药选择→样本量估算→研究时限→成本→健康产出→数据收集→评价方法→差异性和不确定性分析→统计分析。

2. 主要内容

（1）研究类型：根据《中国药物经济学评价指南》，按照时间顺序的不同，研究类型可以分为回顾性研究、前瞻性研究和混合设计；按照研究方法的不同，研究类型可分为基于临床试验（例如：随机对照临床试验）的药物经济学评价、基于流行病学方法（例如：队列研究）的药物经济学评价。该《技术要点》重点讨论前瞻性研究、回顾性研究、历史性前瞻研究在中药治疗脑卒中药物经济学评价领域的实际应用。

1）前瞻性研究：在现阶段研究中，多数药物经济学评价开展是基于对产品的安全性、有效性研究相结合的随机对照临床试验进行。由于临床试验疗程内采用严格的干预措施，具有较高的内部效应，为增加研究的外部效应，建议在临床试验结束后增加随访，采用真实世界的方法（自然状态下的干预措施），重点考察病死率、残障率、复发率、生命质量等相关指标。此外，也可独立采用前瞻性真实世界研究。该研究类型患者依从性差，干扰因素多，内部效度较低，但是具有良好的外部效应，可反映真实条件下的有效性和经济性。真实世界研究往往需要较大的样本量、相对较长的研究时限，故建议在时间、资金允许的情况下开展。

2）回顾性研究：回顾性研究的数据可以从医保数据、医院数据和文献研究等多条途径获得，优点是研究时间周期较前瞻性短，研究成本较前瞻性低，但是国内各医院病历的主要信息不一致，药物经济学评价所需的关键产出及成本信息不完整或差异较大，研究结论的可信度不高。脑卒中中药药物经济学研究以替代指标（如NIHSS量表、改良Rankin量表、Barthel指数）作为产出评价的情况下不建议采用回顾性研究设计，以病死率、复发率等结局指标作为经济学产出指标评价，回顾性研究具备一定的可行性。

3）历史性前瞻研究：历史性前瞻研究可充分利用回顾性研究的数据，指导前瞻性研究。鉴于脑卒中疾病治疗周期很长，历史性前瞻研究是中药治疗脑卒中药物经济学评价的重要研究类型，可节约成本，缩短研究周期，具有可评价药物短期效应和长期作用相结合的优势。急性期的病死率，恢复期的致残率，发病后3个月、6个月、12个月、2年患者的综合活动能力、生活能力、生命质量的改善是药物经济学评价的重点产出指标。

由于采用历史性前瞻的研究设计，存在干预手段的改变、成本信息收集不全、产出测定偏倚等背景干扰，建议采用计量经济学模型分析，同时结合前瞻性的药物经济学研究设计，并重点分析两者经济学结论的关联性。

（2）目标人群选择：药物经济学研究需要明确药物的适用人群、纳入标准及排除标准。①西医诊断标准参考《中国急性缺血性脑卒中诊治指南（2010 年）》；②中医诊断标准参考《中药新药治疗中风临床试验指导原则》，并分别从中医疾病诊断、病类诊断、疾病分期进行展开解释。

由于缺血性脑卒中不同的分期（急性期、恢复期、后遗症期）和病情对药物的效果指标（有效性响应和疾病预后的不同）存在较大的差异，基于随机对照试验的药物经济学研究，考虑基线可比，目标人群确定应重点考虑年龄、病程、病情、脑卒中初发与复发等的因素；基于真实世界方法的药物经济学研究，应该更贴近于临床实际。药物经济学评价通常在整体人群水平上进行，根据需要也可以在亚组水平上进行。脑卒中亚组分析可以按中医证候分型、脑卒中首发或复发、病程、病情、基础治疗、合并用药、有无并发症、是否进行血管开通及康复治疗等分组。

（3）干预措施及对照药选择

1）干预措施：脑卒中的干预措施主要考虑药物治疗。治疗缺血性脑卒中药物大体可分为以下两大类：第一类是预防缺血性脑卒中发生或再次发生的药物；第二类是治疗缺血性脑卒中的药物（例如：改善缺血性脑卒中后神经性功能缺损引起的人体生理功能下降以及与之相关的综合活动能力、生活能力、生活质量等）。西医主要的干预手段有溶栓、抗凝、降纤、抗血小板聚集、神经保护、外科等；中医主要有活血化瘀、息风化痰、清热解毒、疏经通络、醒神开窍等治则。

2）对照药选择：不同的研究目的应选取不同的对照药，但均应遵循“同类、公认、择优”的基本原则。以遴选国家基本药物、医保目录为目的的药物经济学研究，建议选择相应目录内的药品或标准治疗或常规治疗药品作为对照；以中药品种保护为目的的药物经济学研究，建议选择已有循证医学研究基础的药品作为对照；以定价为目的的研究，建议选择标准治疗和常规治疗药品作为对照。

基于随机对照临床试验的治疗脑卒中的中药药物经济学评价，以同类中药作为对照，应考虑处方组成、功能主治、用法用量等关键要素。

基于随机对照试验的治疗脑卒中的中药药物经济学评价，应对基础治疗和合并用药作明确界定，减少对产品疗效有影响的干预措施。针对基础疾病所使用的合并用药，应如实记录；真实世界的药物经济学评价，应对基础治疗与合并用药如实记录。

（4）样本量估算在参照《中国药物经济学评价指南》基础上，《技术要点》方案设计要点及提示如下：①随机对照临床试验样本量估算：对于围绕临床试验的平行研究，样本量由临床试验研究决定。②推荐采用药物经济学试验样本公式进行估算（Backhouse，2002；金丕焕，1993）。当估算公式中的各个参数难以获得时，每组患者样本量不得低于按临床试验或队列研究样本量估计公式计算的样本量。③样本量应该达到具有统计学意义的最小样本量。

（5）研究时限

1）以发病后患者综合活动能力、生活能力、生命质量的改善为主要指标的药物经济学评价，一般建议随访至 3～6 个月。

2）以生命质量和临床中医证候为产出指标的，考虑药品本身的作用特点和起效时间确定合理的研究时限。

3）以死亡率为产出指标，应根据主要研究目的确定研究时限。如观察脑卒中急性期干预的死亡率，研究时限可以在发病后 1 周、4 周、3 个月或 6 个月；通过长期干预，影响远期死亡率的药物，研究时限可以是几年、十几年、几十年甚至患者的整个生命周期。

4）以复发率为产出指标，研究时限应尽量不少于 6 个月，最好是患者的整个生命周期，若不能实施，应采用模型外推法。

5）基于真实世界的药物经济学评价，建议不作给药疗程的相关约定，只对实际用药如实记录。

（6）成本：在药物经济学评价中成本主要包括：直接成本、间接成本和隐性成本。

1）在识别成本时要注意与研究角度保持一致。以全社会角度或患者角度进行药物经济学评价，成本识别时应包括直接非医疗成本；以医保角度或医疗服务提供者角度进行药物经济学评价，成本识别时不包括直接非医疗成本，例如：饮食、交通、住宿费等。

2）对间接成本进行测量时，由于存在较大的个体差异，一般建议采用人力资本法进行计算，参照市场平均工资水平计算其时间成本。对于脑卒中疾病领域的经济学评价，由于疾病对患者工作能力和家庭的影响较大，应重点测定本部分成本（如：生产力损失、患者和家庭时间成本等）。

3）基于随机对照临床试验的药物经济学研究，在确认成本时，应注意区分由临床试验设定产生的而非实际临床需求发生的访视、检查、诊断等直接医疗成本，以及由此产生的直接非医疗成本。将临床试验导致的成本从总成本中扣除，有助于反映更真实的成本。

4）直接医疗成本的测量可以通过资源消耗量乘以资源单位价格计算，可通过费用记录、患者回忆等途径获得。脑卒中患者住院的费用可通过医院收费记录获得，患者及其家属的时间成本可通过患者或家属回忆获得，不良反应监测及治疗费用可通过不良反应发生率与单次不良反应治疗费用相乘获得。

脑卒中患者年龄多在 60 岁以上，一般合并有多类常见的老年疾病，因此在计算直接医疗费用时应注意区分脑卒中、脑卒中并发症以及其他相关疾病的成本，明确总成本和疾病特异性成本。治疗脑卒中的部分临床一线用药是中药注射剂，若治疗过程中出现不良反应需要特别关注，应将不良反应的预防、检测和治疗成本计入直接医疗成本中。考虑脑卒中致残率、复发率高的疾病特性，通常在恢复期会发生较高的康复治疗、人工看护、预防复发等费用，在计算成本时应将此类成本包括在内。

（7）健康产出

1）效果指标：脑卒中药物经济学评价的终点指标应主要考虑病死率、复发率和致残率。另外，在测量致残率时应报告病死率，可避免死亡率增高而造成残疾率降低的错误判断。由于脑卒中的复杂性和治疗的多效应，使得干预和疗效的因果关联显得异常复杂，目前临床采用多个量表匹配的效果指标，例如：评价活动水平程度改善的可选择改良 Rankin 量表（mRS）或格拉斯哥结局量表（Glasgow Outcome Scale，GOS）；评价日常生活活动能力改善的可选择巴氏指数（Bathel-Index，BI）等；评价反映功能水平变化的可选择美国国立卫生研究院卒中量表（NIHSS）等；评价参与水平变化的可以选择生存质量量表（SS-QOL）等。目前国际上脑卒中试验最为常见的生活能力量表是BI和改良Rankin量表，其效度和信度也得到了验证。SS-QOL可以明显反映社会角色领域进行测量评价，国内不少机构均对其效度、信度、敏感性进行了研究，结果也较为满意，其可以在特定范围内作为脑卒中临床试验疗效判定指标。

在中医药治疗脑卒中的药物经济学评价中，健康产出测定还应考虑中药对证候及症状的改善，中医证候与脑卒中疾病的发生、发展和转归存在较大关联性，评分会随着病情波动，而常用于评价脑卒中的通用量表未能全面测量中医药治疗脑卒中的健康产出。因此，建议采用中医证候评分作为中药治疗脑卒中特有的药物经济学效果指标，体现中药药物经济学评价的特点。

2）效用指标：效用指标一般采用质量调整生命年。测量效用值的通用量表有EQ-5D、SF-36、SF-6D、WHOQOL、HUI3等，其中，EQ-5D已有基于中国人群的效用值积分体系且易于操作，可参考使用。

3）效益指标：效益指标应测定直接效益和间接效益。直接效益是因为治疗方案节约的直接成本，即所节省的卫生资源；间接效益是治疗方案减少的患者健康时间的损失或劳动力的恢复带来的效益，一般采用人力资本法或意愿支付法等方式予以测算。

（8）数据收集

1）回顾性研究：回顾性研究的数据主要通过医保数据、医院数据或文献检索等多条途径获得，收集的信息主要包括：患者基本信息、成本数据、健康产出、数据补充。

2）前瞻性研究：前瞻性研究中数据可以通过对患者或患者家属进行调查、评定获得。收集的信息主要包括：患者基本信息、成本数据（直接医疗成本、直接非医疗成本、间接成本）、健康产出（效果、效用、效益）。

（9）评价方法：药物经济学评价方法一般包括最小成本分析、成本—效果分析、成本—效用分析、成本—效益分析。

1）最小成本分析：适用于当干预组与对照组健康产出没有显著差异时，采用最小成本分析可直接比较两组成本差异，但此情况并不多，因此最小成本法的应用受到一定的限制。

2）成本—效果分析：治疗脑卒中的成本—效果分析可选用生存期、急性期死亡率、残障率、复发率等结局指标，也可选用改良NIHSS量表、改良Rankin量表、Barthel指数、中医证候疗效作为效果指标。

3）成本—效用分析：成本—效用分析可评价治疗方案带给患者生存时间延长和生存质量改善，适用于评价脑卒中的恢复和治疗情况，建议脑卒中的药物经济学评价应包括成本—效用分析的结果。

中医药健康产出缺乏公认标准，为了客观评价中药的经济学特点，建议同时采用成本—效果和成本—效用的分析方法。药物经济学评价应进行增量分析，即比较治疗方案与对照品的相对成本和效果之差的比值，因此药物经济学评价需报告增量分析的结果。

四、应用于药品定价

2015年，国家发展和改革委员会、国家卫生和计划生育委员会与人力资源和社会保障部等部门联合发文，决定自2015年6月1日起取消绝大部分药品政府定价，同步完善药品采购机制，强化医保控费作用，强化医疗行为和价格行为监管，建立以市场为主导的药品价格形成机制。

中医药是我国在世界医药领域的核心竞争力，在疾病的预防和治疗中具有重要作用，不可替代。而中药在防治疾病过程中起着关键作用。目前，我国中药材实行市场调节价，药材价格波动大，往往使中药生产企业加大制药成本，从而导致中成药价格上涨。在这种情况下，政府部门迫切需要了解中药尤其是《药品目录》中中药的经济性，通过对上市后的中成药进行药物经济学评价，可以对中成药的质量、安全性、有效性进行评价，才有利于基本药物目录中中成药的筛选、药品的定价、药物报销目录的制定及中成药药品政策和指导的制定，促进我国有效医疗卫生资源的合理配置。

（一）药物经济学在药品定价中的必要性

目前，我国的药品定价原则主要是根据成本（社会平均成本或先进成本）定价。这种成本加成法定出来的药品价格并不能反映药品价值，实际上只是药品成本的反映，并不能说明药品的性价比。同时，这种定价方法只从政府或者企业的角度出发，没有考虑患者、第三方付费者等因素，很可能造成偏倚，以致不能够合理地确定药品的价格，也就不能达到资源的最优配置和合理利用。此外，对于成分复杂的中成药药品单独定价，因缺乏一套完整的中成药药物经济学评价指南来指导区别药品质量和疗效定价而使得药品定价特别是药品单独定价和区别定价不够科学，也无法透明和接受监督，可能会导致定价的不合理。

以上在药品定价中存在的各种弊端也导致了国内中成药新药价格的普遍较高，这正是推动药品费用支出大幅度上升的重要原因。要有效地遏制药价虚高，必须加强制药企业药品生产成本分析，准确确定药品成本，合理制定药品出厂价。

药物经济学评价能够站在国家、医疗服务提供者、第三方付费者以及终端消费者等不同立场和观点，分别从全社会、医疗服务提供者、保险机构和患者等不同的角度和观点来进行，能得出较为准确可靠的评价结论，从而制定出合理的药品价格。因此，药物经济学评价与药品定价的目的一致，即不是片面追求药物资源的最大节约，而是确保有限的药物资源得到最优配置和最合理利用。

（二）药物经济学在药品定价中的应用概况

我国的药物经济学研究与应用始于20世纪90年代，主要运用于化学药物上，在中药领域的应用相当匮乏。然而，随着人们对中药需求的不断增大，我国医药界逐渐开始关注中药经济性的研究。

自2007年以来，有关中药领域的药物经济学研究文献虽不多见，但却呈现出逐年增长的态势。从文献中可以看出，中成药的药物经济学评价研究在多个医学领域的应用初见端倪，研究领域包括心脑血管疾病、泌尿和生殖系统疾病、呼吸道感染、神经系统疾病及消化系统疾病等。此外，亦见有数篇关于中药炮制领域的经济学评价研究文献。这些研究大部分采用成本—效果分析法来评价药物的治疗方案，这与纯粹的成本加成法相比，较为准确可靠，也为药物合理定价提供了重要的参考资料。但由于研究方法比较单一，评价过程仍存在很多问题，具体体现在以下几方面：

1. 研究偏性　从研究角度来说，中药药物经济学评价应该从广泛的社会角度进行研究。但研究者（如医院、药企等）多考虑自己的预算限制、治疗成本等，且易从机构角度、个人角度利用药物经济学研究结果。因此，中药药物经济学评价缺乏一定程度的可信性。

2. 评价的差异性　同一种选择方案在不同地域和患者组别的相对成本—效果会有所不同。引起地域间差异的因素有人口学和疾病流行病学特征、临床医疗行为差异、相对价格差别、医疗资源分布和可获得性以及医疗卫生人员和医药的激励机制等，这些均会给药物经济学评价结果带来不可避免的差异。因此，需要通过大样本随机对照的中药临床评价和高质量的中药系统评价报告，提供科学的临床研究证据，使更多的中药疗效和特点得到科学证据的支持。

3. 样本量的欠缺　以药物经济学评价结论指导实践的过程实际上是以样本为依据推断总体的过程。样本量足够大才能保证其代表性。有些研究虽然研究时限很长，但样本量依然不够。

4. 成本计算数据不全面　目前，对于研究的直接、间接成本的计算还不够全面，成本变量的选择过于随意，部分研究者以“不便于计算”为由就舍弃了许多应提供的变量。同时，在研究过程中出现的不良反应，若需要额外使用药物进行治疗或不良反应发生率本身就有显著性差异的，应将其调整为不良反应成本，纳入成本计算。

（二）药物经济学在药品定价中的思路

药物经济学作为体现药品价值的依据来指导药品定价得到了一些国家的认可，有研究表明，要科学有效地应用药物经济学需从以下几方面内容进行研究：

1. 成本分析　进行药品成本分析，需要确定上市前制药厂家在该药物上的支出费用中，哪些应当计入成本，通过成本价收回，哪些不应当计入成本，而是通过利润收回。中药的特殊性和复杂性是中成药新药成本分析的一大难题，需全面合理地进行评估。

2. 选择参照药物与参照价格　通过与对照药品成本效果的比较，才能对中成药新药成本效果的大小作出结论。

3. 根据药物经济学评价结果对药品进行评价　药物经济学评价结果既影响药品价格，同时也受药品价格的影响。一方面，药物治疗方案的成本效果越小，药物的经济学价值越高，药品价格也应该适当提高；另一方面，药品价格越高，药物治疗方案的成本也越高，成本效果越大。

综上所述，科学合理地制定药品价格，应综合考虑药品的成本和功能两大要素。中成药新药定价应在弥补生产厂家合理生产成本及利润的基础上，充分体现药物的经济学价值。

五、应用于药品费用控制

研究发现，我国国民医疗费用正以每年20%～40%的速度增长，远超国内生产总值增长速度。政府财政中的卫生支出也在逐年递增，从1980年的51.9亿增长到2014年的10579.2亿元，但所占比例有所下降。而居民个人支出则随着国家医疗改革的实施、医疗保险制度的不断深入，从开始的逐年增长到后来的逐年下降。但与其他发展中国家相比，个人支出的比例还处于较高的范围（各年度卫生总费用基本情况见表2-1），这严重影响了我国经济的发展和人民生活水平的提高。在医疗费用中，药品费用是主要组成部分，占有较大的比例，是影响、决定医疗总费用的关键因素。目前我国医疗机构的总收入有50%左右来源于药品，因而医疗费用的控制焦点之一就是如何控制药品费用的迅速增长。

表 2-1　各年度卫生总费用情况

年　　份	1980	1990	2000	2005	2010	2011	2012	2013	2014
总费用（亿）	143.2	747.4	4587	8660	19980	24346	28119	31668	35312
政府支出（亿）	51.9	187.3	709.5	1553	5732	7464	8432	9546	10579
社会支出（亿）	61	293.1	1172	2586	7197	8416	10030	11394	13438
个人支出（亿）	30.35	267	2705	4521	7051	8465	9656	10729	11295
政府支出（%）	36.2	25.1	15.5	17.9	28.7	30.7	30.0	30.1	30.0
社会支出（%）	42.6	39.2	25.6	29.9	36.0	34.6	35.7	36.0	38.1
个人支出（%）	21.2	35.7	59	52.2	35.3	34.8	34.3	33.9	31.9

资料来源：中华人民共和国国家卫生与计划生育委员会网站《2015 年中国卫生统计年鉴》

（一）药品费用迅速增长的原因

控制药品费用迅速增长的关键是弄清楚药品费用上涨的原因，再寻找解决办法，造成我国药品费用迅速增长的因素很多，归纳起来主要有两个方面：

1. 合理因素　也称为不可控因素，如人口增加和老龄化、疾病谱改变、慢性病增加、居民保健意识增强和药品成本提高等。

2. 不合理因素　也称为可控因素。包括医疗体制存在的弊端，如价格管理存在漏洞，医疗补偿机制不完善，以药养医、用药管理松懈等；以及不合理用药，我国医院的不合理用药占用药者的 12%～30%。例如，由于临床医务人员技术水平上的原因引起的治疗方案选择不合理，药物使用不合理，药品销售行为不规范以及抗生素滥用导致耐药菌产生等。不合理用药不仅浪费药物资源，还会延误疾病治疗，导致不良反应或药源性疾病产生，使得药品费用不断上涨。

药品费用控制要从医疗服务的提供方即医院，付费方、需求方即患者等方面着手，重点是在尽可能满足人民群众的医疗需求的基础上控制费用上涨中的一些不合理因素，核心是合理使用有限的卫生资源，保证卫生服务的公平性和特需性。

（二）药品费用的控制方法

目前国内在控制药品费用方面采取了多种方法，如：药物利用评价；药品价格控制；风险共担合同；制定疾病医疗目录和医疗保险用药目录；实行“总量控制、结构调整”；改革城镇职工医疗制度（即费用担当）；药品集中招标采购；取消医院药品加成等。2010 年 2 月，我国选定上海、洛阳等 16 个城市试点公立医院改革，取消药品加成。2016 年医改任务提出，要巩固公立医院取消药品加成的改革成果，新增试点城市所有公立医院取消药品加成（中药饮片除外）。其重点工作任务更明确提出，公立医院改革试点城市要列出具体清单，对辅助性、营养性等高价药品不合理使用情况实施重点监控，初步遏制医疗费用不合理增长的势头。2016 年新的医改方案中深化了相关问题的研究，包括公立医院取消药品加成问题；及以付费制度改革为切入点，继续协调有关部门研究公立医院取消药品加成后，其政策性亏损的补偿渠道和补偿机制问题；提出门诊药房从医院分离出来；按病种收费以及职业道德教育等。这些方法对控制药品费用的上涨确实起到了关键作用，但仍存在某些不足之处。一是它更多地考虑药品的价格，而忽视了药品的成本效果，因此在控制药品费用短期上涨的同时，可能带来药品费用的长期上涨；二是它对医疗服务的提供方和需求方的控制带有一定的强迫性，没有充分发挥他们的主观能动性。

药物经济学评价则可以弥补这一缺陷，它从药物的成本和治疗效果两个角度出发，综合评价药物质量的成本效益。

（三）药物经济学控制药品费用方面的作用

药品费用的上涨已成为政府、医院、患者、生产企业、药品经营企业之间的矛盾问题，而且还有愈演愈烈之势。药物经济学的目的就是为了合理配置医药资源，使得最小的成本获得最大的收益。药物经济学不仅注重药物治疗的成本，同时也关注药物治疗的结果，因此在控制药品费用方面具有较强的科学性和可接受性。药物经济学评价对控制药品费用的作用主要通过下面几个方面来体现：

1. 指导新药的研制生产和定价　我国实行的是社会主义市场经济，在市场经济中，商品的需求取决于商品的价值和质量，药品虽作为一种特殊商品，但它仍具有一般商品的特征，其需求同样取决于药品的价值和质量（效果）。药品的成本效果（效益）越大，其需求量也越大。中医中药是我国的国宝，开发费用相对较少，且安全稳定性好，因此，我国应加强中药的研究和生产。

2. 制定基本医疗保险药物目录　我国医保目录调整方案和基本药物遴选方案都提出，药物经济学评价将作为药品目录调入和调出的重要依据。2010 年“关于发展社会事业和改善民生”中提出，要积极稳妥地推进医药卫生体制改革，并指出，到 2020 年，要基本建立覆盖城乡居民的基本医疗卫生制度，实现人人享有基本医疗卫生服务。要加快建立以国家基本药物制度为基础的药品供应保障体系，保障人民群众安全用药，制定基本医疗保险药品目录，进一步规范药品生产流通秩序。基本医疗保险药品目录的制定，不但要考虑临床需要，还要考虑经济等综合因素。药物经济学就是从经济学的角度，通过成本—效益分析、成本—效果分析等方法对其中药物进行安全性、有效性和经济性研究，这对评价入选目录有着重要意义。

3. 协助医院制定医院用药目录，规范医生用药　目前，我国许多省市为了控制医疗费用的迅速上涨，开始实行“总量控制、结构调整”政策。其基本思想是提高医务人员的劳务价值，降低医院的药品收入，使药品费用的增长幅度控制在一定的范围内。这一政策的推行，对医院的药品使用提出了新的要求。它要求医院尽可能使用疗效好、价格低的药物，即成本效果好的药物，将成本效果好的药物纳入医院的用药目录中，以便将药物费用的增长幅度控制在政策规定的范围内。药物经济学的研究结果有助于医院将那些成本效果好的药物选进医院用药目录中；同时，医院用药目录的制定可规范医生的用药行为，促进合理用药。

4. 确定药物的使用范围　任何药物都有其适用范围。药物经济学研究的是特定人群特定疾病药物治疗的成本效果，其针对性较强，目的比较明确。

5. 帮助患者正确选择药物，有效降低治疗成本　随着经济的发展、人民生活水平和文化素质的提高以及医疗体制的改革，患者的自我保健意识逐步增强，医疗服务市场的特殊性也将因此有所改变，不会纯粹是医疗服务的供方市场，尤其是药品服务，越来越多的患者将会自己到药店选择和购买药品。因此，患者对有关药品信息的需求将会增加，尤其是药品的价格、效果和成本效果。为此，政府应积极引导患者采用中医中药治疗，对中医中药的治疗费用扩大报销范围，使人们改变过于依赖西医的观念。药物经济学可以满足患者这方面的需求。

药物经济学可从多方面来控制药品费用的迅速上涨，在我国开展药物经济学研究具有非常重要的现实意义。目前，中药方面的药物经济学研究还刚刚起步，国家制定《公费医疗用药报销范围》(1994年）没有完全考虑药品的药物经济学特性。因此，我国应从现在开始大力开展药物经济学的宣传和研究工作，并将药物经济学研究纳入有关的规定中，充分发挥药物经济学在控制药品费用增长中的作用。

六、应用于国家基本药物制度

国家基本药物制度是我国药物政策的核心内容，是确保公众获得基本药物的一种重要手段。推行国家基本药物制度，是一国政府以其权威性对药品的质量、疗效以及获得方面向公众作出的一种承诺。其目的是最大限度地满足和保证人民群众的用药需求及合理用药，从而降低医药费用，使国家有限的医药卫生资源得到有效利用。该制度的顺利推行，对促进我国医疗体制改革具有重要意义。而建立和完善该制度，也是国家对药品研发、生产、流通、使用管理与调控的重要手段。目前，我国该制度主要是以《国家基本药物目录》(以下简称《目录》) 的形式体现。故建立和完善国家基本药物制度，基本药物的遴选是第一步，也是关键的一步。

（一）国家基本药物

1. 国家基本药物概念　国家基本药物是指国家为了使本国公众获得基本医疗保障，满足公众用药需求，在整体上控制医药费用，减少药品浪费，促进合理用药，由政府主管部门从目前应用的各类药物中，经过科学评价而遴选出的具有代表性的、可供临床选择的基本药物。

2. 我国基本药物的遴选概况

(1) 我国基本药物遴选的组织程序：我国自20世纪80年代初期开始推行国家基本药物制度。《目录》的组织制定是由国家相关部委组成评审领导小组，在全国范围内选择高水平的临床医学和药学专家组成药物遴选专家组，并聘请临床医学、药学、药物经济学和医疗保险、卫生管理专家组成专家咨询小组提供咨询和建议。每2年对《目录》进行更新和调整。

(2) 我国基本药物遴选的依据和原则：我国《目录》遴选的依据是：国内流行的疾病、各级医疗机构的水平和医药工业生产水平等；遴选的原则是："临床必需、安全有效、价格合理、使用方便、中西药并重、基本保障、临床首选和基层能够配备"。《目录》调整是在国家基本药物遴选标准的基础上综合评价药品的有效性、安全性、质量、价格及可获得性，本着"调入从严，调出慎重，调整必须有据"的原则进行。

3. 我国基本药物遴选存在的问题　虽然我国基本药物的遴选遵循了"临床必需、安全有效、价格合理、使用方便、中西药并重"的原则，但因缺乏细化的标准，在实际工作中仍出现可操作性不强的问题。

(1) 药物的安全有效性难评价：安全有效，是指有明确的疗效资料和临床使用证据证明该药品疗效确切，不良反应小。其中，不良反应是指合格药品在正常用法用量下出现的与用药目的无关的或意外的有害反应。既然是意外的有害反应，则其发生的可能是患者一旦服用后就出现，也可能是数年之后才发现，而且由于患者个人体质的差异其不良反应程度也各不相同。所以，"不良反应小"是一个模糊的概念，如果不将其量化，将很难判定其安全性和有效性。

（2）药品价格合理评定无标准：我国有部分基本药物实行的是政府定价，政府定价最重要的依据是药品的成本和适当的利润水平，但政府很难获取企业真实的成本信息，实际中由企业上报的成本往往不实，往往导致政府制定的最高限价远远高于企业的成本，给企业留出来较大的利润空间，所以说定价多少才称之为合理，该标准随意性很大。

（3）药物使用方便与否难判定：市场上的药品剂型多样，包装繁多。药品剂型不同，患者对药物的吸收也不同，中药以胶囊、丸剂居多，西药相对于中药来说剂型更丰富，在治疗同一疾病时，用中药还是西药？哪种先用？是否需要中西药合用？用哪种剂型合适？这需要用一种科学的方法来判断和衡量。

（4）中西药并重难实现：由于我国基本药物中中药与西药自成体系，这些标准仅单独应用于中药部分的遴选或西药部分的遴选，虽然也注重了中西药并重这一原则，但是对于治疗同一疾病的中药与西药之间缺乏科学、合理的比较，如临床必需、安全有效、价格合理、使用方便这些原则在该方面并未得到很好的体现，可以说这是造成我国基本药物数目过多的一个不容忽视的因素。如果对基本药物中中药和西药进行科学比较，取其精华，将对简化和优化《国家基本药物目录》大有帮助。

因此，在基本药物遴选过程中，引入药物经济学评价方法，能精简和优化《国家基本药物目录》，确保其对公众的经济实用性，使尽可能多的人获得基本药物，以此来提高基本药物的可获得性，指导临床合理用药，保证获得最佳的社会效益和经济效益。

（二）药物经济学在基本药物遴选中的应用

1．药物经济学在基本药物遴选中的作用　药物经济学是研究投入与产出效益关系的一门学科，在如何使有限的卫生资源发挥最大的作用思考中应运而生。目前，药物经济学评价方法已被众多国家运用于制定用药目录、报销目录等多个领域，它也逐渐被引入我国国家基本药物目录的制定中。《国家基本药物目录》制定过程引入药物经济学评价具有重要作用，具体体现在下面几方面内容：

（1）有利于基本药物的可及性：制定《国家基本药物目录》的根本目的，是保证临床的基本用药，在《国家基本药物目录》制定中引入经济学评价，将投入、产出效益好的药品遴选进入药品目录，有利于提高患者，尤其是弱势群体对基本药物利用的可及性。

（2）有利于提高药事管理效率：《国家基本药物目录》的遴选遵循“临床必须、安全有效、价格合理、使用方便、中西药并重”的原则。这个原则与全国各级各类药品目录的基本出发点是一致的，如《国家基本医疗保险和工伤保险药品目录》《新型农村合作医疗基本药物目录》《乡村医生用药目录》和《社区医疗机构用药目录》以及《商业健康险用药目录》等。因此，《国家基本药物目录》可以作为制定和调整其他所有与基本药物相关的各类各级目录的依据和蓝本，是我国政府各相关部门乃至商业保险公司制定临床药品利用政策的源头。在这一环节实施规范有效的药物经济学评价，可以实现相关部门和单位在制定各自的目录时根据数据库中提供的信息方便地选择药物，而不需要重新组织专家进行论证。

（3）有利于控制药品费用不合理上涨：药物经济学作为一种经济学分析工具，能够提供不同用药方案之间的成本效果比较，确保价格合理的药品进入基本药物目录。并通过规范医生的处方行为，将合适的药品推荐到患者手中，有效控制了药品费用不合理上涨。

(4) 促进合理用药：药品是特殊商品，药品合理和正确的使用需要依赖公正科学的药品评价信息。消费者、患者不容易获得和掌握药品的信息，而医生也受到药品推销活动和药品广告的包围。药品促销尤其是直接面对消费者的广告诱使人们使用新的、昂贵的、但不一定是更加有效的药品，成为不合理用药的重要原因，也是药品费用上涨的重要原因。因此，用药物经济学的方法科学评价药品信息，制衡药品广告和促销活动中的药品信息，促进合理用药就显得尤其重要。

(5) 有利于新药、好药遴选进入目录：一个新药刚刚投放市场，定价往往高于同类已上市产品，药品采购成本偏高必将使该新药处于不利的竞争地位。然而，若该药与同类已上市产品相比，有缩短住院时间，减少继发传染，防止疾病复发等潜在功效，则可以用药物经济学的评价方法把这些潜在的功效转化成实实在在的效益，以证实该新药的费用抵消能力实际上节省了医疗总支出。因此，尽管此药的价格高于同类产品，但科学的数据为其进入基本药物目录提供了有力的依据。

2. 药物经济学在基本药物遴选中存在的问题　药物经济学优势明显，但对它的研究在我国起步较晚，国内药物经济学研究中还存在很多问题，主要是理论研究不够深入，应用研究中所用分析方法单一，有许多不规范与不完善之处，研究质量有待提高。药物经济学在我国基本药物遴选方法中主要存在以下几方面问题：

(1) 我国基本药物遴选中药物经济学参与不足。我国2012年版《国家基本药物目录》较2009年版增加了213个品种，它在2009年版建立的药物成本—效益经济评价制度基础上，不断优化基本药物品种、类别与结构比例，初步实现了标准化。虽都提及采用循证医学和药物经济学方法，但目前国内多数研究水平较低，很难用于指导临床用药，对基本药物的遴选也基本没有帮助。

(2) 我国药物经济学研究缺少专业人才和独立研究机构。由于药物经济学在我国发展时间较短，公众普遍对药物经济学缺乏了解。目前我国的本科教育中，独立开设了药物经济学专业的学校非常少，相关社会培训也不成熟，远远无法满足专业人才的需求，严重制约着药物经济学人力资源的开发和利用。并且，在我国尚缺乏中立的评价机构，以至于不能公开、公正、诚信地开展药物经济学评价。

(3) 我国现有的药物经济学评价资料科学性不高。现阶段，我国药物经济学研究的主体是医疗卫生机构和高等院校。医疗机构由于方便获得临床资料，进行了大量的药物经济学实证研究，但这些研究限于研究人员理论功底不足和研究方法欠妥，多数研究水平较低，很难用于指导临床用药，对基本药物的遴选也基本没有帮助。我国高等院校开展药物经济学研究的也仅有少数，一般由于缺乏数据支撑，高等院校多从事药物经济学的理论与应用研究，引进介绍国外的先进研究方法和理论成果，但因各国国情的差异性，国外的数据理论不适合直接用于我国的政策制定中。

(4) 我国的药物经济学应用制度保障不完善。我国尚无对药物经济学评价研究的强制性规定，在药品定价、报销目录遴选、临床合理用药指导等方面的政策制定中较少考虑药物经济学评价的研究证据，以至于医药企业缺乏在新药上市时提供完整的药物经济学评价的积极性，不利于药物经济学评价的发展和应用。

3. 在基本药物遴选中应用药物经济学理论的对策

(1) 建设我国药物经济学评价的专业人才队伍及机构：我国应加强药物经济学专业人才的培养，将药物经济学纳入在校教育和医疗服务人员的继续再教育中，广泛开展在职教师的海外培训及药物经济学讨论会等。有关部门应加强药物经济学培训基地的建立以及药物经济学评价人员的培训工作，制定药物经济学评价机构和人员的准入条件和资质条件，为广泛开展药物经济学评价提供平台。

(2) 建立药物经济学数据库，实现数据共享：随着药物经济学评价结果的广泛应用，可以在循证评价系统的基础上，按照我国《药物经济学评价指南》，逐步建立药物经济学评价基础数据库，建立标准统一的评价模型，使众多评价机构和专家的资源达成网络共享，以便公平、公正、透明地实施药物经济学评价工作。

(3) 制定相应法规确保药物经济学评价的应用：我国应该借鉴澳大利亚等国的经验，制定相配套的法规政策，对于申请进入药品报销目录的药物，必须由厂商提供药物经济学评价报告。只有在完善的制度下，药物经济学评价才能真正发挥作用，切实应用于基本药物的遴选过程中。

国家基本药物制度是保证公众基本药物需求的重要手段，基本药物的遴选是推行该制度的关键。运用药物经济学原理和评价方法重新遴选基本药物，精简和优化《国家基本药物目录》，使《国家基本药物目录》中每个类别中作用机制相同的药品仅保留适当数量，不仅可确保其对公众的经济实用性，提高基本药物的可获得性，而且对建立完善的国家基本药物制度将具有重大而深远的意义。

(杨 敏 杨 轶 林静吟)

参考文献

1. 于志斌．中药材市场调研分析报告．中国现代中药，2012，14 (1)：51-52.
2. 高雅培，高金柱，苗青．中医药在美国的发展现状．世界中医药，2013，8 (8)：966-967.
3. 肖瑜，刘永军．“十二五”期间我国中药产业发展趋势预测分析．经济师，2013，4：64-66.
4. 程书年，任大伟．试论中药材专业市场的现状地位和发展方向．中医药管理杂志，2011，19 (9)：806-809.
5. 寒露．第一部中药药物经济学研究规范出台．中国药物经济学，2012，(4)：96.
6. 谢雁鸣，王昕，王诺，等．中药上市后药物经济学评价技术规范．中国中药杂志．2013，38 (18)：2925-2929.
7. 李瑶．中药药物经济学应以实例研究为抓手．医药经济报，2012-7-11 (001)．
8. 马志伟．药物经济学在医药卫生决策中的应用．沈阳：沈阳药科大学，2007.
9. 周召梅，程晓明．药物经济学评价在中成药新药上市评审中的应用研究．中国卫生经济．2009，28 (1)：78-80.
10. 孙晓，郭利平，商洪才，等．国内中药药物经济学评价的系统评价及质量评估．中国中药杂志，2015，40 (10)：2050-2053.
11. 朱文涛，李磊，徐菲，等．中药治疗脑卒中循证药物经济学评价技术要点．中国药物评价，2012，5：342-346.
12. 李向平．药物经济学评价在药品定价中的应用．中国卫生产业，2014，30：53.

13. 刘明，刘国恩．药物经济学在我国药品定价中应用的定位分析．中国药物经济学，2012，6：6-9.
14. 周召梅．中成药药物经济学评价指南研究．上海：复旦大学，2006.
15. 陈志军．基于药物经济学的医院药品费用控制研究．天津：天津大学药物科学与技术学院，2013.
16. 张文玉．国家基本药物遴选与药物经济学．中国卫生经济，2009，28（2）：80.
17. 吴静雅，王珩，徐舒曼，等．药物经济学在国家基本药物遴选中的应用．安徽医学，2013，34（12）：1861-1863.
18.《中国药物经济学评价指南》课题组．中国药物经济学评价指南（2011 版）．中国药物经济学，2011，3：6-48.
19. 谢雁鸣，黎元元．我国亟须制定中药药物经济学评价指南．中国中医药报，2015-4-27（003）.
20. 张洪峰，陈晨，王乐，等．中药药物经济学研究进展．中国药房，2013，2（31）：2969-2971.

第三章　成本的识别与计量

成本和收益是药物经济学研究与评价最基本的两个要素，药物经济学的四种评价方法：成本—效益分析、成本—效果分析、成本—效用分析、最小成本分析，都离不开对备选方案的成本进行识别、计量和比较。

第一节　成本的定义与分类

一、成本的定义

成本是经济学中非常重要的概念，指在某项生产或服务过程中所消耗的资源或所付出的代价，通常以货币支出的形式予以计量。药物经济学中的成本概念要结合医药卫生领域的特点，具体讲，成本是指实施预防、诊断或治疗方案的整个过程中所消耗的人力、财力、物力等资源的货币表现，还包括患者所付出的代价，如恐惧、痛苦、不便及时间、精力等。

药物经济学的成本不能只考虑药物成本，应该包括与治疗疾病密切相关的其他消耗，如诊疗、检查、手术、护理、理疗，以及患者的误工费等，通盘考虑才能全面涵盖疾病防治成本。

成本对于不同的主体，如患者、医院、保险公司、政府等，具有不同的内涵和范围。例如，某治疗方案的价格是100元，患者和保险公司是按价格付费，对于全自费患者来说，支付成本大于100元，因为还有交通费、误工费等；而对于一个有医疗保险的患者来说，若报销比例为70%，则支付成本要减去70元；保险公司的成本为70元；医院是生产者，医院的成本是该治疗方案的生产成本，即人力、财力、物力的真实消耗，成本可能高于100元，也可能低于100元；社会的成本则是社会各部门的总成本，包括患者自付医疗费、保险公司支付的报销费用、医院提供服务未被补偿的成本，以及国家拨款和各种捐赠分摊到该项目的成本等。

二、成本的分类

成本的分类比较复杂，从不同的利益、角度和使用目的出发，有不同的分类方法。

（一）按成本的特性分类

1. 直接成本　是指在实施或接受医疗服务中直接消耗的产品或服务的成本，包括直接医疗成本和直接非医疗成本。直接医疗成本是指某种治疗方案所消耗的医疗资源，如诊疗费、药费、卫生材料费等，这些是医院为患者诊治所需消耗的直接成本；直接非医疗成本是指患者因寻求医疗服务而消耗的医疗资源以外的资源，如交通费、食宿费、营养费等，这些费用虽不是患者直接用于治病的成本，但却是由于疾病所发生的费用。

2. 间接成本　是指不能直接计入成本，而需要按一定标准分摊计入各种相关服务项目的成本，包括间接医疗成本和间接非医疗成本。例如为多种项目服务的医院行政管理费用、固定资产折旧属于间接医疗成本，患者及家属的误工费属于间接非医疗成本。

直接成本和间接成本合称有形成本，其特点是伴随着资源的消耗，是识别与计量的重点。

直接成本与间接成本的划分不是绝对的，不同的项目、不同的评价角度对直接成本与间接成本的划分就可能不同。如：站在全社会的角度看，结核病的防治机构所投入的全部产品或服务的成本都是防治结核病的直接成本，包括管理费等。站在综合医院的角度，管理费等就是间接成本。

3. 隐性成本　是指因疾病或实施预防、诊断等医疗措施而引起的疼痛、忧虑、紧张等生理上和精神上的痛苦及不适。隐性成本很难用货币测量，通常把它包含在效用的测量中，无须重复测算。

隐性成本又称无形成本，其特点是不伴随资源的消耗。

（二）按与医疗的相关性分类

1. 医疗成本　是指实施预防、诊断或治疗方案所消耗的医疗产品或服务的价值。医疗成本通常在医疗机构里发生，包括提供医疗服务时消耗的劳动资料的价值和相当于职工工资部分的医务人员为自己劳动所创造的价值，它的货币表现就是医疗机构的医疗服务费用。医疗费用按一定对象进行归集，即构成该对象的成本。例如：按患者住院项目进行归集，即构成“住院成本”；按阑尾切除手术项目进行归集，即构成“阑尾切除手术成本”。医疗成本是以货币形式表现的对象化了的医疗服务费用。

医疗成本可以分为人员经费、药品及卫生材料支出、固定资产折旧、无形资产摊销费、提取医疗风险基金和其他费用六大类。

医疗成本不等于医疗服务价格，医疗服务价格是对医疗服务作为商品交换所采取的一种价格形式，本质上是医疗服务价值的货币表现，是医疗机构对患者服务的医疗服务项目的收费标准，包括门诊、住院、各项检查、治疗、检验、手术项目等的收费价格。但由于医疗服务属于公共产品的范畴，医疗服务不同于一般的商品，具有福利和商品的双重性，国家不向其征收税金，同时给予一定形式的财政补贴。因而医疗服务价格不是通过市场供求的调节自发形成的，而是采用不完全生产价格模式，即由政府有关部门通过理论价格，再根据国民经济的发展水平和居民的承受能力等来确定价格的水平，因此医疗服务价格一般低于医疗服务价值。若以价格代替成本则不能反映资源的真实消耗。

成本识别计量的重点和难点在于发生在医院的医疗成本，它通常占全部治疗成本的较大比重，也是各种评价观点（患者角度下，享受可报销全部医疗费用的患者除外）下需要计入的成本。

2. 非医疗成本　是指实施预防、诊断或治疗方案所消耗的医疗资源以外的其他资源。如患者的交通费、食宿费、营养费、患者本人及家属的误工费等。

（三）按成本与服务量的关系分类

1. 固定成本　是指在一定时期和一定服务量范围内，不随服务量的变动而变动的成本。例如医院的房屋或仪器设备折旧费、行政管理部门办公费、服务人员的固定工资等。

2. 变动成本　是指随服务量的变动而变动的成本。例如卫生材料、药品、服务人员的绩效工资等。

3. 混合成本　是指总额随服务量的变化而变化，但与服务量的增减不成比例，属于部分固定、部分变动的成本。可分为以下 3 类：

（1）半变动成本：通常有一个基数保持不变，在这个基数基础上服务量再增加，成本也随之增加，例如医院的水电燃料费。模型见图 3-1（1）。

（2）半固定成本：在一定服务量范围内成本总额固定，当服务量增长超出该范围时，成本总额跃迁到一个新的水平，又称阶梯式变动成本。例如：化验员、救护车及司机数量随服务量呈阶梯式增长，其工资及车辆折旧费。模型见图 3-1（2）。

（3）延期变动成本：在一定服务量范围内成本总额固定，当服务量增长超出该范围时，成本总额就与服务量的增长成正比例变动。例如医务人员的加班费、津贴等。模型见图 3-1（3）。

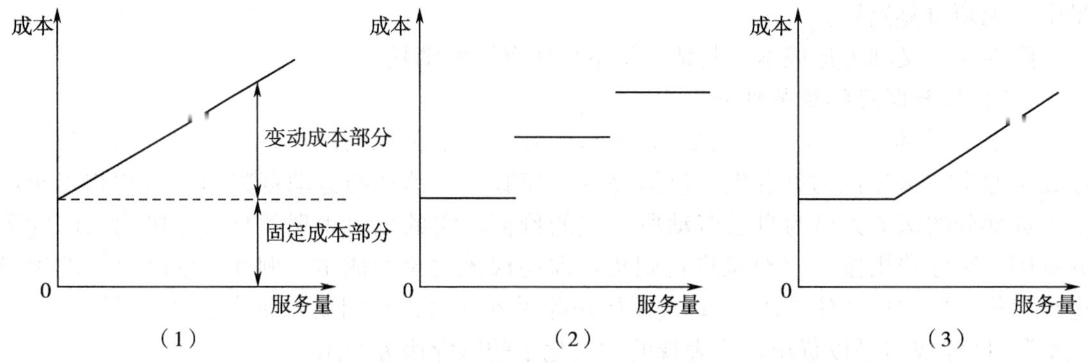

图 3-1　混合成本模型

（1）半变动成本模型；（2）半固定成本模型；（3）延期变动成本模型

在医院里通常很难碰到单纯的固定成本或变动成本，一般是混合成本，为了便于研究和计算，常常将混合成本分解成固定成本和变动成本，以方便成本的管理。固定成本越高，服务人次越少，人均固定成本越多，资源利用率越低；降低固定成本总额，增加服务人次，可以降低人均医疗服务成本，提高资源利用率。

（四）其他分类方法

1. 平均成本　是指单位服务量的资源消耗，即总成本/总服务量。个体患者为防治某疾病所实际花费的成本各不相同，一定时期内该疾病防治方案的平均成本能够反映一定范围内医疗资源消耗水平的高低。通过比较个体成本与平均成本，能够有效降低个体成本，减少不必要的医疗资源消耗，从而降低整个社会的平均成本，提高医疗资源的合理配置。平均成本是平均固定成本和平均变动成本之和，随着服务量的增加是先降后升，呈 U 字形，曲线如图 3-2 中 AC 所示。

2. 边际成本　是指多提供一单位医疗服务所需增加的成本量，也称增量成本。例如，提供 N 单位的医疗服务的总成本为 C_N，提供 N+1 单位的医疗服务的总成本为 C_{N+1}，则此状况下的边际成本应为 $C_{N+1}-C_N$。边际成本表明每一单位医疗服务的成本与总服务量有关，比如，一家医院仅收治一个患者成本是极其巨大的，而收治第 101 个患者的成本就低得多，而收治第 1000 个患者的成本就更低了（这是因为规模经济）。边际成本先随服务量的增加而减少，但到达一个最低点后，则随着服务量的进一步增加而增加，曲线如图 3-2 中 MC 所示。

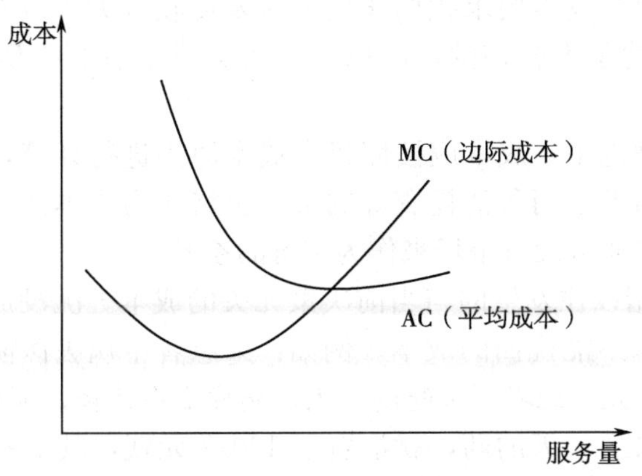

图 3-2　平均成本和边际成本曲线

边际成本和平均成本之间存在一定的关系：当边际成本小于平均成本时，会将平均成本向下拉动；反之，当边际成本大于平均成本时，会将平均成本向上拉动；所以在平均成本的下降阶段，边际成本一定小于平均成本，而在平均成本的上升阶段，边际成本一定大于平均成本，则当平均成本最低时，边际成本等于平均成本，此时获得的收益最大，并达到最佳服务量。综合考虑平均成本和边际成本可以帮助决策者选择最优方案，同时也有助于判断某医疗方案在一定成本范围内最经济的服务量。美国政府的 DRG 给付标准就是参考了各个地区不同种类的医院提供医疗服务的平均成本及边际成本而制定的。

3. 机会成本　是指将某种具有多种用途的有限资源用于某种特定用途时所放弃的置于其他用途时可能带来的最大收益。或者说，当面临多个选择机会时，因选择了某个机会而不得不放弃其他机会，在放弃的所有机会中可能获得的最大收益就是所作选择的机会成本。有些机会成本可以用货币来衡量。例如，市场上有 A、B、C 三种疗效相近的药物可供药房采购，药房根据相关规定只能采购 A 药，每年收益 1 万元。如果采购 B 药，则每年收益 1.2 万元，采购 C 药每年收益 1.1 万元。因此，采购 A 药的机会成本就是被放弃的最大收益——B 药的收益 1.2 万元。有时机会成本不能用货币衡量。例如：某患者患肺炎，可以选择市场上 A、B、C、D 四种疗效相近的药物，患者使用 A 药，7 天后病好了。如果使用 B 药，可能 6 天就好了，如果使用 C 药，可能 8 天才好，如果使用 D 药，过敏了，病情加重。那么，选择使用 A 药的机会成本就是被放弃的最大收益——使用 B 药 6 天肺炎好了。

机会成本不是实际成本，它是作出一种选择时所放弃的其他若干种可能的选择中最好的一种。机会成本提醒我们作出选择是有成本的，千万不要抱着试试看的想法。生病之后选择是吃中药还是西药？一般来说西药药物制剂纯度高，可针对各种疾病或器官用药，有明确的作用机制，药理作用确切，药效迅速，特别适用于急危重症的抢救与治疗，对症用药，也是西药的一大特点。缺点是副作用相对较大，绝大多数不适宜长期服用，也多不适宜作为保健药物使用，有的药物易产生耐药性或抗药性。中药的成分常为多种混合物组成，治病机制以中医的经验理论为指导，以中医辨证施治为基础，注重整体，强调治本，扶正祛邪，加上中药疗效缓慢而持久，副作用相对较小，更适合于慢性疾病以及疾病恢复阶段的治疗，许多中药制剂可作为保健用药治疗。中药与西药在治疗疾病中各有特点与利弊，机会成本要求我们作决策时要使收益大于或至少等于机会成本，否则从经济学的观点看就是不合理的，所以考虑机会成本有利于资源的优化配置和高效利用。

在标准的经济学理论中，成本应按照机会成本原则进行计算，考虑现实操作中机会成本的测量有难度，通常采用所消耗资源的市场价格作为成本的计算标准，但是公共项目评价时，其机会成本通常没有市场来作为定价的参考。

4. 沉没成本　是指以往发生的与当前决策无关的成本。沉没成本是已经付出的、无论当前作出何种选择都不能挽回的成本。例如：某患者生病去医院诊治后拿药，一个疗程是 7 天，花费了 100 元。患者回去吃药 6 天，病症毫不减轻，那么剩下一天的药还要不要吃？有人觉得不吃最后一天的药，就浪费了 100/7 元钱，其实不管吃不吃最后一天的药，100 元也不可能挽回了，100 元就是沉没成本。因此，具有理性的决策只能忽略它，即在药物经济学评价或决策过程中，对沉没成本不予计算和考虑。

除上述外，药物经济学还涉及很多成本的概念，如疾病自身成本和疾病治疗成本，内部成本和外部成本等，在此不一一赘述。总之，药物经济学研究与评价中所涉及的成本多种多样，且这些不同的成本概念之间的关系相互交叉、相互关联；成本的分类也因分析主体、分类方法、测算便利等因素而不同，这也造成了成本的识别和计量较为困难。

第二节　成本的识别

成本的识别即罗列并确定备选方案所消耗的资源或代价，是成本计量的前提，成本的识别是否准确、合理，直接关系到后续分析工作的效率和准确性，因此极为重要。

一、成本的识别原则

成本识别要遵循以下原则：

（一）评价主体差异性原则

进行药物经济学评价的主体可以是患者、医疗机构、医保部门、政府管理或决策部门等，不同主体通常从自身利益出发，目标往往不同，由此导致成本的边界和内容不同。

（二）角度一致性原则

成本识别的角度应该前后一致，不同的研究角度决定不同的成本范围。例如：采用非全社会观点的药物经济学评价，对成本的识别和计量主要是针对有形成本，强调实际支付的货币量的多少。采用全社会观点的药物经济学评价，其成本的识别和计量既包括有形成本，也包括无形成本的识别和计量。可见一旦确定研究角度，就不可随意切换，否则会影响结果的准确性。

（三）全面性原则

横向全面性：药物经济学的成本识别不能局限于药物本身，而应从医院整个全局去考虑。患者来到医院接受医疗服务，除药物治疗外，还要接受医生、护理人员、医技人员等的服务，接受化验、检查、手术等服务项目，因此分析和评价药物经济学的成本要通盘考虑，否则是不全面的。

纵向全面性：通常情况下，应该从整个治疗周期的资源消耗或所付代价——治疗周期成本予以全面考虑。治疗周期成本包括从患病之日起到停止治疗为止整个期间内用于治疗疾病所消耗的所有资源，既包括医疗成本也包括非医疗成本，既包括直接成本也包括间接成本，还包括无形成本。

二、成本的边界划分

成本的边界划分服从于评价目标。药物经济学的服务对象不同，所追求的目标就不同，评价中所持的观点或所处的立场也就不同，所研究与评价的问题的成本边界随之而异。

（一）从医疗机构角度出发的成本

医疗机构的目标是不失医德条件下的自身效益最大化，因此从医疗机构角度出发的成本，通常只包括需要由其提供的医疗产品或服务的成本，即医疗成本，包括直接医疗成本和间接医疗成本，而不包括非医疗成本及无形成本。

（二）从医疗保障部门（保险公司）角度出发的成本

医疗保障部门的目标是以有限的保障资金投入，获得尽可能多、尽可能好的被保障群体的健康产出，因此从保险公司或医疗保障部门角度出发的成本，通常只包括医疗成本中的报销部分，而不包括非医疗成本及无形成本。

（三）从患者角度出发的成本

患者的目标是用最少的个人支出和无形成本获得最佳的预防和诊治结果，因此从患者角度出发的成本，通常包括患者个人及其家庭负担的直接医疗成本和直接非医疗成本、间接成本（如误工成本等），还有无形成本。而在实施医疗诊治过程中实际发生的、但不需要患者支付（例如可报销费用部分、义工护理）的成本，就不是患者角度下的成本。

（四）从全社会角度出发的成本

为国家层面的决策提供依据的药物经济学评价需要采用全社会观点。从全社会角度进行药物经济学研究与评价时，所追求的目标是以有限的全社会药物资源实现国民总体健康水平的最大程度改善，成本的边界是整个国家。因此凡是因项目或方案而引致的本国社会资源的减少就是成本，既包括患者的自费部分，也包括非自费部分。但是，如果成本由国外组织或人员负担，则因为所耗费的资源来自本国之外，没有减少国内资源可用量，因而不再是该评价观点下的成本。

三、成本识别中需要注意的问题

（一）注意评价角度不同对成本识别的影响

成本是相对的，随着目标的变化而变化。在某一评价角度下的成本，在另一评价角度下可能就不是成本。例如，患者为诊治疾病而支付的交通成本，从患者或全社会的角度进行成本识别时是成本；但是从医疗机构角度来看就不是成本。

（二）隐性成本的识别和处理

隐性成本是一种客观存在的成本，是全部治疗周期成本中的一个组成部分，但是计量比较复杂和困难。国际上多用意愿支付法来计量。通常计量隐性成本这项工作本身通常需要付出较多的成本，因此，依据科学调查结果确认隐性成本的影响很小或其计量成本高于其预期作用时，可以忽略不计。

（三）避免重复

在界定疾病治疗的成本和效益时，要尽量避免可能的重复计算或漏算。例如，应明确将因治疗获得的工作时间的增加归类到成本减少，还是归类到治疗的效益。

第三节　成本的计量

一、成本的计量原则

1. 成本计量分析要有计划　在识别和计量分析成本之前宜先作出方案计划。计划中应描述卫生服务项目或干预方案的全部，并明确定义干预措施的主要终点、次要终点及样本量的设计等，这是准确全面识别成本的基础。

2. 重要性原则　对于成本有重大影响的项目应作为重点，力求精确；对于那些不太重要的项目可以从简处理。

3. 计量分析方法要准确　不同来源的成本数据，需要不同的计量和统计方法。例如，在药品临床评价过程中，成本数据来自随机对照试验时，应该报告研究中每组的成本均数、成本的标准差和四分位数间距（尤其是数据呈偏态分布时），还要指出成本差异从经济学角度看是否有意义。传统的组间差异可通过 t 检验、方差分析（单变量分析）和最小二乘回归分析（多元变量分析）来确定。采用广义线性模型可改善多元变量分析的预测功效。详见“第六章成本、收益数据的收集与分析”。

二、成本计量的步骤及主要内容

（一）成本计量的步骤

成本的计量可通过以下 6 个步骤来完成：

（1）制订成本识别与计量的分析计划；

（2）识别所消耗的资源或代价；

（3）计数每一种资源或代价的单位量；

（4）赋予单位资源或代价以货币价值；

（5）考虑资金时间价值，调整时间上的差别（贴现）；

（6）进行敏感性分析。

在成本计量阶段所要进行的主要内容是步骤（3）、（4）、（5）。

（二）成本计量的主要内容

从全社会的角度来看，药物经济学所研究的成本包括医疗成本、非医疗成本和隐性成本。医疗成本通常在医院发生，是计量的重点和难点。非医疗成本主要是患者的交通费、食宿费、营养费、患者及家属的误工费等，前三项可用直接的消耗量计入，后一项将在间接成本的计量部分予以介绍。隐性成本的计量还比较困难，常常忽略。

1. 医疗成本的计量　由于患者通常只能获悉医疗价格，因此医疗成本的计量一般由医院进行。以往，我国各级医院仅有费用的财务账目，没有进行真正的成本核算。近年来随着市场经济的发展和卫生体制改革的不断深入，越来越多的医院开始开展成本核算，主要的管理体制有两种：一级成本测算管理体制和二级成本测算管理体制。一级测算管理体制是把全院的成本测算工作集中在医院的财会部门，以医院为测算单位，归集医院的总费用，然后分配到各个科室中，最后计算各个医疗项目的总成本和单位成本。二级测算管理体制是以科室或部门为测算单位，计算科室或部门的成本，建立科室或部门测算账户，首先计算出科室或部门的成本，然后再计算各医疗项目成本。二级测算管理体制以财会部门为主，设置科室测算账户，会同科室兼职人员一起完成成本测算任务。两种测算管理体制相比，一级测算管理体制比较简单，二级测算管理体制较为复杂，但由于引入了科室人员参与，有利于落实责任制，重视医疗成本，从而降低医疗成本。

（1）医疗成本包括以下 6 类：

1）人员经费：指医务人员直接或间接为患者提供医疗服务所获取的报酬，包括基本工资、津贴补贴、奖金、社会保障缴费、住房公积金等。

2）药品及卫生材料支出：包括药品费、血费、氧气费、放射材料费、化验材料费、植入器材费、介入器材费、其他卫生材料费等。

3）固定资产折旧：固定资产包括房屋和设备两大类，房屋又可以根据其使用材料的不同分为钢混结构、砖混结构和其他结构等，设备则可以分为专用设备和一般设备等。各类固定资产的使用年限不同，需要采用不同的折旧方法。

①直线折旧法：也称平均年限法，是最简单并且常用的一种方法。

$$年折旧额=\frac{固定资产原值+估计清理费用-估计残值}{估计使用年限}$$

②工作量法：根据固定资产的使用状况来计提折旧，弥补了直线折旧法只重视使用时间，不考虑使用强度的缺点。

$$单位工作量折旧额=\frac{固定资产原值+估计清理费用-估计残值}{预计总工作量}$$

$$年折旧额=当年工作量\times单位工作量折旧额$$

③加速折旧法：在固定资产有效使用年限的前期多提折旧，后期则少提折旧，加快折旧的速度。包括双倍余额递减法和年数总和法。

双倍余额递减法：

$$年折旧率=\frac{2}{预计使用寿命}$$

$$年折旧额=年初固定资产账面净值\times年折旧率$$

年数总和法：

$$年折旧率=\frac{尚可使用年限}{预计使用寿命的年数总和}\times100\%$$

年折旧额=（固定资产原值－预计净残值）×年折旧率

例：某设备预计使用5年，则预计使用寿命的年数总和为5+4+3+2+1=15，第二年时仍有使用寿命4年，此年的年折旧率为4/15。

4）无形资产摊销费：无形资产是指不具有实物形态而能为医院提供某种权利的资产。包括专利权、著作权、版权、土地使用权等。无形资产从取得当月起，在法律规定的有效使用期内平均摊入管理费用，法律没有规定使用年限的按照合同或单位申请书的受益年限摊销，法律和合同或单位申请书都没有规定使用年限的，按照不少于十年的期限摊销。

5）提取医疗风险基金：指从医疗支出中计提，专门用于支付医院购买医疗风险保险发生的支出或实际发生的医疗事故赔偿的资金。医院累计提取的医疗风险基金比例不应超过当年医疗收入的1‰～3‰。具体比例可由各省（自治区、直辖市）财政部门会同主管部门（或举办单位）根据当地实际情况制定。

6）其他费用：包括办公费、印刷费、水费、电费、邮电费、取暖费、物业管理费、差旅费、会议费及培训费等。

（2）确定成本核算对象：确定成本核算对象即解决成本由谁承担的问题。医院是一个较完整的体系，根据业务性质的不同，分成许多科室，每个科室又提供不同的服务项目，使成本计量更具复杂性。医院医疗成本核算对象目前有以下四种：科室、医疗服务项目、病种、诊次和床日。

1）科室：医院由多个科室构成，各个科室可区分为以下四个类别：临床服务类、医疗技术类、医疗辅助类和行政后勤类等。临床服务类指直接为患者提供医疗服务，并能体现最终医疗结果、完整反映医疗成本的科室，包括门诊类科室和住院类科室。这类科室能够提供临床服务项目，能够产生诊次服务或床日服务。医疗技术类指为临床服务类科室及患者提供医疗技术服务的科室，如检验科、放射科、药剂科、手术室等。这类科室能提供医疗服务项目，但不能产生诊次服务或床日服务。医疗辅助类科室是服务于临床服务类和医疗技术类科室，为其提供动力、生产、加工等辅助服务的科室，如病案室、供应室、挂号处等。行政后勤类指除临床服务、医疗技术和医疗辅助科室之外的从事院内外行政后勤业务工作的科室，如医务科、人事处、食堂等。

这些科室有的直接为患者服务，称为项目科室；有的间接为患者服务，称为非项目科室。核算成本时需要把非项目科室的成本分摊到相关的项目科室，参考什么进行分摊，称为分摊参数，可以是人员比例、工作量等。分摊的比例即分摊系数的确定遵循“受益原则”，即谁受益谁分摊，谁受益多谁分摊多。

成本分摊主要有四种方法，分别是直接法、阶梯分摊法（又称成本下行法、顺序分配法）、双重分配法（又称交互分配法）和代数分配法（又称联立方程法）。采用不同的分摊方法，成本分摊的结果不同。目前，使用最广的是阶梯分摊法。所谓阶梯分摊法就是根据医院内各部门或者各部分之间的成本关系，将科室分成不同的等级，非项目科室服务的范围越大，等级越高，所有的项目科室排在最下面。排在第一位的非项目科室向排在下的所有部门根据分摊系数值分摊成本。排在第二位的非项目科室接受来自第一位非项目科室分摊的成本，再加上自身成本，向排在它下面的所有部门分摊，依此方式，顺次分摊，直至所有的非项目科室的成本全部分摊到项目科室为止。

行政后勤科室和医疗辅助科室均属非项目科室，处在较高分摊的等级，临床科室属于项目科室，处于较低等级。但是，由于行政后勤科室的服务范围较医疗辅助科室大，所以，在分摊时，行政后勤科室的等级最高。各类科室成本本着相关性、成本效益关系及重要性等原则，按照分项逐级分步结转的方法进行分摊，先将行政后勤类科室的管理费用向临床服务类、医疗技术类和医疗辅助类科室分摊，分摊参数可采用人员比例、内部服务量、工作量等。再将医疗辅助类科室成本向临床服务类和医疗技术类科室分摊，分摊参数可采用人员比例、内部服务量、工作量等。最后将医疗技术类科室成本向临床服务类科室分摊，分摊参数可采用工作量、业务收入、占用资产、面积等，分摊后形成门诊、住院临床服务类科室的成本。

表 3-1 是一个测算临床科室成本的例子。行政后勤科室同时为医疗辅助科室和临床科室提供服务，等级最高，医疗辅助科室排在第二位，临床科室排在最下面。行政后勤科室的 300 万元直接成本要分摊到医疗辅助科室和临床科室，采用内部服务量作为分摊参数。医疗辅助科室接受行政后勤科室服务量的 10%（分摊系数为 0.1），分摊的间接成本为 30 万元，医疗辅助科室的总成本 1230 万元。门诊作为项目科室，接受行政后勤科室分摊的间接成本 105 万元（300 万元×0.35），还有医疗辅助科室分摊的间接成本 369 万元（1230 万元×0.3），加上直接成本 2400 万元，最后得到总成本 2874 万元。同理可得到住院的总成本 5526 万元。分摊的实际过程要比示意的过程复杂，比如要把科室进行细分，门诊分成内科、外科等，分摊参数也有多种选择。

表 3-1　科室成本的分摊

单位：万元

科　　室	直接成本	行政后勤科室	医疗辅助科室	合计
行政后勤科室	300	300		
医疗辅助科室	1200	30（0.10）	1230	
临床科室				
门诊	2400	105（0.35）	369（0.30）	2874
住院	4500	165（0.55）	861（0.70）	5526
合计	8400	300	1230	8400

注：括号内为分摊参数值。

2）医疗服务项目：将临床服务类、医疗技术类和医疗辅助类科室的医疗成本向其提供的医疗服务项目进行归集和分摊，就成为各种医疗服务项目的单项成本，分摊系数可采用各项目收入比、工作量等。

医疗服务项目按照科室开展的医疗服务情况可分为：

①挂号项目：门诊、各诊察室、急诊室等挂号项目

②床位项目：各病区床位项目

③检查项目：超声波、心电图、脑电图、病理切片、内镜检查等项目

④治疗项目：针刺、灸法、推拿疗法、注射、换药、输血、吸氧等项目

⑤化验项目：常规、生化、免疫等项目

⑥放射性项目：透视、拍片、造影等项目

⑦CT 项目：全身 CT、头颅 CT 等项目

⑧MRI 项目

⑨手术项目

⑩分娩项目

⑪其他项目

医疗服务项目成本核算的国际通行方法为作业成本法。应用时分五个步骤：①通过医生访谈、现场观察、专家咨询等方式，了解项目的流程和内容；②将项目合理分解成若干个作业；③创建关键作业流程图；④根据作业对资源耗费的情况将科室成本按资源动因向作业分摊；⑤然后把作业成本按作业动因向医疗项目分摊，得到项目成本。

基于作业成本法，项目成本核算的整体原则是把能直接计入科室作业和医疗项目的成本直接计入，不能直接计入的成本按“资源动因”和“作业动因”分摊计入。

3）病种：是在科室成本核算和项目成本核算基础上进行的。以病种为核算对象，将为治疗某一病种所耗费的医疗项目成本、药品成本及单独收费材料成本进行叠加即得到病种成本。其中，医疗项目成本＝∑（医疗服务项目成本），药品成本＝∑［患者药品收入/（1＋药品加成率）］。病种成本能够反映出每个病种治疗时间的长短与消耗的大小，因而能反映医院管理水平、医疗服务质量水平和经济效益的高低。由于病种多、病情各异，这种方法的计算复杂，计算出来的成本也很难为调整医疗收费标准和国家补偿标准提供依据。但病种法代表了医疗服务成本核算的方向，按病种付费已成为发达国家医疗费用核算与支付的主要方法。

4）诊次和床日：根据医院对患者的服务，分门诊和住院两大部分来计算成本，一般门诊以“人次”来计算其任务量，而住院部以“床日”来计算其完成任务量。将科室成本进一步分摊到门急诊人次、住院床日中，即可计算出诊次成本、床日成本。这种计算成本的方法把各医疗项目进行了综合反映。

2. 药物治疗成本的计量　药物治疗成本包括治疗成本和不良反应成本，具体又可分为病房成本（床日成本×床日数）、各项检查治疗成本（包括材料费）、药品成本。

床日成本＝（科室的直接成本＋间接成本）/实际占用总床日数

某项检查治疗成本＝操作时间×单位时间操作成本＋消耗的材料费

药品成本＝药品进价×药品加成指数

药品加成指数＝（全年药品支出费＋全年药品耗损费＋药房 6 大类成本＋分摊的间接成本）/全年药品支出费×100%

每例患者治疗成本＝床日成本×床日数＋∑某检查、治疗项目单位成本×某项目服务次数＋按成本核算后的药物成本

每例患者不良反应成本＝床日成本×因不良反应增加的床日数＋∑某检查、治疗项目单位成本×因不良反应增加的某项目服务次数＋按成本核算后的不良反应增加的药物成本

3. 间接成本的计量　间接成本包括间接医疗成本及间接非医疗成本，间接医疗成本的计量已包含在医疗成本的计量中，间接非医疗成本主要指由疾病、伤残或死亡造成的患者和其家庭的劳动时间及生产力损失，包括患者本人及家属的误工费、由疾病导致的

工作能力下降等，属于非医疗成本。

这里间接成本的计量仅包括间接非医疗成本的计量。常用的估计间接成本的方法有三种：人力资本法、摩擦成本法、意愿支付法，《中国药物经济学评价指南及导读（2015版）》推荐使用人力资本法。人力资本法是在机会成本原则下，估计人由于疾病损失的劳动时间的价值等于这段时间用于社会生产能获得的工资收益。在实际操作时，可以社会平均工资或人均GDP作为间接成本计算的价值标准。例如，2015年北京市城镇居民人均可支配收入为52859元，农村居民人均可支配收入20569元，一年按365天计，如果北京某城镇患者因病住院一个月不能工作，则其间接成本为52859÷365×30＝4345元。考虑到不同个人的劳动能力不同，可用居民每天的工资水平乘以损失劳动时间的天数进行计算。

从理论上看，人力资本法存在三个问题：第一，无法评估与病人生产力无关的时间损失的价值；第二，从社会角度出发，患者由于疾病不能工作，短期内可由其他成员暂时替代，不会造成社会生产的损失；长期离职，企业可以重新招聘新员工，只要社会存在闲置劳动力，也不会造成社会生产的损失，因此，人力资本法高估了间接成本；第三，人力资本法计算间接成本与福利经济学理论不一致，人力资本法采用市场工资率来衡量劳动时间的价值，它不是消费者个人对自己时间损失价值的判断。而且患者或其家庭会认为时间损失的价值不仅仅在于劳动的价值，还应包括其给家庭带来的亲情等价值，这些价值难以用市场价格来衡量，这时人力资本法会低估间接成本。

摩擦成本法是针对人力资本法的第二个问题提出的，该方法通过计算企业替代一个员工所需要的成本来评估间接成本。摩擦成本主要包括招聘成本、培训成本、新员工适应工作过程中生产效率降低的成本等。显然，在社会中经常存在失业的情况下，摩擦成本法计算的结果远小于人力资本法的结果。但是摩擦成本法也存在不少问题，尤其是实际精确计算的困难导致该方法的可操作性较差。

意愿支付法针对人力资本法的第三个问题提出的，该方法通过询问人们为避免时间损失而愿意支付的货币来估计间接成本。意愿支付法是人们对时间或生命的综合的、全面的评估，因此其计算的间接成本一般大于人力资本法和摩擦成本法的结果。

4. 隐性成本的计量　隐性成本是真实存在的，因此也是不容忽视的。但是截至目前，还没有受到普遍认同和广泛应用的定量的测算与计算方法。目前，国际上多用意愿支付法（willingness-to-pay，WTP）来计量隐性成本。WTP法是建立在效用基础上的一种测量健康改善价值的方法。WTP是指一个人愿意确保健康和接受某种治疗干预自愿支付的最高金额。一般采用问卷调查的形式来获得有关数据。

三、成本计量及货币价值

对消耗的资源计量其成本，应该首先指明用于计数其数量的单位，再利用该计数单位计算出所消耗资源的数量，例如：诊察费的计数单位为次数，药物的计数单位为使用剂量，误工时间的计数单位为天，中医推拿治疗的计数单位为次数，烧伤换药的计数单位为1%体表面积，中药熏药治疗的计数单位为10%体表面积，体检次数、急诊次数、住院天数、处方数量以及更详细的诊疗耗材单位等。具体可查阅国家卫生和计划生育委员会、国家发展和改革委员会制定的医药服务项目标准来确定。

所消耗的资源或代价被识别和计数后，要赋予其货币价值。资源消耗单位数与该资源单价的乘积即为该资源的货币价值。医疗资源的单价可以从两个维度测量：一个是平均单位价格，如次均住院费用、日均住院费用、次均门诊费用等；另一个是明细单位价格，即逐项计算各项具体耗材和劳务的费用。如果条件允许，尽可能使用后者。例：某患者到天津某医院治疗腰椎间盘突出，共挂号 6 次，一次为主任医师，五次为主治医师，则花费的诊察费为主任医师挂号费 13.5 元×1 次＋主治医师挂号费 4.5 元×5 次＝36 元。

四、成本计量中的价格

（一）非全社会角度评价的价格

当患者、医疗服务机构、保险公司等进行药物经济学研究与评价时，是从非全社会角度出发的，追求的是自身实际支出尽可能少，实际获得收益尽可能多，因此，采用的价格是反映备选方案实际收支的交换价格，即评价主体在实施备选方案时与外界进行商品或服务交易的实际价格。例如，某一种药品，对于医疗机构而言，成本是药品的购入价格加上医院相关人员在药品采购、加工等过程中付出的劳动价值（不包括因出售药品而获得的利润）；而对于患者而言，成本是医院所出售的药品的价格（包括医院因出售药品而获得的利润）。

（二）全社会角度评价的价格

当评价主体是国家或政府时，即从全社会角度出发，追求的目标是全社会药物资源的优化配置与高效利用，强调实施某备选方案需要国家或社会耗费多少资源（包括产品或服务），采用的价格应真实反映资源的经济价值，但有时候人们面临的价格是扭曲的，如市场上交易有障碍，或者有垄断，国家对药品及医疗服务进行较多的行政干预与管理，都会导致价格偏离均衡价格，这就需要用影子价格加以纠正。所谓影子价格，简单地说，就是充分竞争条件下市场的均衡价格。在完善的市场经济中，没有影子价格这一说，价格就是影子价格，而对于不完善的市场，要作经济分析就必须估算影子价格。一般而言，备选方案消耗资源的影子价格就是它的机会成本。事实上确定资源的影子价格非常困难，往往需要花费相当多的时间和精力，使得经济评价本身的经济性大大降低。因此在实际的药物经济学研究与评价中，影子价格的确定只要求相对准确即可，通常采用消耗资源的市场价格作为成本的计算标准，除非有充足的理由证明市场价格远远偏离成本，才应该进行相应的调整。

五、成本的贴现

在医疗卫生服务项目中，投入的成本可以计算为一定的货币，获得的收益在成本—效益分析中也可量化为一定的货币，这些货币若所处的时间点不同，则其价值也存在差异，称为货币的时间价值。存在货币的时间价值的原因至少有以下三点：①货币可用于投资，带来利润，收获更多的货币；②货币的购买力会因通货膨胀的影响而随时间改变；③一般说来，货币的未来预期收益具有不确定性。

货币的时间价值客观存在，在药物经济学评价中必须予以考虑，治疗周期超过 1 年就必须对未来的成本进行贴现，而中药在治疗慢性疾病和疑难杂症时疗程普遍较长，所以更要考虑贴现。

（一）贴现的概念及计算

贴现是指通过一定的方式把发生在未来（或不同时间）的费用和效益转化为现值的过程。进行贴现计算时需要使用反映资金时间价值的参数，即贴现率。将未来时点的资金进行贴现计算的公式如下：

$$P=F/(1+i)^n=F(1+i)^{-n} \quad \text{式}(3\text{-}1)$$

式中：P—现值；F—将来值；i—贴现率；n—方案的时间周期数，时间单位与贴现率的相同，通常为年。

贴现使得成本或效益能够在同一时点进行比较。例如：治疗某种疾病的两种方案A和B，每年的成本如表3-2所示：

表3-2　某疾病两种治疗方案的成本

年　数	方案A的成本（元）	方案B的成本（元）
1	3000	2000
2	2000	2000
3	1000	2000
面值合计	6000	6000

如果不考虑贴现，两个治疗方案的总成本面值均为6000元，两方案成本相同。显然不考虑资金的时间价值是不客观、不科学和不符合实际的。

考虑资金的时间价值，首先需要确定两个治疗方案每年发生成本的计算时点。目前的处理方法有两种：一是假定每年所发生的成本均在当年的年初发生；二是假定每年所发生的成本均在当年的年末发生。

假设贴现率为5%，若成本在年初发生，则两方案的成本现值分别为：

$$P_A=3000+2000\times(1+0.05)^{-1}+1000\times(1+0.05)^{-2}=5812$$

$$P_B=2000+2000\times(1+0.05)^{-1}+2000\times(1+0.05)^{-2}=5719$$

若成本在年末发生，则两方案的成本现值分别为：

$$P_A'=3000\times(1+0.05)^{-1}+2000\times(1+0.05)^{-2}+1000\times(1+0.05)^{-3}=5535$$

$$P_B'=2000\times(1+0.05)^{-1}+2000\times(1+0.05)^{-2}+2000\times(1+0.05)^{-3}=5446$$

显然，成本发生的时点不同所得的现值不同，只有对不同方案成本额发生时点的处理方法一致，成本才具有可比性。

（二）贴现率的选择

贴现率是反映个人和社会对时间偏好的一个重要参数，取决于通货膨胀率的高低、方案在未来的风险的大小、资金来源的构成以及未来的投资机会等多种因素，在不同研究中各不相同，没有一个绝对标准。在各国的药物经济学评价指南中，多数国家建议成本项目采用3%～6%的贴现率，如挪威和荷兰建议3%，美国建议3%，韩国建议5%，西班牙建议6%；有些国家的指南推荐多个贴现率的选择，或者推荐贴现率的变化范围，如德国为2.5%～5%之间。此外，很多国家还提供了对贴现率进行敏感性分析的变化范围，基本上在10%以内。目前，我国还没有官方的药物经济学评价指南所建议的贴现率。

在进行药物经济学评价时，贴现率选择可以遵循以下建议：

（1）采用官方的药物经济学评价指南中建议的贴现率；

（2）在没有官方贴现率的情况下，使用与现有文献一致的贴现率；

（3）把项目的成本和收益都以未经贴现的形式表示，可以让别人采用不同的贴现率来对该评价进行研究；

（4）当贴现率对研究结果影响很大时，提醒决策者贴现率的选择对研究结果的重要性。

（张师愚　郑　琳）

参考文献

1. 刘国恩，中国药物经济学评价指南及导读：2015版．北京：科学出版社，2014.
2. 钱信忠．现代医院管理实务全书．北京：中国统计出版社，1996.
3. 舍曼·富兰德，艾伦·C·古德曼，迈伦·斯坦诺．卫生经济学．第6版．王健，李顺平，孟庆跃等译．北京：中国人民大学出版社，2011.
4. 财政部，卫生部．医院财务制度（财社字［2010］306号）．2010年12月28日．
5. 徐国成．药物经济学概论．北京：中国中医药出版社，2012.
6. 北京市2015年暨“十二五”时期国民经济和社会发展统计公报．

第四章 收益的识别与计量

收益是药物经济学研究与评价中除成本外的另一个最基本的要素。收益是指对疾病采用干预手段产生的结果，对收益进行识别、计量和比较是药物经济学的基础内容。成本往往用货币价值表示，而收益通常不都能用货币计量，根据其计量指标的不同可以分为效益、效果和效用。

第一节 效益的识别与计量

一、效益的定义与分类

（一）效益的定义

效益是以货币表示的收益，即用货币表示医疗服务或药物治疗的所有有用结果。包括医疗成本的节约、健康状态改进的货币价值等，还包括过程效用的货币价值，如治疗信息的价值等。

通俗讲，效益就是指“病好了值多少钱”。例如，一个药物治疗方案减少了需要的血药浓度监测，那么取消这些监测所节省的费用就是效益；如果挽救了患者的生命，改善了生活质量或降低了发病率，那么由此带来生存者的劳动收入，以及所节约的卫生资源费用就是效益。但是用效益来表示治疗的结果，实际的治疗效果（如健康改善）不能直接得到体现，而且有时用货币表示难度很大，还涉及伦理学及道德问题，例如人的寿命延长一年值多少钱，一个小孩或一个老人死亡损失多少钱，工人和农民的价值是否相等，患者的痛苦及悲伤的减轻又值多少钱？

（二）效益的分类

与成本的分类相似，效益可分为直接效益、间接效益和无形效益。

1. 直接效益　直接效益是指实施治疗方案所带来的健康改善、生命延长，以及卫生资源耗费的减少或节约。如发病率的降低，减少了门诊和住院，也减少了诊断、治疗、手术和药品等的消耗，减少了人力和物力资源的消耗。这种比原来减少的消耗或支出就是直接效益。

2. 间接效益　间接效益是指实施治疗方案所带来的健康、生命、卫生资源之外的成本节约或损失的减少。如由于发病率的降低或患者的早日康复，使家庭或患者及陪护人员避免或减少了工资、奖金的损失，出勤率的提高给生产带来增长等，属于间接效益。

3. 无形效益　无形效益是指实施治疗方案所带来的患者及其亲属的行为不便，肉体和精神痛苦、忧虑或紧张情绪等的减少，以及康复带来的舒适和愉悦等，是难以定量并用货币表示的客观存在的效益。

例如，终末期肾病患者在进行了肾脏移植手术之后就不需要再进行每周 3～4 次的血液透析了，该部分与血液透析有关的医疗费用和非医疗费用的节约就属于肾脏移植治疗方案的直接效益；而且患者还有可能恢复部分劳动能力，做一些工作而获得工资收入，这些工资收入就属于间接效益；如果家属由于不需要继续照顾患者而重新获得工资收入，也属于间接效益；患者实施肾脏移植手术后，痛苦的减少、精神状态的恢复等就属于无形效益。除此之外，从全社会角度出发，还有外部效益，即由于患者传染性疾病的治疗而减少的周围健康人被传染的危险，从而避免的发病和治疗的成本。

二、效益的识别与计量方法

（一）效益的识别原则

1. 识别角度前后一致　进行药物经济学评价的主体可以是患者、医疗机构、医保部门、政府管理或决策部门等，不同主体目标往往不同，要保持成本和效益等的识别角度前后一致。例如，从患者角度出发，通过治疗获得的收益包括健康改善的价值、节约的未来保健成本及由于健康状况改善增加的收入。从社会角度出发，患者的总收益除了包括患者自身健康改善的价值，还包括选择价值和利他价值。如砒霜被发现可以治疗癌症，患者使用它除了自身获得健康改善，其他患者也会获知这一信息，进而选择使用该药，这是选择价值。社会上所有人一旦患此病都能够使用该药解除痛苦，使社会的整体福利水平增加，这就是利他价值。

2. 完备性原则　要识别出所有相关健康产出结果以及资源耗费或代价的节约。如中药具有多层次、多靶点的特点，在针对某种证候治疗一种适应证的同时还能有效调节人体功能和抗病能力。从全社会角度出发，对传染病进行治疗，除了患者因有效治疗而获得效益外，其他人群因避免被传染而产生的效益也应计入总效益。

3. 避免重复　因治疗带来的成本的节约和避免可以归到效益的增加，也可以归到成本的减少，但只能在成本或者效益中计算 1 次。例如终末期肾病患者肾脏移植后的若干年生存期中，不需要继续透析，透析成本的节约既可以看成是疾病治疗成本的避免，在成本中减去，也可以看成是治疗措施的效益。在这种情况下，到底应当在成本中减去还是加在效益中还存在着争议。根据 Donaldson 和 Shackley 的建议，与资源消耗有关的效益项目，不管是资源的消耗还是资源的节约，都应当放在成本一侧，如治疗方案的成本、避免的治疗措施的成本节约等；而与患者健康状态以及患者其他效用状态影响有关的效益项目则应放在效益一侧，如健康状态的改善、过程效用收益等等。

（二）效益的计量方法

根据前述效益的分类，直接效益的计量比较明确，可以根据患者接受治疗前的情况以及医疗机构的卫生服务项目收费进行估算。无形效益是对患者减少的痛苦、精神状态的恢复等健康改进进行货币表示，测量难度大，一般不考虑。间接效益要将患者减少的患病时间或者增加的劳动时间用货币表示，也存在一定的困难和争议，目前最常用的两种计量方法是人力资本法和意愿支付法。

1. 人力资本法

（1）方法简介：人力资本法是较早应用于卫生服务项目效益评估的一种方法。该方法的基本思想是将人力视为经济资本要素，而健康的人力更是优质的经济资本要素，维护和促进人力资源健康的卫生项目投入也是对人力资本的投资，该投入的产出就是患者的健康时间，而健康时间的价值在于可以将其投入到劳动市场以产生经济效益。健康时间的经济效益等于劳动力市场工资率乘以工作时间，并通过贴现求和得到整个干预方案的货币化收益。如某患者病前月工资3000元，由于患病不能工作，在接受治疗后提前一个月康复，则该治疗方案给患者带来的效益是3000元。

通过人力资本法获得的健康效益数据具有较强的客观性，计算所需的工资收入等变量能够轻易获得，采用患者提前康复避免损失的工资收入作为效益，体现了机会成本的原则。但需要注意，患者经过有效治疗可能在总的生命长度不变情况下增加健康时间，也可能会延长整个生命的长度从而增加健康时间，在延长的生命时间里，患者也会消耗社会资源，因此在进行药物经济学评价时，需要考虑是否将劳动力恢复创造的社会价值减去患者消费需要消耗的社会资源，以净效益值计。

（2）存在的问题：尽管人力资本法具有客观、简便等特点，但也存在一些问题和争议。

第一，该方法难以评估与患者劳动力改善无关的健康结果。根据人力资本法的思想，只有与生产力变化有关的健康改善才能测量效益，但现实中有很多情况的健康改善不是必然表现为生产力的变化。一种情况，有些治疗方案大大改善了患者健康状态，包括躯体功能、精神状态等，但是患者的健康状态仍不足以参加劳动，或者患者由于找不到合适的工作而仍然处于无工作状态时，人力资本法难以评价健康产出。如脑卒中患者经过治疗后可以由坐轮椅转变为能缓慢行走，但仍不能参加劳动，使用该法无法评估其健康收益。另一种情况，人力资本法对于非劳动力人群的健康改善的价值也难以评估，如老人、儿童、家庭主妇本来就不参加工作，健康状态改进后，仍然没有生产力的改变。第三种情况，如果疾病本来就对生产力的影响不大，则人力资本法也不适用，如轻度感冒患者一般不需要请假休息，也没有太多劳动力损失，则症状缓解的效益无法用人力资本法评估。

第二，用工资率代替人的生产力不合适。理论上，在一个完全竞争的市场中，雇主支付给工人的边际工资（即边际成本）等于雇佣这名工人可以带来的边际效益，此时市场工资率可以反映工人的边际生产力。但是，现实劳动市场往往不是完全竞争的，会存在性别歧视、种族歧视、血缘歧视以及信息不完全等，使得市场工资率不能精确反映出健康时间的真实货币价值。

第三，与福利经济学理论不一致，福利经济学认为“社会福利取决于组成社会的所有个人的福利；个人是他本人福利的最好判断者”。人力资本法采用市场工资率来衡量健康产出的价值，它不是消费者个人对自己劳动价值的判断，而是由市场决定的。

第四，人力资本法试图将患者健康时间的延长用货币表示，在伦理道德上让人很难接受。

2. 意愿支付法

（1）方法简介：意愿支付法（WTP）建立在健康效用理论基础上，能够测量健康改善，包括生命延长、劳动能力的恢复、疾病的治愈、身体痛苦的减轻及精神状态的改善所带来的收益。狭义的WTP只限于对健康改变的价值进行量化，而广义的WTP不仅包括对健康效益的测量，还包括对未来医疗成本的节约和缩短缺勤时间所带来的收入的货币表示。

WTP 认为人的效用由两部分组成：人的健康状况和人的收入。患者从一项卫生干预措施中得到的收益即为个人的最大支付意愿。WTP 采用问卷调查的方式，通过设立不同的假设情形，了解受访者在相应情形下的经济行为，这些行为反映的是受访者的偏好，研究者可以据此对卫生干预措施的支付意愿，即价值进行评估。

问卷调查结果的真实性和准确性在很大程度上受到调查者提问方式的影响，提问方式分为开放式和封闭式两种，各有优缺点。

开放式提问只在问卷中列出问题本身，而不向受访者提供任何的参考答案。如要了解受访者对脑卒中康复的支付意愿，直接提问“为了康复，您愿意为此支付多少钱”。这种提问方法的优点是受访者独立回答，不受调查者的影响，减少了偏倚的发生；缺点是很多受访者感到迷茫，有些受访者拒绝回答，获得的答案比较分散，为后续的数据分析带来困难。

封闭式提问不仅在问卷中列出问题本身，还提供参考答案，让受访者选择。具体的实施方法有竞标法和取舍法。竞标法类似于拍卖，针对某一具体治疗方案的健康产出，调查者先给出一个初始参考值，受访者根据自己的偏好选择是否愿意支付。若回答“是”，则增大参考值；若回答“否”，则减少参考值，如此循环，直至获得受访者愿意支付的最大值为止。竞标法的优点是操作简单，受访者的反馈率高，缺点是受访者容易受到起始参考值的影响，使调查结果出现偏倚。取舍法的调查过程相较于竞拍法更加简单。调查者针对具体的治疗方案估计支付意愿的可能范围，在该范围内随机产生一些数值作为假设的支付意愿。在实际调查时，调查者只需要询问受访者是否接受其中的一个数值即可，每个受访者只被问一次，通过对大量受访者的调查，研究者获得价格和人数的分布曲线，进而计算人们对该治疗方案的支付意愿。取舍法优点是操作简单便捷，受访者反馈率高，缺点是存在的支付意愿范围难估计，需要大量的受访者。

为了获得不同评估角度的收益，设计的问题要有所区别。从患者角度出发，设计的问题应该是：“将自身健康收益、成本的节约和未来增加的收益都考虑在内，为了使某病的发病时间从一个月缩短到一周，你愿意花费多少钱？”从社会角度出发，一般采用税收的方法，提问方式：“你愿意交额外的 n 元税款来确保所有患某病的患者（包括你自己在内）在较低的成本下使用一种新药吗？这种新药可以使患病时间由一个月缩短到一周。”

（2）存在的争议：在某种程度上说，意愿支付法是对人力资本法的改进，比人力资本法有更好的理论基础，可以根据所提问题中情景假设的不同来测量不同类型的健康产出，不只局限于患者生产力的变化和差异，能更全面、广泛、灵活地评价治疗方案对健康的效益。但是，该方法仍然存在一些争议和不足。

第一，意愿支付法受到个人支付能力的影响，如穷人愿意支付的货币量一般会明显少于富人愿意支付的货币量。由于个人支付能力之间的巨大差异，导致对同一项治疗方案的 WTP 也可能相差很大。但是，当支付额只占受访者收入的很小部分，并且受访者比较了解现金交易过程时，支付能力对 WTP 的影响也比较小。有人建议采用对不同收入人群赋予不同权重的方法，但在实际应用中仍然存在争议。

第二，测量的有效性问题，如受访者总会受到情景假设、提问方式、所提问题的牵引，不一定能真实反映患者的偏好。而且，患者的回答容易受到范围效应的影响，即当被询问的价格很大时，由于患者一般不熟悉如此大额的交易，对于价格的变化变得很不敏感，如多数患者对100～200元之间的区别很敏感，而对于10000～10100元之间的区别不敏感，尽管两种情况都相差100元。

第三，伦理情感问题。与人力资本法类似，意愿支付法也试图将人的健康变化货币化，也存在一定的伦理道德问题。

3. 其他方法

（1）显示偏好法：显示偏好法与意愿支付法类似，都是要获得个人对于某种产品或服务的偏好强度。但与意愿支付法不同的是，显示偏好法不是通过询问受访者一些假设性的问题来获得受访者偏好强度的，而是在实际购买决策行为中观察个人的偏好强度。在现实生活中，不同工作的风险程度不同，工资收入也不同，风险越高，往往收入越高，人们从事什么样的工作是在工资与风险之间进行权衡取舍后作出的决定，因此，通过观察人们在不同工作之间的选择，可以评价他们对健康状态的偏好，该方法也称工资-风险法。例如有两份类似的工作A和B，A的工资水平为每年70000元，与工作相关的致命伤害风险为2‰，B的工资水平为每年65000元，与工作相关的致命伤害风险为1‰。若选择工作B，则相当于愿意用每年5000元的代价来规避1‰的死亡风险，则显示的对生命价值的估计为（70000－65000）/（2‰－1‰）＝500万元。

显示偏好法的优点在于，它是基于人们对收益和风险进行审慎评估后作出的真实选择，而不是基于一系列的假设，存在的不确定性较少。缺点在于：①人们对工作的选择不仅限于对工资和风险的评估，还包括诸多因素，而研究者很难剔除这些混杂因素的影响；②所测得的偏好的变化范围较大，受具体工作类型的影响明显；③人们对于职业风险的理解并不一定正确和全面，这也导致所测的数据可能存在偏倚；④该方法只能用于有限的几类与工作有关的健康结果的评估。

（2）联合分析法：联合分析是一种相对较新的经济评价方法，它可以用于间接评估患者、医师、决策者的支付意愿和偏好。

联合分析法实施的基本步骤如下：①根据医师或患者的经验判断某疾病治疗过程中对患者的效用有明显影响的属性或因素，如药物剂型、给药频率、治疗周期、不良反应风险、治疗效果以及该方案的费用等；②确定各个属性或因素的水平：根据具体的药物剂型、给药次数、治疗时间等临床实际情况或预期水平确定，如药物剂型分为汤剂、颗粒剂、胶囊剂等，治疗效果分为有效、显效和无效等；③拟定待评的虚拟治疗方案集，即依据属性或因素及其水平列出的组合，为简化研究过程，可采用正交设计等方法得到较少的方案；④询问受访者，测量受访者对每种虚拟方案的购买意愿；⑤运用统计方法进行数据分析，并由此获得每一个属性的重要程度，以及每一个特征水平的效用，包括费用即支付意愿。

相对于直接测量受访者陈述偏好的意愿支付法，联合分析法不要求受访者直接回答其支付意愿，而是通过对待评价项目或方案属性的分解和重新组合，用多重观察指标来测量受访者对具体属性的偏好，通过回归等统计分析技术估计受访者对各属性的效用值，进而得到方案的总效用值和支付意愿，因此，具有较好的内部有效性和技术上的一致性。另外，联合分析法可衡量项目或方案的各个属性的权重，具有更广泛的应用。基于上述原因，联合分析法正日益受到研究者的青睐和重视，但是，由于联合分析实质上是集方案设计、数据收集和统计分析为一体的技术方法，实际应用时技术操作难度较大，且有待于研究工具与研究方法的进一步发展。

第二节　效果的识别与计量

一、效果的定义与分类

（一）效果的定义

效果是以临床指标计量的收益，在药物经济学中，医疗措施改善了个体患者或人群的健康结果或健康状况，并非所有情况下的收益都能货币化计量，用临床结果而非货币单位表示的健康结果就是效果。效果是医疗卫生服务及药物治疗的直接临床结果，如治愈率、有效率、死亡率、延长的生命年、生理生化指标（如血压、血糖、血脂）和影像学指标（如 X 线或 CT 显示肺癌大小的变化）等。

（二）效果的分类

计量效果的指标根据不同的需要可以进行不同种类的划分。

1. 终点指标和中间指标

（1）终点指标：一般是指反映预防和临床药物治疗的长期效果指标。例如：治愈率、死亡率、伤残率、获得的生命年等。终点指标能够反映治疗的最终效果。如评价急性病干预方案效果时，用治愈率、症状消除率、病死率等指标；评价慢性病干预方案效果时，如研究器官移植后免疫抑制剂的治疗效果，常用移植物或宿主存活率、移植物急性或慢性排斥反应发生率、不良反应发生率等指标。研究心血管疾病干预方案的治疗效果，常用急性心肌梗死发生率，非致死性心肌梗死发生率，非致死性卒中发生率，总死亡率或心血管事件死亡率，减少糖尿病、白内障及肾病等并发症发生率等指标。总体上，观察终点指标的临床试验需要样本量大，研究耗时长，费用高，试验难度大，但能直接反映患者最终是否受益。

（2）中间指标：又称替代指标，一般是指预防和临床治疗的短期效果指标。例如：实验室检测结果、仪器或影像学检测结果（包括血压、血糖、血脂或其他生理、生化、免疫学等指标，或 X 线、CT 及 MRI 检测的结果）。中间指标通常在无法直接测量最终指标时，间接反映临床结果。如血压降低值可作为血压下降的指标，血糖降低值作为糖尿病治疗的指标等。获得中间指标，通常耗时较短（可以较快速地反映疗效），简便、经济（节约长期随访成本），特别是研究慢性疾病防治效果时优势突出，因此应用广泛。但是中间指标作为临床效果指标存在一定的缺陷，一是只能在狭小的范围内进行非常有限的评价；二是采用中间指标必须有足够证据支持其与临床终点结局有关，并可预测疾病结局。中间指标选择不当有可能导致错误估计干预措施对临床最终结局的作用。如，对心肌梗死患者患有心律失常者应用抗心律失常药物，虽然心律失常症状减少了，但却会导致病死率增加。

2. 硬指标和软指标　按照效果指标受主观偏倚影响的程度分成硬指标、软指标以及介于两者之间的指标。

硬指标，指受主观因素和测量偏倚影响较小的指标，如治愈率、生存率、死亡率、伤残率、实验室或影像学检查结果等。

软指标，指易受主观因素影响的指标，如某些症状或情绪指标（疼痛、焦虑等）。

还有一类指标介于软硬之间，如一些病理学指标，既是客观的组织病理切片，也依赖于病理学家的经验和主观判断。这类指标对疾病进展和预后具有重要意义，也是有效和可靠的结果指标。

当然，任何一种指标的测量都具有测量偏倚，包括硬指标的测量，关键在于对测量偏倚的控制和预防。

二、效果的识别与计量方法

（一）效果的识别

1. 效果的识别原则

（1）理想的效果指标应具备的特征：①相关性：即该指标对该疾病有重要的临床价值；②有效性：即该指标确实能反映医疗卫生服务和药物治疗方案和干预措施的治疗效果；③可量化：即可用合适的方法进行定量和半定量处理，从而更确切地反映目标，更好地反映目标实现的程度，便于分析与比较；④客观性：即指标不受主观倾向的影响，不同的测试者可得到一致的结果；⑤可靠性：即在不同的时间和地点对同一种情况实施干预措施所得出的结果是一样的，经得起重复；⑥灵敏性：即指标能及时、准确地反映药物治疗的效果，反映卫生和健康状况的变化；⑦特异性：即指标只反映某种干预措施的效果及变化，非此不反映。

并非所有的效果指标都能满足上述特征，但是上述特征为研究者的选择提供了方向。

（2）临床试验与药物经济学研究中通常优选终点指标，尽可能避免使用中间指标作为产出的测量。若不得不使用中间指标时，理想的中间指标应具备以下特征：①测量相对简便，没有侵入性操作且能反映治疗的真实效果；②与研究定义的终点指标有较强的相关性，它既可以作为终点指标的一部分，也可以是接近终点指标的中间过程；③能与终点指标产生同样的推论，即干预措施与中间指标之间的统计学联系应和终点指标的统计学联系一致，即使终点指标发生的概率很小。

（3）多个指标和单一指标：单一的效果指标能够缩小分析的范围，但说服力小。把多个效果指标综合，可能得出的结论不一致，而使总体结论变得没有说服力。这时可以考虑选择其他可测量的综合效果指标，把不一致的效果指标有机地结合起来。

2. 效果识别中需要注意的问题

（1）效果与功效的区别：药物经济学研究的效果指标与临床试验中的功效指标是有区别的。功效是药物在严格条件控制下的表现，必须根据严格设计，包括对受试者严格的纳入排除标准筛选、严格的试验控制、严密的结果测量等，由研究经验丰富的临床医师管理，所得到的结果是一种理想化状态，会影响研究结果的外推性。效果更倾向于一种药物在实际情况下的作用，所调查的患者范围更广泛，患者接受的信息相对更少，依从性相对较差，且易受许多并发症和其他药物的影响，效果更能反映临床实际情况。

理论上药物经济学研究应该使用效果指标，但新药上市前通常只能获得Ⅲ期临床试验的功效数据，因此新药上市前进行的药物经济学研究只能采用模型法把功效外推到效果，新药上市后才能收集效果数据来检验模型研究的结果。

（2）临床研究结果与药物经济学分析效果的区别：经济学分析一般使用临床研究结果指标作为成本—效果分析的产出指标，包括中间指标和终点指标。但临床研究的终点指标与经济学评价理想的终点指标可能不一致。这是由于临床分析的目的与经济学分析目标不一致，如临床分析的重点是相对治疗差别（如相对危险度，RR），而经济学分析的重点是绝对治疗差别（如减少不利时间的人数）。

（3）传统的药物经济学评价采用单个效果指标作为临床产出指标，可能使中药处于不利地位，因为中医把人体看作一个有机联系的整体，在治疗疾病时多采用整体治疗，可能在单个效果指标上不明显。

（二）效果的计量

效果的计量是一个标准化观察和测量复杂临床治疗结果的过程。其步骤如下：

（1）明确并细化研究目标：只有明确了研究目的，才能选择适宜的效果指标和测量工具，可以参考循证医学研究中常采用的 PICO 原则：P（patient or population）即个体患者还是群体患者；I（intervention）即干预措施，不同的药物；C（comparison）即比较措施，对照组；O（outcome）即结果指标，对目标细化，从而确定研究目标。

（2）确定观察角度：要明确其服务对象，考虑结果信息的使用者及其关注的问题，如患者、医疗机构、保险机构和决策者可能对不同的健康结果数据有不同的兴趣和需求。

（3）定义效果计量的内容：通常药物经济学评价研究的是药物治疗措施干预后，随时间变化（随访）而产生健康结果的变化情况。提倡从社会角度进行分析，因此不仅需要关注患者个体健康状况的变化，如临床症状、疾病严重程度、生存率/死亡率、不良反应发生率等，还要了解药物干预是否改善了患者的社会功能（如日常生活和工作能力等）；更广泛的角度是从人道主义角度考虑，包括患者的活力、行为和患者对自主权等的关注，只是这些结果的测量更为困难。

（4）确定效果指标：效果的测量首先根据研究的目的、内容和对象，选择有关的效果测量指标，效果测量指标选择的正确与否直接影响对卫生服务和药物治疗的经济学评价。不同的疾病有不同的临床症状和体征，有各种物理和生化检验的项目和指标，根据效果指标识别的要求和药物治疗或临床试验观察随访的终点，选择适当的指标，并对指标进行测量。

一般情况下，对于急性病药物治疗经济学评价，其效果指标常用的有治愈率、好转率、病死率、药物不良反应发生率、并发症发生率、疾病治愈或康复的时间，以及有关的生理生化指标。对于慢性病药物治疗的经济学评价，药物治疗的效果往往需要一段相当长的时间才能反映出来。短期内评价慢性病药物治疗的效果，一般选用生理和生化指标较多。如高血压、糖尿病等，治愈率、病死率等效果指标往往不是恰当或敏感的指标，而对于高血压患者收缩压和舒张压降低的幅度、血脂和血清胆固醇等生化指标的改变就可能是较好的效果评价指标；对于糖尿病患者，血糖、尿糖等指标可能是主要的评价指标。作为慢性病药物治疗的长期或最终效果的评价，除了生理生化指标之外，总死亡率、某病死亡率、期望寿命、年生存率、并发症的发生率等，都是可选择的效果评价指标。

（5）确定数据来源：研究者需要考虑效果数据的不同来源可能带来的偏倚，如来自患者（或患者家属）自我报告、医师观察/测量、其他人员（实验室人员）提供等。这是因为效果指标的计量和评价易受主观因素影响，即使是“硬指标”，也可能存在测量偏倚，且所有结果都需要人进行计量或解释，这些都可能带来主观偏倚。

（6）选择合适的效果计量工具：根据不同的研究目的、研究类型、效果指标，需要选择不同的效果计量工具。任何一种计量工具都有优点和缺点，选择时需要考虑该工具能否满足研究目的和研究的需要，能否真实反映患者的疾病变化情况，临床上是否可获得简单、可行和可靠的计量工具，是否可采用疾病或条件特异的计量工具来计量，该工具计量的结果是否可用于不同研究间的比较。另外，选择测量工具时还要考虑患者的期望、价值观和选择。

如：乳腺肿物的检测主要有彩超和钼靶两种工具，由于作用原理不同，两者各有优缺点，适用人群也不同，应根据具体情况选用。青年女性采用乳房彩超对肿块的辨识度高，还能分辨肿块是囊性还是实性，检查肿块的边界，查看肿块血流情况等；而中老年女性照钼靶的适应性更强，能看出彩超难以分辨的钙化点，而且更全面、更客观。

（7）设计合适的效果数据采集表格：采集数据时需要把患者一般情况（年龄、性别、基础疾病等）、患者接受的干预措施、患者的治疗反应及研究者的评定结果等内容清晰地登记在研究表格上。设计良好的数据采集表不仅便于研究者填写，能收集到准确完整的数据，而且便于数据管理，减少错误概率。

若从原始临床研究（如随机对照试验、队列研究、病例对照研究等）中提取数据，常采用病例报告表（CRF），此表常用于临床试验或药物经济学研究，可同步收集成本和效果的资料，有纸质版和电子版两种形式，临床常用纸质版病例报告表。若效果数据来自于二次研究（如 Cochrane 系统评价或 Meta 分析），常采用专门的数据提取表（DEF）。数据提取表相对比较简单，可直接从系统评价或 Meta 分析中提取干预方案的效果指标，多用于药物经济学研究的模型分析，且设计等基本原则与病例报告表类似。

（8）获得数据：数据的真实、准确、可靠、可信是药物经济学研究和评价的基础，只有准确、完整的数据才能够得出正确的统计分析结果。

第三节 效用的识别与计量

一、效用的定义与分类

（一）效用的定义

效用一词来源于经济学，指产品或服务满足人们欲望和需求的能力或满足程度。效用不是事物的客观属性，而是消费者对产品和服务满足自己需要的一种心理感受和主观评价，或者说是某种状况下的偏好，因而也被称为主观效用。在医疗卫生领域，效用是指人们对医疗卫生服务和药物治疗所带来的自身健康状况改善和提高的满意程度，是个体对自身健康状况的一种主观评价结果。例如：两个 50 岁的脑卒中患者在实施治疗方案后，一个恢复活动能力，一个长期瘫痪，都多生存了 5 年，从效果上看延长的生命年是相等的，但从主观满意程度即效用上看却是大不相同。效用取决于两个因素，一是生命质量，即人们对某种健康状况的偏好程度，用健康效用值或生命质量权重衡量；一是生命数量，即在该健康状况下生存的时间。

一般设定死亡状态的健康效用值为 0，完全健康状态效用值为 1，若某种健康状态比死亡还要差，则其效用值为负。健康状况越糟糕，则健康效用值越低。非完全健康状态的效用值通常是在以完全健康和死亡为参照下测得的人们对其的偏好程度。完全健康要参照 1957 年世界卫生组织在回顾十周年工作大会上的定义：“健康不仅仅是没有疾病或虚弱，而且是指个体在生理、心理和社会方面处于一种良好的状态。”这一定义强调人类对健康的认识已经从生物学领域扩展到心理学和社会学领域。

（二）效用的分类

效用包含了人们对生命数量的重视，更包含了对生命质量的重视，应用效用理论反映医疗卫生服务和药物治疗收益的指标主要有质量调整生命年（QALY）和质量调整期望寿命（QALE）。

（1）质量调整生命年：质量调整生命年指用健康效用值作为生命质量权重调整后的生存年数，具体为在某健康状态下生活的年数与该状态下健康效应值的乘积。如某脑卒中患者治愈后长期瘫痪，其健康效用值为 0.5，在该状态下生活 10 年，其质量调整生命年为 10×0.5＝5 年，相当于在完全健康状态下生活 5 年。

（2）质量调整期望寿命：质量调整期望寿命指用健康效用值作为生命质量权重调整后的预期寿命，具体为预期寿命与这段时间内健康效用值的乘积。如 2015 年，北京市户籍居民人均期望寿命为 81.95 岁，18 岁组男性期望寿命为 63.95 剩余年，经调查全市 18 岁男性的健康效用值为 0.698，则质量调整期望寿命为 44.64 年，即这一人群在 63.95 年的剩余生命里，有 44.64 年是完全健康的，有 19.31 年将在疾病或残疾状态下度过。

质量调整生命年和质量调整期望寿命指标不仅考虑人的寿命长短，而且考虑人活着时的生存质量。这是对死亡率或期望寿命指标的发展与补充，是数量和质量指标的结合，可以更全面、更准确地反映医疗卫生服务和药品治疗的结果。质量调整生命年用剩余的生命年数来表示生命的数量，得到的是个人的效用值。质量调整期望寿命是用预期寿命表示生命的数量，同一年龄组人群的预期寿命相同，因此得到的是社会整体层面的人群效用值。

（3）伤残调整生命年：在流行病学中还有一个指标即伤残调整生命年（DALY），该指标计算的是因疾病死亡和失能而损失的健康生命年，包括提前死亡所致的寿命损失年和伤残引起的寿命损失年两部分。《2014 全球成瘾行为数据统计报告》指出，全球由于喝酒丧失的伤残调整生命年数目大约每年达到 257/100000。该数据是每年因过度喝酒引起的身体不适、残疾及早逝人数比例。

伤残调整生命年与质量调整生命年反映的是健康的两个方面，前者是损失掉的生命年，后者是尚保留的生命年。伤残调整生命年指标不仅考虑死亡所造成人的寿命的损失，而且考虑疾病和其他因素所造成人的健康损失，是指将死亡指标和伤残指标结合在一起，考虑各种影响因素的综合结果指标，常被用于不同国家、不同地区、不同人群之间的健康状况的比较，能较好地适用于评价疾病负担。同样，健康或功能的权重系数的确定由人们对自己健康和生活质量的满意程度来判定。

二、效用的识别与计量方法

效用的识别和计量关键在于如何测量用于计算质量调整生命年的健康效用值。效用值的测量方法有直接测量和间接测量方法。

（一）直接测量方法

1. 等级评分法　等级评分法要求被测试者在线段或标尺上标示位置，用以代表他对生命质量的满意程度，依据标示的位置比例可以确定其健康效用值。评价标尺可采用直线标尺或温度计图示（见图 4-1），一端是最差健康状态（0），另一端是完全健康状态（100）。患者根据自己的健康状况，参照两个端点找一个能反映自己健康状况的点。如果标示在中间位置，则效用值为 0.5。

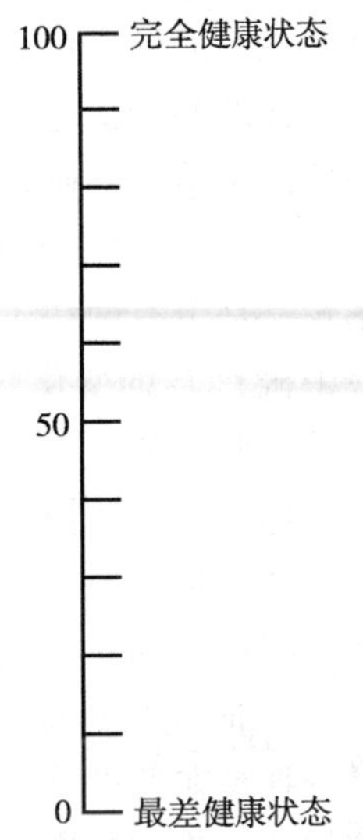

图 4-1　等级评分法标尺

等级评分法直观、简便、易行，但评分值仅依靠个人判断得出，精确度低，提供信息广度有限，但是如果实际应用中受访者能较好地理解该方法的适用性及终点的意义，可避免偏差，获得满意的结果。

2. 量值评估法　量值评估法是让受访者比较两种健康状态的优劣，在比较过程中，受访者必须标明一个状态比另一个状态差多少。量值评估法是一种常见的心理测试方法，心理学家相信这种方法会产生比值尺度分值。具体实施时，先选择一个特定的状态为标准状态，指定一个特殊的数值，然后其他状态相对于标准进行打分。例如：假定某患者活动受限于床上，失去社会活动能力为标准状态，数值为 0.5，没有知觉状态可被认为只有标准状态的 1/5，那么数值为 0.1；没有失去社会活动能力可被认为是标准状态的 2 倍，那么数值为 1。最后根据评价对象，将所有受访者的打分都标准化成一个常用尺度，用几何平均数进行合计。

量值评估法的优点是提供了一种直接的主观比值的估计，具有比值尺度的性质。缺点在于该法不是基于任何特定的度量理论，只是通过表面的有效性而取得的，数值的意义也有待商榷。

3. 标准博弈法　标准博弈法是起源于决策理论中对偏好量度的经典方法。该法的本质是受访者在某种结果和概率之间的选择，如图 4-2 所示。在两种备选方案之间作出选择，选择 2，可以以确定的某种健康状态 2 生活（需要测量的非完全健康状态）；选择 1 是对一种治疗方案博弈，由于治疗结果的不确定性，存在两种可能，一是治疗成功，患者

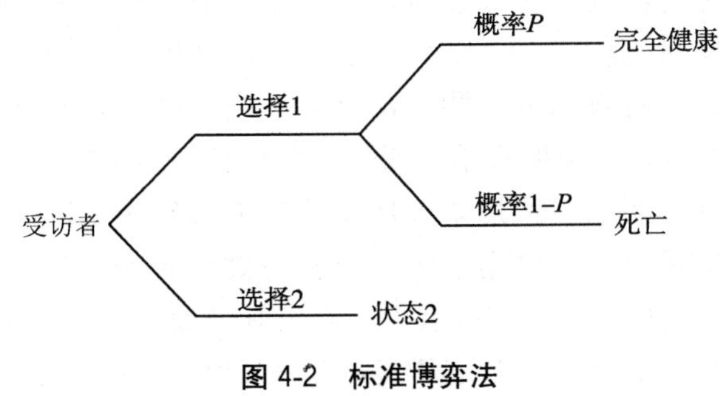

图 4-2　标准博弈法

得到康复，并健康地生活一定年限，概率为 P，二是治疗失败，患者会立即死亡，概率为 $1-P$。显然，如果概率 P 为 1，即接受某一治疗后，能保证完全恢复健康，则任何理性的受访者都会选择 1；若概率为 0，即治疗结果只能是死亡，则任何理性的受访者都会选择 2。改变概率 P 的大小，直至受访者认为选择 1、2 没有差别时，此时的 P 值即为所测量状态 2 的效用值。受访者对状态 2 越不偏好，则测得的概率 P 值越小，反之亦然。

标准博弈法是在一种包含了概率的不确定结果及另一种确定结果之间的博弈，任何理性的决策者对确定结果的偏好都介于对不确定结果中最好和最坏可能的偏好之间。应用该法时需确保受访者能理解概率的含义。通常在实际操作中会借助于“概率轮”。“概率轮”是带有两块不同颜色、可转动的圆盘，通过调节两种颜色的大小来表示不确定选择中概率 P 的变化。使用“概率轮”时，往往从确定的 1 或 0 开始，然后移动圆盘，逐步缩小概率范围，直到受访者认为选择 1、2 没有差别为止。

标准博弈法按照期望效用理论，提供不确定条件下的决策，人们曾认为是健康状态测量的“金标准”，得到的效用值是最精确的。但是该法操作繁琐，对大多数受访者来说理解困难，漏答率高。

4. 时间权衡法　时间权衡法是标准博弈法的替代方法，也要求受访者作出选择，不过选择是在两种确定的备选方案之间作出，而不是在一个确定结果和一种博弈之间作出。例如：要确定某慢性疾病的效用值，让受访者作出选择，以慢性疾病状态生存 t 年（即该病的期望寿命）后死亡，还是以完全健康状态生存 x 年（$x<t$）后死亡。不断改变时间 x，直至受访者在这两种选择之间没有差异时为止。这时慢性疾病状态的效用值为 x/t。

时间权衡法由于给出了在完全健康状态下生存的时间，换言之，它折算了不同的健康状态，使生存时间和其价值综合在一个单一的指标中，它似乎与质量调整生命年的概念更相符，更易被人们接受。时间权衡法说明：在某种残疾的情况下生存多年，不如在完全健康状态下少活几年。

（二）间接测量方法

健康效用值可以通过建立了效用值积分体系的生命质量量表间接测量得到。效用值积分体系与生命质量量表配套使用，可以将量表中对健康状态的定性测量结果转换为健康效用值。该体系是通过标准博弈法、时间权衡法等建立的一套表格或算法，其构建的基本思路是选取一定数量有代表性的人群直接测量量表中少数健康状态的效用值，再根据多维效用函数或计量经济学方法建立合适的模型以预测所有健康状态的效用值。

通过大量的研究和实践，总结、归纳和选择具有较高信度、效度和反应度的生命质量测量量表作为标准化测量量表，对被调查人群接受卫生服务和药品治疗等干预措施前后的健康状况和生命质量进行测量，结果可靠，不同地区、不同人群测量的结果可以进行比较。应用标准化量表对效用进行测量，具有客观性强、可比性好、程式标准化、易于操作等优点。生命质量量表根据应用范围分为两大类：通用量表和疾病专用量表。

1. 通用生存质量测量量表　通用量表用于普通人群健康状况的测量，适用于社会学和经济学领域的生存质量测量，也用于区分患病与健康人群，是一种多维度的量表。如世界卫生组织生存质量测量量表 WHOQOL-100 及其简表 WHOQOL-BREF、医学结果研究普适性测量量表 MOS SF-36、欧洲五维健康量表 EQ-5D 等，见表 4-1。

表 4-1　常见通用生存质量测量量表

量表名称	内容简介	特　点
WHOQOL-100	包括 6 个维度：生理、心理、独立程度、社会关系、环境、个人信念，24 个方面的内容，共 100 个问题	从现代对健康的定义出发，具有跨文化性和广泛的适用性，既客观又符合心理计量编制量表的原则
MOS SF-36	包含 36 个问题，含躯体功能、躯体角色、躯体疼痛、总的健康状况、活力、社会功能、情绪角色和心理卫生 8 个领域	回答量表所需时间短，信度、效度好，灵敏度高
EQ-5D	包含 5 个维度：行动能力、自我照顾、一般活动、疼痛不适、情绪。在每一维度内，各有 3 个从轻到重程度的选项；有一类似温度计的健康状况测量视觉图	简单明了，图形化，可获得单一指数，易于操作，应用面广，可信度高
诺丁汉健康调查表	包括两部分共 45 个问题。6 个方面（38 条）的个人体检（睡眠、身体活动、精力、疾病、情绪反应和社会孤独感）和 7 个方面（7 条）的日常生活活动（职业、家务、社会生活、家庭生活、性活动、嗜好和休假）	应用广泛，回答问题简单，良好的可信度和效度，灵敏度不高
Kaplan 生命质量指数	包括有关患者日常生活活动的内容，如移动性、生理活动和社会活动等方面，每个方面下设 3～5 个等级描述，由 21 个症状及健康问题的条目构成	信度、效度好，应用广泛，可获得单一指数

目前世界卫生组织生存质量测量量表 WHOQOL-100 及其简表 WHOQOL-BREF，已被公认为是一种具有较高信度、效度和反映度的生存质量测量量表，其中文版已被我国政府列为卫生行业标准。WHOQOL-100 内容较多，表 4-2 列出 WHOQOL-BREF 的内容，供参考。

表 4-2　世界卫生组织生存质量测定简表（WHOQOL-BREF）

以下问题涉及您对生存质量、健康或生活其他方面的看法。在我读出每一个问题的同时，请您作出选择。请选择最恰当的答案。如果您暂时不能确定，则头脑中的第一反应往往是最正确的。
所有问题都请您按照自己的标准、愿望或自己的感觉来回答。注意所有问题都是您最近 4 周内的情况。

		很差	差	一般	好	很好
1.	您如何评价您的生存质量?	1	2	3	4	5

		很不满意	不满意	一般	满意	很满意
2.	您对自己健康状况满意吗?	1	2	3	4	5

下列问题是有关您在过去 4 周中经历某些事情的感觉。

		根本没有	有点	中等	很大	极其
3.	您因躯体疼痛而妨碍去做需要做的事感到有多烦恼?	5	4	3	2	1
4.	您对保持日常生活的医学治疗的需求程度有多大?	5	4	3	2	1
5.	您觉得生活有乐趣吗?	1	2	3	4	5
6.	您觉得自己的生活有意义吗?	1	2	3	4	5

续表

		根本不	有点	中等	很大	极其
7.	您能集中注意力吗?	1	2	3	4	5
8.	日常生活中您感觉安全吗?	1	2	3	4	5
9.	您的生活环境对健康好吗?	1	2	3	4	5

下列问题是有关您在过去 4 周中做某些事情的能力。

		根本没有	有点	中等	多数有（能）	完全有（能）
10.	您有充沛的精力去应付日常生活吗?	1	2	3	4	5
11.	您认为自己的外形过得去吗?	1	2	3	4	5
12.	您有足够的钱来满足您的需要吗?	1	2	3	4	5
13.	在日常生活中，您需要的信息都能得到吗?	1	2	3	4	5
14.	您有机会进行休闲活动吗?	1	2	3	4	5

		很差	差	一般	好	很好
15.	您行动的能力如何?	1	2	3	4	5

		很不满意	不满意	一般	满意	很满意
16.	您对自己的睡眠状况满意吗?	1	2	3	4	5
17.	您对自己做日常生活事情的能力满意吗?	1	2	3	4	5
18.	您对自己的工作能力满意吗?	1	2	3	4	5
19.	您对自己满意吗?	1	2	3	4	5
20.	您对自己的人际关系满意吗?	1	2	3	4	5
21.	您对自己的性生活满意吗?	1	2	3	4	5
22.	您对自己从朋友那里得到的支持满意吗?	1	2	3	4	5
23.	您对自己居住地的条件满意吗?	1	2	3	4	5
24.	您对您能享受到的卫生保健服务满意吗?	1	2	3	4	5
25.	您对自己的交通状况满意吗?	1	2	3	4	5

下列问题是关于您在过去 4 周中经历某些事情的频繁程度。

		从不	很少	有时	经常	总是
26.	您有消极感受吗? 如情绪低落、绝望、焦虑、忧郁。	5	4	3	2	1

您需要对以上评估进行解释吗？

下列表格应在访谈结束后完成。

		领域分计算式	原始分值	转换分值	
				4～20	0～100
27.	领域 1	（6-Q_3）+（6-Q_4）+ Q_{10} + Q_{15} + Q_{16} + Q_{17} + Q_{18} □+□+□+□+□+□+□	a=	b：	c：
28.	领域 2	Q_5 + Q_6 + Q_7 + Q_{11} + Q_{19} +（6-Q_{26}） □+□+□+□+□+□	a=	b：	c：
29.	领域 3	Q_{20} + Q_{21} + Q_{22} □+□+□	a=	b：	c：
30.	领域 4	Q_8 + Q_9 + Q_{12} + Q_{13} + Q_{14} + Q_{23} + Q_{24} + Q_{25} □+□+□+□+□+□+□+□	a=	b：	c：

2. 特异性生存质量测量量表　该表用于特定疾病或疾病特征人群生存质量的测量，主要有：

（1）癌症患者量表，如癌症患者核心量表 QLQ-C30、肺癌子量表 QLQ-LC13、乳腺癌子量表 QLQ-BR24、食管癌子量表 QLQ-OES24 等，子量表必须与核心量表同时应用；

（2）慢性病患者量表，如糖尿病患者量表 DCCT、慢性阻塞性肺疾病患者量表 COPD 等；

（3）老年人、残疾者量表，如老人综合评价量表 COPE、ADL 等；

（4）吸毒者、劳改者等特殊人群量表，如 QOL-DA 等；

（5）妇女绝经期生命质量量表。

国外各种特异性生存质量测量量表许多都是根据本国居民和疾病情况制定的，由于种族、生活习惯以及文化和认知的不同，在应用时应充分注意到这点。为发展我国的卫生事业和提高人民健康水平，在学习和借鉴国外比较成熟的特异性生存质量测量量表的同时，应不断完善和研制适合我国人群的生存质量中文版量表，测定其信度、效度和正常值。

（三）中医药在进行效用计量时的注意事项

中医在治疗疾病时不仅治疗表现于外的症，更通过症以辨别出证和病，对患者进行内在的整体治疗。可以说，辨证论治不但能治疗本次表现出来的体表症状，更能防止潜在的同证他病的发生。总而言之中医的整体施治更易于提高患者的生命质量。因此对于中药的评价，使用效用指标更合理。

在遵循 WHO 量表制定原则的基础上，采用现代生存质量量表制定有中医药特色的，可应用于中医药治疗各种疾病的生存质量量表，将是中药药物经济学效用测量的重要任务。

（张师愚　郑　琳）

参考文献

1. 刘国恩．中国药物经济学评价指南及导读（2015 版）．北京：科学出版社，2014.
2. 李明辉，刘国恩．中药经济学评价的意义与特点．中国药物经济学，2009，3：11-14.
3. 胡善联．药物经济学．北京：高等教育出版社，2012.
4. 北京市卫计委．《北京市卫生与人群健康状况报告》．2016 年 6 月 29 日．

第五章　药物经济学评价方法

卫生费用增长的主要驱动力之一是药品的科技创新速度和新药的价格攀升，为了控制医药费用的日益增长和优化卫生资源的利用，越来越多的国家鼓励对新药开展经济学评价。药物经济学评价不仅注重药物治疗的成本，同时也关注药物治疗的结果，在控制药品费用方面具有较强的科学性和可接受性，能够确保进入报销目录的药品具有临床疗效和成本效果两方面优势。药物经济学评价作为一种提高药品资源配置的决策工具，在药品价格和补偿决策中得到越来越多的应用。

第一节　药物经济学评价理论体系

一、定义

药物经济学评价（pharmacoeconomics evaluations）是药物经济学研究的重要内容和研究工具，是20世纪60、70年代发展起来的一门综合性应用学科。它是应用经济学原理与方法，结合药学、医学、流行病学、生物统计学、决策学等多学科研究成果，通过识别、测量和比较不同药物、治疗方案及卫生服务项目的成本和社会经济效果，有效提高医药卫生资源的配置和利用效率的评价技术。

药物经济学评价的主要任务是系统、科学地比较分析药物治疗的相对经济成本和综合收益，进而形成科学决策所需的优选方案，以期提高医药卫生资源使用的总体效率。

药物经济学评价是建立在经济学评价理论和方法的基础上并结合医疗卫生领域的特殊性而发展起来的。经济学评价理论与方法已经相对成熟，并被广泛地应用于各个领域。药物经济学评价是运用经济学评价理论与方法解决医药领域的问题。虽然药物经济学拥有着不同于一般领域的诸多医药卫生领域的特色，但它毕竟隶属于经济学评价范畴，因此，药物经济学评价与经济学评价存在着必然的内在联系以及诸多的共同或相似之处。

经济学评价具有两个基本特征：首先，针对一项活动或项目的考察和分析主要是从成本和收益两大方面进行。成本（cost）是为达成一事或获得一物所必须付出或已经付出的代价，通常以货币形式予以计量。收益（profit）是指有利的或有益的结果（并不是活动或项目所产生的全部结果，而是其中所期望的结果）。其次，经济学评价关注的是选择。资源的稀缺性要求我们必须在配置资源时作出选择，选择可以根据很多标准作出，这些标准有时候是清晰明确的，但多数时候是不清晰的。经济学评价的目的就是识别并制定出一套很明确的标准，以帮助决定如何在不同的使用途径中分配稀缺的资源。

根据经济学评价这两个特征，经济学评价可定义为“对可供选择的活动过程的成本和结果进行比较性分析”。因此，任何一个经济学评价的基本任务都包括识别、测量、估价和比较可供选择的活动过程的成本和结果产出。

我们可以依据经济学评价的如下两个特征来区分药物经济学评价的研究：①是否对两个或多个备选方案进行了比较；②是否对备选方案的成本（投入）和结果（产出）都进行了研究。

在表 5-1 中，单元格 1A、1B 和 2 只是对某单一方案进行评价，没有对可备选方案进行比较，因此只是对服务或项目进行了描述，1A 和 1B 这种只对成本或结果进行研究的评估被称为“成本描述”或“结果描述”。单元格 2 中，某单一服务或项目的成本和结果均被描述，被称为“成本—结果描述”，这些研究不能称为完全的经济学评价。单元格 3A 和 3B 对两个或更多的备选方案进行了比较，但在比较时都没有同时研究成本和结果。3A 只对备选方案的结果进行了比较，称为“效力或效果评价”，很多临床试验都属于此类研究。3B 只研究了备选方案的成本，称为“成本分析”。

显然，上述研究都没有包括经济学评价所需要的完整的两个特征，因而这些研究都属于“部分评价”，而非完整的经济学评价。虽然这些研究可以为我们对药物治疗方案的成本和结果提供重要的中间阶段的内容，但是“部分评价”的研究仍无法回答效率的问题，因此，需要应用单元格 4 中的完整经济学评价所列出的方法进行研究。

表 5-1　识别经济学评价的特征

<table>
<tr><td></td><td colspan="4">是否对备选方案的成本（投入）和结果（产出）都进行了研究?</td></tr>
<tr><td rowspan="6">是否对两个或两个以上的方案进行了比较</td><td rowspan="4">否</td><td colspan="2">否</td><td>是</td></tr>
<tr><td>只研究结果</td><td>只研究成本</td><td></td></tr>
<tr><td colspan="2">1 部分评价</td><td>2 部分评价</td></tr>
<tr><td>1A
结果描述</td><td>1B
成本描述</td><td>成本—结果描述</td></tr>
<tr><td rowspan="2">是</td><td>3 部分评价</td><td></td><td>4 完整经济学评价</td></tr>
<tr><td>3A
效力或效果评估</td><td>3B
成本分析</td><td>成本—效果分析
成本—效用分析
成本—收益分析</td></tr>
</table>

资料来源：Drummond MF，Sculpher MJ，Torrance GW，et al. 卫生保健项目经济学评估方法．第 3 版．李士雪主译．北京：人民卫生出版社，2008.

二、方法

（一）药物经济学评价方法

药物经济学评价的常用方法包括：成本—效益分析（cost-benefit analysis，CBA）、成本—效果分析（cost-effectiveness analysis，CEA）、成本—效用分析（cost-utility analysis，CUA）及最小成本分析（cost-minimization analysis，CMA）又称成本分析（cost analysis，CA），这些方法均源自经济学评价。

在经济学评价中，用于不同方案经济效果的评价指标有很多。按照最常见的分类方式可将常用的经济评价指标分为三大类：时间性指标、价值性指标、效率性指标。时间性指标是用时间来衡量项目对所投资金的回收或清偿能力；价值性指标反映项目的净收益绝对量大小，即反映项目的获利能力；效率性指标反映单位资金的获利能力，即项目资金的使用效率。

药物经济学评价中最早使用的方法是成本—效益分析，它来自经济学评价中效率性指标中的效益-成本比指标。由于一般领域经济评价中效益-成本比指标的测算需要将成本和收益全部货币化计量，而医药领域项目的收益通常关系人的生命和健康等难以货币化计量的内容，因此，人们尝试着用效果（临床效果指标，如挽救的生命数、治愈的病例数、高血压降值等）或效用（人们在消费医药商品和服务时所感受到的满足程度，通常可将其转化为质量调整生命年或其他指标予以计量）指标来计量干预项目或方案的收益，因此形成了药物经济学评价所特有的方法：成本--效果分析和成本—效用分析。最小成本分析可看作是成本—效益分析、成本—效果分析、成本—效用分析在收益相同情况下的特例，属于效率性指标，也可以视作来自经济学评价指标中的价值性指标中的费用现值指标。

显然，四种主要的经济学评价方法都涉及成本，而要想得到成本，就需要进行成本测量。因此，成本核算是经济学评价方法中无论哪种方法都回避不了的共性问题，而上述四种主要的经济学评价方法的区别则在于如何评价获得的健康结果。

成本分析的前提条件是不同项目或治疗方案的结果大致是相同的，否则，由于成本分析仅对成本进行测量，因而成本分析只能被看作是经济学评价的一部分。

成本—效果分析中的结果是用适当的自然效果或生理参数来测量，如增加的寿命年数、正确诊断的病例数等。这种方法不需要对结果进行估价，因此其中暗含的假设是其结果在某种意义上是值得获得的。

成本—效用分析是成本—效果分析的一种变型，其结果经过了健康状况偏好得分或效用权重的调整。它不仅仅是测量寿命年数还测量增加的寿命年数的质量。成本—效用分析适用于那些以副作用为代价而不仅仅延长寿命年数的治疗方案或项目，或者降低发病率而不仅仅是降低死亡率的治疗方案或项目。最常用的结果测量指标是 QALYs。

成本—效益分析是对结果以货币单位进行测量，使其与成本的测量单位一致，进而通过收益结果来判断成本的合理性。但在实践中，能够容易地用货币单位进行表达的成本与效果却比较少，因此，相对于成本—效果分析和成本—效用分析来说，应用还是非常受限的。

应当指出的是，各种方法在现实中的差异是十分模糊的，有时会同时应用两种或两种以上方法。主要的经济学评价的类型及其特点详见表 5-2。

表 5-2　经济学评价的类型及其特点

评价类型	成本测量	结果的鉴别	结果的测量
成本分析	货币单位	无	无
成本—效果分析	货币单位	单一效果，两个备选项相同，但程度不同	自然参数（如增加寿命年数、挽救的失能天数、血压降低点数等）

续表

评价类型	成本测量	结果的鉴别	结果的测量
成本—效用分析	货币单位	单一或多重效果，两个备选项之间未必相同	健康年数（典型方法是质量调整生命年）
成本—效益分析	货币单位	单一或多重效果，两个备选项之间未必相同	货币单位

资料来源：Drummond MF，Sculpher MJ，Torrance GW，et al. 卫生保健项目经济学评估方法．第3版．李士雪主译．北京：人民卫生出版社，2008

（二）增量分析法

1. 成本产出比较可能出现的不同结果　完整的药物经济学评价需要对两种治疗方案的成本和产出进行比较，是一个涉及成本和结果的二维词汇，比较结果大致可能出现四种不同的结果，这些结果可以通过成本—产出平面图来形象地描述（图5-1）。

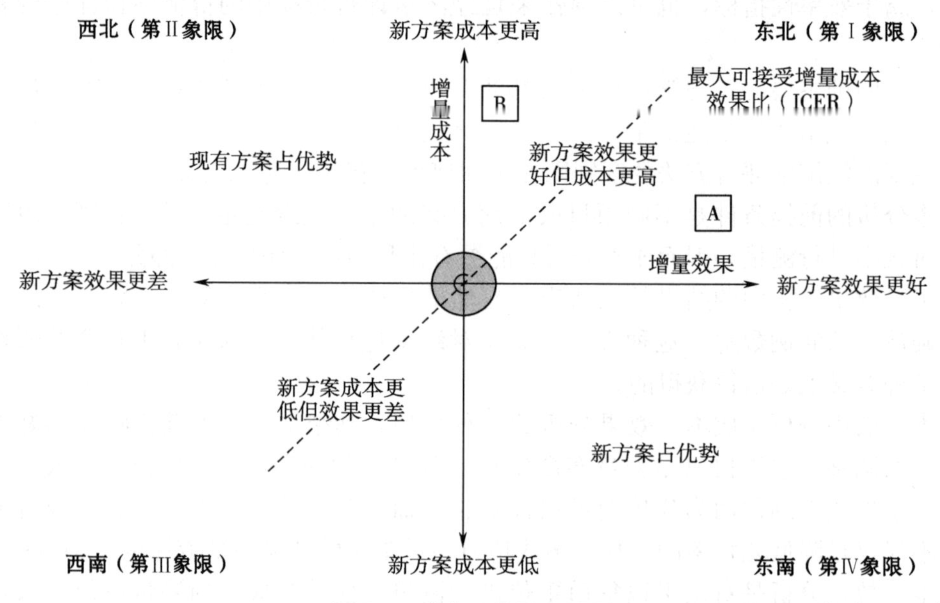

图5-1　成本—效果平面图

这种绘图方式最早由Anderson等所建立（1986），后由Black对其进行了调整和改善（1990）。此图形被用于描述新的干预措施，相对于对照的增量成本和增量效益，对照可以是现有的治疗方式，也可是不采取任何治疗措施，或者是其他特定的替代选择。增量效果（相较于对照）在x轴上表示，y轴表示增量成本，图形原点（C）代表控制或对照点。因此，同中心点相比较，新的干预措施或许效果更好，也或许效果更差，或许成本更高，也或许成本更低，并且这些可以通过图形的四个象限将成本和效果结合起来看。

如果新的干预措施成本更低且效果更好，它将处于东南象限（第Ⅳ象限），此时决策者将毫无困难地选择使用这种新技术。因为它们将使用更少的成本得到更大的健康，可以说新的治疗方案相较于对照方案是占有优势的。如果新的治疗方案被证明是低效果、高成本的，它将处于西北象限（第Ⅱ象限），并且决策者可以立即作出拒绝该方案的决定。因为在这种情况下，新的方案相较于对照方案是不具有优势的。更有趣也更常见的现象出现在东北和西南象限，在东北象限（第Ⅰ象限），新方案效果更好但成本也更高，在西南象限（第Ⅲ象限），新方案效果更差但成本更低。在图形的这些区域内，存在一种成本和效果之间的权衡：我们可以用更高的成本获取更多的健康效益（东北象限），或者我们可以放弃一些健康效益来节省成本（西南象限），但问题在于这种权衡是否能被接受，健康的增加（成本的节约）是否值得额外的成本（健康的损失）。如在东北象限内有一种新疗法，同现有治疗方案相比，它的成本并不是高很多，并且它的治疗效果非常好（A 区域）。然而，同样的在这个象限内，有一种疗法同现有治疗方案相比，效果仅有轻微的增加但成本却高非常多（B 区域）。

需要注意的是，每个点的坐标在成本和效果两方面都是不同的。

2. 平均成本产出比　平均成本产出比是对每一个备选方案计算成本与产出的比值，表示每个备选方案达到单位产出需要消耗的成本大小。显然，获得单位产出所需要的成本较小的一组具有较好的经济性。

$$\frac{C_1}{E_1}<\frac{C_0}{E_0} \qquad \text{式（5-1）}$$

其中，C_1 和 C_0 分别表示研究组和对照组的成本；E_1 和 E_0 分别表示研究组和对照组的产出。式 5-1 中研究组获得单位产出的成本低于对照组，因此更具有经济性。图 5-2 所示的情况，研究组的斜率（C_1/E_1）小于对照组（C_0/E_0），因此，研究组的平均成本产出比更小。

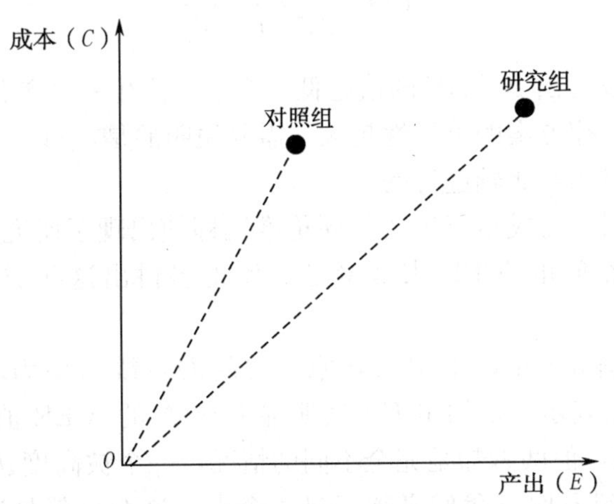

图 5-2　平均成本产出比示意图

3. 增量成本产出　增量分析的思想源于经济学中的边际分析，如图 5-3 所示，研究组的成本和产出均高于对照组，且研究组的斜率大于对照组，如果采用基于平均成本产出的评价准则，研究组相对于对照组是不经济的。然而，经济学原理和日常经验告诉我们，在边际成本上升的情况下，只要产出仍然大于成本或者该生产的边际成本仍然低于其他生产的边际成本，继续扩大生产仍然可能是具有经济性的。

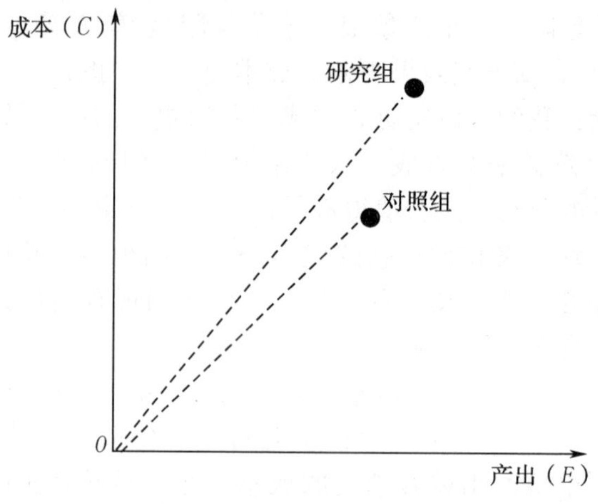

图 5-3　增量分析法示意图

增量分析的基本思路是从一个治疗方案转换到另一个治疗方案，计算需要增加的成本和能多获得的产出，然后计算其比值，即增量成本效果比（incremental cost effectiveness ratio，ICER）。增量成本效果比是增量成本与增量健康产出的比值，是每增加一个单位的效果所增加的成本，常用于两种治疗方案的成本效果比值相同或相近时，增量成本效果比的公式为：

$$ICER=\frac{\Delta C}{\Delta E}=\frac{C_1-C_0}{E_1-E_0} \quad \text{式（5-2）}$$

其中从公式中可以看出 $\Delta C/\Delta E$ 的值越低，则表示产生一个单位的额外产出所需追加的成本越低，采纳该治疗方案的可行性越大。需要说明的是，每一个 ICER 的计算都是在两个治疗方案之间通过相互比较进行的。

图 5-3 所示，按照平均成本产出比的评价准则即使出现了研究组劣于对照组的情况，仍然可以通过计算两组间的 ICER 来衡量是否值得多付出这些成本来获得增加的健康产出。

在成本效果平面图 5-1 中，干预点到原点之间的直线斜率为增量成本效果比（ICER），用希腊字母 λ 来表示。B 的 ICER 值明显要比 A 的 ICER 值高很多。显然，虽然 A、B 均位于同一象限，但两者却是完全不同的情况，一个被高度认可，另一个却不被接受。当我们从 A 移动到 B 时，我们必须经过一个点，这个点就是决策者改变意向的点，即决定不再准备为了额外的效益支付额外的成本。我们可以将此点视为最大可接受的增量成本效果比，并且用贯穿平面的对角虚线来表示它。

因此，当工作处于成本—效果分析的二维世界时，我们会遇到两个不确定性。第一，新方案所处位置的不确定性：相较于现有方案，新方案的效果到底好到哪种程度或差到哪种程度，成本高到哪种程度或低到哪种程度；第二，决策者愿意为健康增加付出多少成本（λ 的最大值）存在不确定性。这两种不确定性可以由一个问题来表示，即“新干预措施具有成本—效果的可能性是多少?”这个问题将我们的成本—效果平面有效地分成了两个政策部分——最大可接受线以下和最大可接受线以上。

在药物经济学分析中，评价 ICER 是否可以接受，需要引入一个阈值 λ，如果 ICER

小于λ，则研究组的方案是可取的，反之则不可取。此时的λ可以被理解为研究中单位健康产出的货币价值。但是，处于不同经济水平、社会地位和文化背景的人群，其阈值λ的取值范围可能也不同。许多国家的相关研究机构或决策部门都推荐了适合本国人群的阈值范围。

三、原则

（一）社会原则

药物经济学研究应该建立在社会福利观点的基础上，卫生服务系统外的成本和效益也应该被考虑进来。从研究角度看，多数国家都有强大的国家卫生服务体系和广泛的公共筹资体系，其药物经济学评价指南中都采用了社会角度作为研究的出发点。因此，在新药审批和进入报销目录时，应考虑全社会、全人群的成本和利益，包括患者、医院和药品制造商，以此保证社会全体人群的目标最大化。从社会角度出发，人群的生命质量评估是最适合用效用指标来进行评价的。健康状态的效用可由患者自己或一般人判断，如果健康状态的效用评价来自于一般人时，需要注意社会化观点。

（二）效用原则

效用是经济学中用于测量消费者选择的满意度和对健康状况的态度，效用原则即效用最大化原则，即要求卫生技术能够带来最大化可能的好处和最小可能的危害。以健康产出为导向进行资源分配，尽可能把资源分配到健康产出效率较高的干预项目中，这是基于药物经济学评价的卫生决策的基本理念。卫生经济学评价是对各种不同卫生活动方案的成本与收益两个方面进行科学的分析，进而选择单位成本收益最大的方案。其收益可以通过效果、效用和效益表示。效果是根据客观健康指标来评价卫生技术的优劣，效用的基础理论是实践的个人选择偏好和对治疗方案选择的偏好，成本—效益分析的出发点是以个体评价（支付意愿）为基础，通过对预期收益的支付意愿与项目成本的比较来作出决策。

（三）自主原则

卫生经济评估的试验设计应该遵循临床试验的所有伦理要求，其中最重要的一点就是接受试验人群的知情同意权。目标人群的选择先要以不损害患者的健康为前提，健康包括生理和心理两方面。其次，参与人有知情同意权。知情同意权第一次提出源自于1946年的《纽伦堡法典》，指研究者应当为患者提供作决定所必需的足够信息，患者在权衡利弊后，有自由选择的权利。知情同意权体现了自主性和人的尊严，有利于建立真诚合作关系，确保研究的顺利进行。

同样也应该保证研究者的自主权，如果研究者的自主性不能得到保证，研究结果的可靠性也值得怀疑，特别是在一些以厂商资助的药物经济学评估研究中。

（四）生命价值原则

生命价值原则在肯定生命尊严的基础上，又重视生存质量的存在。判断生存价值的高低，可从生存的内在价值和外在价值两个方面来分析。内在价值由生存质量决定，是生存价值的前提和基础；外在价值是由某一生命对他人、对社会和人类的意义体现，是对生存价值作出判断的目的。生存价值原则是结果测量的基础，内在价值可以用通用量表和疾病专用量表来测量。疾病专用量表可以敏感地观察结果，通用量表有助于效果的外推。外在价值可以通过人力资本法、支付意愿法来测量。

（五）公平原则

公平问题在任何影响资源配置的经济评估中都是一个主要因素，为了确保公平的原则，应该保证进行临床试验和经济评估的每个患者都有平等的机会参与和受益。加拿大药物经济学评价指南中指出，无论干预目标人群的个人或患者的年龄、性别和社会经济学状况如何，一项干预对生存、生命年或质量调整生命年的影响都应该是相等的。分析者还必须明确如果计划执行，哪类人群是主要受益者。英国 NICE 的评价指南中提出，任何治疗对不同组影响的差别都应阐明，包括治疗潜在的改善现存卫生服务的不公平性。公平性还体现在研究结果的外推上，国际研究的结果要根据本国的情况实行转换，转换要考虑人口学和流行病学差异、卫生服务提供上的差异、卫生服务提供者在（财政）激励的差异和相对价格的差异。为了提高结果的可交流性，很多国家都推荐了标准报告格式，这也有助于决策者对评价结果的理解。

（六）信用原则

卫生经济评估必须遵循诚实、诚信的伦理原则，各国指南也有不同方法来保证评估的可靠性，其中，提高透明度就是措施之一。经济学评价的透明度涉及研究的筹资和自主性。荷兰指南有非常严格的技术确保透明度，曾要求所有经济数据都由独立的机构来完成（不包括医药公司）；英国 NICE 要求阐明研究的赞助者和承认研究的独立性；葡萄牙指南也要求指出赞助者和研究者的关系和研究所有权。

卫生经济评价受很多不确定因素影响和时间限制，因此在说明分析方法时应列出所有的假设条件并证实。敏感性分析用来说明结果在多大程度上取决于假设，至少应包括单变量的敏感性分析。如果还不够，也可以采用多变量敏感性分析，方法的使用、变量的选择和变量的范围都应阐明和证实。

四、药物经济学评价的步骤

（一）明确研究问题

药物经济学评价的第一步是明确研究问题，主要包括研究背景、研究目的、研究角度、目标人群、干预措施和对照选择等内容。除了这些主要研究问题外，还可包括干预对不同亚组的影响或不同治疗方式造成影响的差异等次要研究问题。

（二）研究设计

药物经济学研究设计工作是药物经济学评价中重要的基础工作。常用的药物经济学研究设计类型包括：在随机对照试验中开展的药物经济学研究，专门为药物经济学研究开展的实际临床试验研究，药物经济学可采用前瞻性队列研究、回顾性队列研究、模型法研究、混合研究及二次文献研究等。不同研究类型对数据的要求不同，研究质量也有所差异。

（三）成本的确认、计量和分析

《中国药物经济学评价指南》（2015 年版）提出对成本的分析包括成本的确认（cost identification）、成本的测量（cost measurement）、贴现分析（discounting analysis）以及不确定性分析（uncertainty analysis）四个步骤。成本的确认是指列出与评价中的医疗干预方案相关的成本项目；成本的测量是指对列出的每一个成本项目进行数量测量和单位价值估计；贴现分析是指将发生在不同时点的成本项目折算为同一时点价值；不确定性分析是对成本分析过程中存在的一些不确定性因素进行假设分析。

（四）健康结果的测量

根据 Kozma 等提出的经济、临床和人文产出（economic，clinical，and humanistic outcomes，ECHO）模型，药物经济学评价的内容可以通过疾病和干预措施对患者产生的三方面影响［经济产出（economic outcomes）、临床产出（clinical outcomes）和人文产出（humanistic outcomes）］来描述。

经济产出是指疾病或者干预措施引起的资源消耗或者代价方面的影响。例如，疾病可能导致患者身体残疾和劳动力损失，针对疾病采取的治疗措施会消耗医疗资源而产生成本，同时能通过治愈疾病让患者恢复劳动力等。临床产出是指疾病或者治疗方案给患者带来的临床指标方面的影响。人文产出是指疾病或者干预措施引起的患者主观感受方面的影响，主要是与健康相关的生命质量（health-related quality of life，HRQoL）影响。与健康相关的生命质量是一个多维的概念，主要是指与健康或者疾病相关的患者在生理功能（physical function）、心理功能（psychological function）和社会功能（social function）方面的体现。《指南》（2015 年版）指出，在药物经济学评价中通常将经济产出归为成本的范畴，而将临床产出和人文产出归为健康产出的范畴。根据产出测量单位的不同，健康结果的测量指标包括效果、效用、效益三类。

（五）评价方法选择

评价时所用的评价方法和指标应与所要解决的问题相适宜。药物经济学常用的评价方法主要有成本—效益分析法、成本—效果分析法、成本—效用分析法，以及它们的特例——最小成本分析法。评价指标主要包括经济评价指标、临床效果指标和效用指标。不同的评价方法和指标类型具有不同的特点和适用条件，研究者应当根据研究中干预措施的特点、数据的可获得性以及评价的目的与要求选择适当的评价方法。也可以同时采用两种或两种以上的方法进行评价，或者以一种方法为主联合其他方法进行评价，并比较和分析各种评价方法结果之间的差异。

（六）模型分析

无论采用何种药物经济学评价方法，都必然基于对数据的统计分析。数据的统计分析可以是简易的描述性分析，也可以是较复杂的模型分析，这需要根据研究的数据和条件而定。模型分析有多种形式，其中的两大类包括决策分析模型和计量经济模型。决策分析模型是通过对研究变量间的特征关系（如逻辑关系、数量关系或因果关系等）的经验观察和认知，建立变量间逻辑关系的模型框架，进而根据各种数据对模型进行赋值和量化分析。决策分析模型可分为静态模型和动态模型两类，静态模型主要是决策树模型，动态模型最常用的是 Markov 模型。计量经济模型主要是通过对原始数据的统计回归分析，直接估计变量函数关系的参数，即不同药物治疗的成本效果之差的区间估计值。

（七）不确定性分析

药物经济学评价中，由于研究环境的特殊性、研究设计和假设的合理性问题，以及成本、健康结果测量误差等原因，可能导致样本数据与总体实际发生的数据之间存在偏差，从而导致评价结论偏倚或错误。对于研究内容与真实情况不一致的现象，可以采用敏感性分析、情景分析等方法处理这种不确定性。

五、资料的获取

干预方案的高质量成本和收益资料的可得性对于药物经济学评价来说也是至关重要的，事实上，药物经济学评价经常会因为其所依赖的健康结果资料的质量而不是因为其经济学分析而遭到质疑。

健康结果资料的一个主要来源是已有的医学文献。在经济学评价中应用这类资料要注意资料的质量、相关性和全面性。理想的研究设计是把经济评价并入临床研究中，将健康结果的临床资料直接用于经济评价，但这可能是难以达到的，至少在对照试验中是难以达到的。尤其是在药物获得功效性和安全性许可之前的大规模临床试验中更是这样。

在经济学评价中选择一种能够把临床资料和其他来源资料融合到一起的方法是经济学分析中主要的方法学问题之一。目前越来越多的经济学评价使用的资料来源于临床试验的系统回顾，对可获得资料的有机综合也是决策分析模拟研究的一个重要元素。

六、药物经济学评价指南简介

药物经济学评价指南是应用经济学成本—效益分析等相关理论进行药物经济学评价应该遵循的一般规范，是药物经济学研究执行的方法学指南，也是用来评估研究质量的标准。

在过去十几年里，卫生经济学评价方法得到了普遍推广，这一领域的研究文献日益增多；但在现实的药物经济学评价工作中，由于服务的对象众多，研究目的和研究角度各不相同，为确保不同评价主体所得的评价结果与结论具有一致性和可比性，客观上要求各个评价主体必须按照相同的评价准则进行评价。一些国家开始制定如何进行经济学评价和如何使用经济学评价的指南。

自 1992 年澳大利亚政府率先制定了本国的药物经济学评价指南，并开始要求进入药品报销目录的新药申请必须提交药物经济学评价结果以来，其他国家也纷纷效仿，英国、美国、法国、意大利、荷兰、西班牙、芬兰、葡萄牙、丹麦等国也根据各自国情制定了相应的药物经济学评价指南，在同一国家的不同组织根据其目的的不同也制定了不同的指南，药物经济学评价指南开始得到迅速发展。目前全球已经有 30 多个国家和地区制定了适合本地区的药物经济学评价指南。指南不仅可以作为制定药品价格、进行药品报销决策和新药审批的参考，为合理配置卫生资源提供依据，同时，还可以起到规范药物经济学研究和指导临床合理用药的作用。

1994 年，Drummond 提出药物经济学评价指南的三大目的：①药品报销决策的要求；②方法学标准的需要；③伦理学标准的需要。Hjelmgren J 等人根据 Drummond 提出的药物经济学评价指南目的将指南分为 3 类：①正式指南：即强制用于药品报销目录的指南，如澳大利亚、加拿大安大略省、芬兰、荷兰、葡萄牙、美国 Regence Blue Shield（一种健康维护组织）和英国国家临床规范研究院（NICE）指南。②非正式指南：推荐用于药品报销目录，如丹麦、爱尔兰、新西兰、挪威、美国蓝十字和蓝盾组织（BCBS）、美国食品药品监督管理局（FDA）、美国管理保健组织制药业协会（AMCP）和瑞士指南；即在申请进入药品报销目录时，虽然提供卫生经济数据可能会有所帮助，但是否提供药物经济学评价结果完全是自愿的。③卫生经济方法学指南：主要用于指导药物经济学评价，如比利时、加拿大卫生技术评估协作办公室（CCOHTA）、法国、意大利、西班牙、德国、英国经济评价规范指南（ABPS）、美国成本效果专家指南、美国药品研究和药厂协会（PhRMA）和美国宾夕法尼亚指南等。不同类别的指南由于目标、制定者和执行情况的差异，在指南内容上也有很大差异，如研究角度、价格的确定、成本和效果计算、贴现率的选择。研究角度和成本的选择差异主要是因为卫生保健系统的差异和指南的目的不同，而资源和成本计算的差异主要是因为多数指南没有标准化的定价标准，如价格目录。达成一致的是分析方法可采用成本—效果分析或成本—效用分析，结果用增量成本效果比来表示，接受模型分析，选择足够长的时间范围以观察到所有成本和效果，不确定性存在时都主张采用敏感性分析，结果应采用分解和合计两种形式报告。

中国的药物经济学研究开展较晚，到目前为止还没有系统性地应用于中国医药卫生的决策过程。近年来，中国的研究者们每年发表的药物经济学文献数量大约在 350 篇左右，研究队伍和能力正在不断壮大和发展。2004 年，复旦大学胡善联教授主编出版了《药物经济学评价指南研究》，介绍了药物经济学评价的基本理论和方法以及世界主要国家的药物经济学评价指南的内容。2011 年，北京大学刘国恩教授任组长的《中国药物经济学评价指南》课题组出版了《中国药物经济学评价指南（2011 年版）》，该指南于 2015 年再次修订出版。

第二节 成本—效益分析

成本—效益分析是药物经济学最基本的评价方法，是最早应用于药物经济学研究，并在药物经济学的兴起和发展中起到重要作用的一种经济评价方法，早已被广泛运用于各行各业。成本—效益分析既是药物经济学其他评价方法的基础，又是现有的药物经济学评价方法中唯一能够实现医药领域和非医药领域项目间经济学评价的方法。

一、成本—效益分析的定义

效益是指有利或有益结果的货币表现。在药物经济学中，效益是指实施某一药物治疗或干预方案所获得的所有有利的或有益的结果，且该有利的或有益的结果以货币形态予以计量，是用货币单位对健康产出的量化测量。它不仅包括了医疗成本的节约、健康状态的改进，还包括治疗信息的价值等过程效用。

药物经济学评价中的效益包括直接效益、间接效益和无形效益三个部分。直接效益（direct benefit）是指实行某项干预措施后所节省的卫生资源，如发病率的降低减少了诊断、治疗、住院、手术或药品费用以及其他相关卫生资源的消耗。间接效益（indirect benefit）是指实行某项干预措施后所减少的患者健康时间的损失或劳动生产力恢复带来的效益。无形效益（intangible benefit）是指实行某项干预措施后减轻或者避免患者身体和精神上的痛苦，以及康复后带来的舒适和愉快等。直接效益测量因干预措施而发生了实际货币交换的收益，在测量直接效益时要注意防止双重计算，避免将所改变的卫生资源同时计入成本和健康产出变量中。如发病率的降低使得药品费用的降低，既可以看成干预所避免的成本，在成本中减去，也可以看成干预措施的间接效益，加在效益中。如果使用净效益作为决策指标，两种做法的结果是一样的，如果使用成本效益比作为决策指标则会产生不同的结果。间接效益和无形效益没有直接发生实际货币交换，无法直接使用市场价值来估计，一般采用人力资本法或支付意愿法测算。

成本—效益分析（cost-benefit analysis，CBA）是通过比较各种备选方案的全部预期成本和全部预期效益来评价某个干预项目，为决策者选择计划方案提供经济学的参考依据。各方案成本相同时，效益最高者为最佳方案；各方案效益相同时，成本最低者为最佳方案。采用成本—效益分析方法可以对单个干预项目进行评价，当项目的效益超过它的资源消耗的成本时，该项目具有经济学价值，即只有效益不低于成本的项目方案才是经济上可行的方案。

与成本—效果、成本—效用分析方法相比，成本—效益分析要求用货币单位表示健康产出的结果，这将使得分析人员不仅能够应用同样的货币单位（如，美元、英镑或者人民币）直接比较项目的增量成本和增量结果，而且对项目自身也可以比较投入与产出效益的大小。因此，成本—效益分析既可以对单个干预项目进行评价，也可以对多种不同干预措施进行比较，这是成本—效果、成本—效用分析方法无法比拟的优势。

二、成本—效益分析的指标及判别准则

在成本—效益分析中，决策指标主要有两个：效益成本比（benefit cost ratio，B/C）和净效益（net benefit）。

1. 效益成本比　效益成本比是指干预方案带来的总效益和总成本之比值，考虑了贴现的计算公式为：

$$B/C=\sum_{t=1}^{n}B_t\ (1+r)^{-t}/\sum_{t=1}^{n}C_t\ (1+r)^{-t} \qquad \text{式（5-3）}$$

式中，B/C 表示效益成本比，B_t 表示第 t 年年末发生的收益，C_t 表示第 t 年年末发生的成本，n 表示干预的年数，r 表示贴现率。

对于单一干预方案，当 $B/C\geqslant 1$ 时，表明该方案是经济的，即该方案从经济性角度看是可以接受的，反之则该方案不经济。但在某些情况下，会设定一个最小效益成本比，只有效益成本比超过这个比率的方案才是可行的。对多个备选方案进行评价和选择时，效益成本比大的方案为优。

2. 净效益　净效益是指某干预项目带来的贴现后的总效益与贴现后的总成本之间的差值。其表达公式如下：

$$NB=\sum_{t=1}^{n}B_t\ (1+r)^{-t}-\sum_{t=1}^{n}C_t\ (1+r)^{-t}=\sum_{t=1}^{n}\ (B_t-C_t)^{-t}\ (1+r)^{-t} \qquad \text{式（5-4）}$$

式中，NB 代表净效益；B_t 表示第 t 年年末发生的收益，C_t 表示第 t 年年末发生的成本，n 表示干预的年数，r 表示贴现率。

对于单一干预方案，当方案的净效益$\geqslant 0$ 时，该方案才可行；当净效益<0 时，方案不具有经济性。与效益成本比相同，在对某些项目进行评价时，会设定一个最小净效益标准，只有超过这个最小净效益标准的项目才是可行的。在评价多个备选方案时，在资源约束的条件下，净效益最大的方案可以带来最多的社会福利增加，是最优的方案。但若初始投资和计划期不同时，净效益法则不适用。一般而言，初始投资额越大，其净效益往往也较大；计划期限越长，其累计净现值往往越大，这时净现值法就不一定能准确

反映各方案之间的优劣，而应使用效益成本比法。

三、成本—效益分析的适用条件与适用范围

成本—效益分析适用于备选方案的成本和收益都能够并适合于用货币予以计量和描述的评价中。其备选方案具有广泛的可比性，既可对多个备选方案的经济性进行评价与比较，也可对单一方案的经济性作出判断；既可对同一疾病的不同备选方案的经济性进行比较，也可对不同疾病的备选方案的经济性进行比较；既可对结果相近或类似的方案进行比较，也可对结果完全不同的方案进行比较，还可用于比较医药项目与非医药项目之间的经济性，从而为医药卫生项目和非医药卫生项目之间的资金分配决策提供依据。特别是当预算资金有限，不能同时满足多种疾病的预防和治疗方案的需要，而必须在这些方案中作出选择时，成本—效益分析法尤为适用。此外，效益的广泛可比性，使得以不同观点所进行的药物经济学评价结果相矛盾时，成本—效益分析法能够为不同利益主体间的利益调整提供参考依据。

成本—效益分析虽然具有适用范围广泛，评价指标所反映的成本和收益内容较为全面，主观因素较少和评价指标通用性较强等优势，但也面临着巨大的挑战——以货币形态计量备选方案的成本和收益，对一般领域内的投资项目来说是非常容易做到的，但对于医药领域内的一些项目和方案而言，很多治疗方案的成本和收益，尤其是收益，或难以预测，或难以用货币形态予以计量，或虽经过处理可以货币化，但货币化的健康状况、生命价值、减少的痛苦、增加的快乐等通常令人们在情感上难以接受，或上述情况兼而有之。例如改善患者的舒适度，提高患者的满意度以及绝症患者的治疗价值等，既难以预测，又难以货币化计量，或令人难以在情感上接受。因此，成本—效益分析法对涉及非经济因素较多的备选方案进行经济评价时，面临着较多的问题。此外，由成本—效益分析法所得的评价结论通常具有一定的倾向性，如倾向于高收入者，这使得成本—效益分析法有时也受到争议。

然而，即便如此，成本—效益分析法仍不失为一种十分重要且在药物经济学领域应用前景广阔的评价方法。此外，成本—效益分析是药物经济学评价方法中唯一适用于医药领域和非医药领域项目经济评价的方法，在为宏观决策提供依据方面具有不可替代的重要作用。总之，成本—效益分析除在少数特殊情况下适用性较差外，对其他大多数情况下的治疗或干预方案的评价与比较均有较强的适用性。特别是在以全社会观点进行的药物经济学评价层面上，尤其是疾病预防项目的评价与选择等方面具有独到的优势。在人群常见病的预防与治疗的评价与选择、药物报销政策的制定及调整等很多方面，成本—效益分析法都可以发挥重要作用。

第三节　成本—效果分析

成本—效果分析是在成本—效益分析的基础上产生的，它是针对药物诊治或干预方案的收益不能或不便货币化计量的局限性下而产生的评价方法。早在20世纪70年代，一些国家就开始在卫生领域中对成本—效果分析进行研究，由于成本—效果分析的评价结果易于被临床医药人员和公众所接受，因此，成本—效果分析已成为药物经济学领域十

分重要的评价方法。

一、成本—效果分析的定义

成本—效果分析（cost-effectiveness analysis，CEA）是一种对不同卫生计划或治疗方案的成本和效果进行对比，进而判定计划或方案经济性的一种评价方法，即以最低的成本实现确定的卫生服务目标，或以一定的成本取得最大的卫生服务效果。成本—效果分析的产出指标是效果指标，效果是指干预措施在自然状态下对患者产生的治疗结果，一般采用临床指标来表示效果。

成本—效果分析与成本—效益分析相比，相同点在于对卫生计划或治疗方案的成本以货币形态计量，不同之处在于对卫生计划或治疗方案的收益的计量方式不同。成本—效果分析法中的收益直接采用治疗或干预方案实施后所产生的健康效果或临床结果指标（如血压降低的千帕数，血糖、血脂等指标的变化值，有效率等）予以描述和计量。对于那些不能或不宜采用成本—效益分析方法进行分析和评价的方案，常常采用成本—效果分析的方法。

成本—效果分析受到其效果指标的限制，一般用于相同目标或同类指标的比较上，不能进行不同临床效果之间的比较，但其结果易于为临床医务人员和公众所接受，是药物经济学评价研究的常用方法之一。当疾病较为单一，治疗方案的产出只体现在或者主要体现在某一个临床产出指标时，成本—效果分析较为适用。当许多干预方案有多个目标或者结果时，应采用对疾病治疗或对患者最为重要的效果指标，也可以对多个效果指标分别进行成本—效果分析。

二、成本—效果分析的指标及判别准则

（一）成本—效果分析的指标

1. 成本效果比　成本效果比（cost-effectiveness ratio，C/E）是成本—效果分析的一种方法。成本效果比指每单位效果所消耗的成本，如每延长一个生命年、挽回一例死亡、诊断出一个新病例或者提高一个单位结果所花费的成本。成本效果比越小就越有效。需要注意的是，单一的成本效果比是没有意义的，它主要用于两个或两个以上备选方案的比较，并且是比较有相同结果单位的两个干预措施。

2. 增量成本效果比　增量成本效果比（incremental cost effectiveness ratio，ICER）是指增量成本与增量健康产出的比值（$\Delta C/\Delta E$），其基本思想是每增加一个单位的效果所增加的成本，常用于两种治疗方案的成本效果比值相同或相近时。增量成本效果比的计算见式 5-2。增量成本效果比的值越低，则表示产生一份额外效果所需追加的成本越低，则该治疗方案的可行性越大。

（二）成本—效果分析的判别标准

由于成本效果比的成本和效果分别以货币和临床干预结果计量，两者的单位不同，因此成本—效果分析需要人为地、外在地设定判定干预方案经济性的标准，该标准通常被称作成本—效果阈值（指可接受的获得单位效果所支付的最大成本额），简称为阈值。运用成本—效果分析时，干预方案经济性的判别准则如下：

1. 对单一方案，若 $C/E \leqslant$ 成本—效果阈值，则表明实施方案是经济的，也即该方案

从经济性角度来看可以接受或方案具有经济性；反之，则该方案不经济或方案不具有经济性。如果没有成本—效果阈值，则无法对单一方案的经济性作出判定。

2. 对多个备选方案进行经济性比较和选择时，需要采用增量成本—效果分析法。在没有成本—效果阈值的情况下，对多个备选方案进行选择时，虽然也可计算出 ICER 的具体值，但仅根据 ICER 值无法判定构成增量的两个方案哪个更为经济，需要将 ICER 与决策者愿意为健康增加付出多少成本的阈值进行比较才能够得出结论。

三、成本—效果分析的适用条件与适用范围

成本—效果分析主要适用于药物研制和药物治疗方案的选择，通过成本—效果分析来确定治疗方案、治疗计划及其他卫生服务。由于成本和效果的计量单位不同，且没有取得公认的单位成本应该达到的经济的最低效果值，因此，成本—效果分析不宜用于对单一方案的经济性进行评价，多用于相同目标、同类指标不同方案的比较上，是对各方案实施结果直接进行比较分析的方法。

四、成本—效果分析中药应用实例

中药与免疫调节剂辅助疗效及经济学评价

该研究采用康复新液和母牛分枝杆菌菌苗辅助治疗复治肺结核，观察其临床疗效，进行成本—效果分析。

研究者纳入 2010 年 1 月至 2012 年 12 月某省中西医结合医院住院及门诊复治肺结核痰菌阳性患者 307 例，其中男 205 例，女 102 例；年龄 18～65 岁。选取的患者均为非孕妇或哺乳者，无严重心、肝、肾疾患，无精神病、癫痫、糖尿病病史，无明显免疫功能低下者。采用随机数字表法将患者分为三组，对照组 99 例，中药组 105 例，免疫组 103 例。三组性别、年龄、结核病程比较，差异均无统计学意义（$P>0.05$）。

三组治疗方案均为强化期 3 个月，巩固期 5 个月。对照组：$3HL_2ZV/5HL_2V$（H：异烟肼，L_2：利福喷汀，Z：吡嗪酰胺，V：左氧氟沙星）；中药组：$3HL_2ZV/5HL_2V$＋康复新液；免疫组：$3HL_2ZV/5HL_2V$＋母牛分枝杆菌菌苗。用药方法及剂量：H 片一次 0.3g，1 次/日，口服；L_2胶囊一次 0.45g（体质量＜55kg）或 0.6g（体质量＞55kg），2 次/周，口服；Z 片一次 0.5g，3 次/日，口服；V 片一次 0.5g，1 次/日，口服；康复新液一次 10ml，3 次/日，口服；母牛分枝杆菌菌苗一次 22.5μg，1 次/2 周，肌内注射。

疗效评定标准：痰菌阴转：以连续 2 个月痰抗酸杆菌阴转且不再复阳为阴转。病灶吸收：病灶全部吸收为全吸，病灶吸收≥1/2 原病灶为显吸，病灶吸收＜1/2 原病灶为吸收，病灶无明显变化为不变，病灶扩大或播散为恶化。显效＝全吸＋显吸，有效＝全吸＋显吸＋吸收。空洞关闭：空洞闭合或阻塞闭合为闭合，空洞缩小≥原空洞直径 1/2 为缩小，空洞缩小或增大＜原空洞直径 1/2 为不变，空洞增大＞原空洞直径 1/2 为增大。有效＝闭合＋缩小。症状：以治疗后症状消失为有效，包括体温≤37.5℃，乏力转为无乏力，盗汗转为无汗出，食欲下降转为食欲正常，咳嗽转为无咳嗽，咳痰转为昼夜咳痰量≤10ml 等。

研究中的治疗成本：直接成本包括药品费用、治疗费用、检查费用、住院费用及预防、不良反应处理费用。间接成本是指由于疾病或治疗造成的工资或收入损失。间接成

本未包括隐性成本。所有药品费用按该医院用药期间的药品价格计算（执行该医院所在省药品集中招标采购的零售价格）。H片：0.1g，0.04元；L_2胶囊：0.15g，0.19元；Z片：0.25g，0.17元；V片：0.5g，14.35元；康复新液：10ml，5.49元；母牛分枝杆菌菌苗：22.5μg，75.00元。

三组成本构成见表5-3，效果以治疗结束后痰菌转阴率作为衡量指标，以最低成本的对照组为参数，进行成本—效果分析。

表5-3　成本构成（元）

组别	药品费用	预防、不良反应处理费用	检查费用	住院费用	间接成本	总成本
中药组	6845.7±478.1	555.1±49.8	1632	332.7±22.1	1120	10485.5±401.4
免疫组	4993.7±396.7	614.4±56.4	1632	374.3±18.6	1120	8734.4±483.5
对照组	3793.7±229.7	787.5±34.2	1632	499.1±42.7	1120	7832.3±229.6

疗效结果显示，三组痰菌阴转率比较，差异有统计学意义（$P<0.05$）；其中中药组较对照组升高，差异有统计学意义（$P=0.0167$）。三组病灶吸收率及空洞关闭率比较，差异均无统计学意义（$P>0.05$，见表5-4）。

表5-4　三组痰菌阴转率、病灶吸收率及空洞关闭率比较［n（%）］

组别	痰菌阴转率		病灶吸收率		空洞关闭率	
	例数	阴转	例数	有效	例数	有效
对照组	99	80（80.8）	99	90（90.9）	54	21（38.9）
中药组	105	98（93.3）	105	102（97.1）	59	36（61.0）
免疫组	103	95（92.2）	103	97（94.2）	56	28（50.0）
χ^2值	9.839		3.588		5.525	
P值	0.007		0.166		0.063	

成本—效果分析可以看出，对照组是治疗复治肺结核费用最低组，但效果不理想。中药组效果最好，但是成本也相对较高。从增量成本效果比较，若在对照组方案的基础上多获得一个效果单位，免疫组的支出为79.1元，而中药组的支出为212.3元（表5-5）。

表5-5　成本—效果分析

组别	C（元）	E（%）	C/E	ΔC/ΔE
中药组	10485.5	93.3	112.4	212.3
免疫组	8734.4	92.2	94.7	79.1
对照组	7832.3	80.8	96.9	

假设本研究中的药品价格下降15%，治疗结果不变来进行敏感性分析。此时，中药组增量成本效果比下降至178.4元，下降幅度16.0%，免疫组下降至65.6元，下降幅度

17.1%（表 5-6）。

表 5-6　敏感性分析

组别	C（元）	E（%）	C/E	ΔC/ΔE
中药组	9375.4	93.3	100.5	178.4
免疫组	7893.2	92.2	85.6	65.6
对照组	7145.1	80.8	88.4	

第四节　成本—效用分析

由于成本—效益分析需要把所有的成本和产出都转化成货币单位来计量而难以操作，尤其困难的是把患者的自评健康产出（如生命质量）转化成货币。而在成本—效果分析中，尽管产出测量的单位是临床指标，但是它并没有从生命质量和意愿（偏好）的角度评价健康产出。因此，成本—效果分析的局限性在于它不能同时考虑同一个干预措施的多个产出，也不能比较有着不同产出的多个干预措施，由此产生了成本—效用分析。成本—效用分析已经成为当前国际药物经济学界研究的热点。

一、成本—效用分析的定义

在经济学中，效用是指产品或服务满足人们欲望和需求的能力或满足程度。在药物治疗方案中效用是人们对药物治疗产生的结果作出自身的一种主观评价和感受。因此，药物经济学中的效用是指药物治疗或服务中满足人们对一种特定健康状况的期望或偏好。成本—效用分析是一种针对由卫生服务项目或治疗方案产生或者放弃的健康产出质量的评价方法。

成本—效用分析（cost-utility analysis，CUA）指从成本和产出两方面对两种或多种备选方案作出比较的经济学评价方法，其中产出以效用或偏好来衡量。成本—效用分析是一种可同时将生命的数量和质量综合到一起进行测量的最常见方法。通常情况下，成本—效用分析是比较同一种疾病不同药物治疗方案的成本和效用，也就是说，每增加一个质量调整生命年或减少一个伤残调整生命年的损失时，哪种药物治疗方案所消耗的成本最低。

成本—效用分析是在成本—效果分析的基础上进一步发展而产生的，成本—效用分析最初被叫作广义成本—效果分析，后又被叫作效用最大化和健康状况指数模型。成本—效用分析的第一次应用是在 1981 年，从那时起成本—效用分析这个名称就固定下来了。

成本—效用分析是一种特殊形式的成本—效果分析，因此成本—效用分析与成本—效果分析有相同之处。两种方法都是将医疗干预的增量成本与增量健康产出进行对比。成本—效用分析与成本—效果分析的成本测量方法相同，对于治疗方案的成本均以货币形态计量。成本—效用分析与成本—效果分析的不同之处主要表现在健康产出的测量上，虽然两者都需要健康产出数据才能进行分析，但它们在健康产出的测量方面却存在如下差异：成本—效果分析是对不同的卫生服务项目或治疗方案实施成本和结果的直接比较分析。在成本—效果分析中，健康结果是用与项目目标相关的健康产出或临床结果指标的自然单位来测量，如血压降低的千帕数、治疗的有效率、避免的发病数、挽救的生命年数等，由此可见成本—效果分析中的健康产出指标是单一的。而在成本—效用分析中，健康的产出用效用来衡量，也就是个体对某特定的健康状态的偏好或满意程度的体现，因此，成本—效用分析对健康产出的测量也可以是多维度的，能够将多个产出结合起来。

成本—效用分析中效用的指标包括质量调整生命年（QALY）、伤残调整生命年（DALY）、健康当量年（HYE）等，对结果的表述即为每一单位的质量调整生命所需要投入的成本。《中国药物经济学评价指南》（2015 年版）指出，对健康效用的评价通常采用 QALY 来表示。由于 QALY 是一个同时包含患者在治疗方案的干预下生存质量和生存时间的综合指标，能够更加全面地反映干预措施给患者带来的影响，因此，采用 QALY 进行产出评价具有更为明显的优势。

二、成本—效用分析的指标及判别准则

（一）指标

1. 成本效用比　成本—效用分析的常用指标是成本效用比，常用的表示符号为 CUR（cost-utility ratio），是指获得每单位效用所需要花费的成本，其表达公式如下：

$$CUR = C/U \qquad 式（5\text{-}5）$$

式（5-5）中的成本（C）是指实施干预措施所消耗的资源或所付出的代价。式中的效用（U）是指个体或社会对特定的健康结果可能有的偏好或价值判断，在药物经济学评价中，效用通常使用 QALY 来表示，因此，成本—效用分析的另一种表达式如下：

$$CUR = C/QALY \qquad 式（5\text{-}6）$$

即表示获得每单位的 QALY 所耗费的成本。

2. 增量成本效用比　采用成本效用比（CUR）作为评价标准时，结果是以该比值最小的方案作为最佳选择，表示该方案给患者带来单位效用的成本最小，因而效率最高。但在实际决策中，不能以效率作为唯一的决策依据，还要考虑其他的因素，比如健康的价值、公平、伦理等。相对于健康的无限价值来说，成本效用比值较高但增量成本效用比较低（即绝对效率较低但相对效率较高）的方案也可能是个人或社会可以接受的。增量成本效用比（incremental cost-utility ratio，ICUR）反映的是两种备选方案之间单位效用差异的成本，用于考察增加的成本是否值得。决策者会认为只要增量成本效果比不超过某一特定值（外部参考值），就会选择此方案。增量成本效用比的公式如下：

$$ICUR = \Delta C/\Delta U \qquad 式（5\text{-}7）$$

使用 QALY 表达的增量成本效用公式如下：

$$ICUR = \frac{C_1 - C_2}{QALY_1 - QALY_2} \qquad 式（5\text{-}8）$$

（二）判别标准

由于成本效用比指标（C/U）中的成本和效用计量单位不同，因此成本—效用分析与成本—效果分析类似，需要人为地、外在地设定判定干预方案经济类型的标准，即成本—效用阈值（即可接受的获得一个单位的效用所需支付成本的最高额度，目前常被统称为成本—效果阈值），简称为阈值。阈值是药物经济学评价中的外生评价标准，随着药物经济学在各国药品报销、定价、临床、研发等决策实践中的应用逐渐增加，设定阈值的必要性、紧迫性以及重要性也日益凸显。

目前已经有越来越多的国家开展了阈值研究，并提出阈值的具体标准。英国国家卫生与临床优化研究所（National Institute for Health and Care Excellence，NICE）的药物经济学评价指南推荐：对于给患者带来一个QALY的成本小于20000英镑的卫生服务项目可以广泛使用；成本在20000～30000英镑的卫生服务项目可以有限使用；成本大于30000英镑的卫生服务项目则应严格限制使用。美国的许多研究中采用的阈值标准是获得一个QALY的成本在50000～100000美元。欧洲各国较常用的阈值标准是一个QALY的成本为50000欧元。目前，中国还没有关于QALY价值的统一标准，根据WHO（世界卫生组织）关于药物经济学评价的推荐意见，如果ICER＜人均GDP，则增加的成本完全值得；如果人均GDP＜ICER＜3倍人均GDP，增加的成本可以接受；而如果ICER＞3倍人均GDP，则增加的成本不值得。

运用成本—效用分析时，干预方案经济性的判别准则如下：

1. 对单一方案，若C/U≤成本—效用阈值，则表明实施该方案是经济的，即该方案从经济性角度来看可以接受或方案具有经济性；反之，则该方案不经济或方案不具有经济性。如果没有成本—效用阈值，则无法对单一方案的经济性作出判定。

2. 对于多个可供选择的干预方案进行经济性比较和选优时，与成本—效益分析、成本—效果分析类似，不能依据干预方案的成本效用比指标（C/U）的大小直接对其经济性进行比较和优选，需要采用增量分析法。

与成本—效果分析类似，在没有成本—效用阈值的情况下，对多个干预方案进行比较时，虽然也可计算出增量成本效用比的具体值，但大多数情况下无法判定构成增量的两个方案哪个更为经济，仅在ICUR值落在特定区间的情况下才能够得出确切的结论，而这种情况并不多见。

同样，运用成本—效用分析对单一方案的经济性判定时，只需按照相应的内容与判别准则进行即可，对多个干预方案的经济性判定或比较则需依据方案间的关系而选择适宜的方法。

三、成本—效用分析的适用条件与适用范围

由于在评价中的优势和广泛应用性，成本—效用分析已经成为目前药物经济学评价中使用频率较高的评价方法。在以下情况中成本—效用分析较为适用：

1. 当健康相关生命质量是重要产出时。如在对比治疗关节炎的干预方案时，可能任何方案对死亡率都不会产生影响，因此关注的焦点就集中在不同方案在提高患者身体功能、社会功能和心理状态上的差异；又如在对口服脊髓灰质炎活疫苗（OPV）预防脊髓灰质炎的效果评价时，由于脊髓灰质炎导致麻痹残疾是最主要的疾病负担，因而用效用评价更适合。

2. 当项目方案同时影响患病情况和死亡率时。当项目方案同时影响患病情况和死亡率，而研究者又希望使用一种通用的测量单位将它们的影响综合在一起时，如：许多癌症干预可以延长寿命和改善长期生命质量，但是却会降低治疗过程期间的生命质量。

3. 当要比较的项目有许多不同种类的产出并且需要用一个共同的产出测量单位以进行比较时。成本—效用分析采用质量调整生命年作为评价指标，一方面可以将难以用货币来衡量的隐性指标如疼痛、悲伤等生命质量的内容量化，另一方面也使得不相关的方案具有可比性，使不同疾病治疗方案能够进行比较。如将高血压等慢性病检测和治疗项目与脑卒中或者心肌梗死发作后患者的恢复治疗项目进行比较。

4. 当研究者希望将此研究与已经使用成本—效用方法评价过的项目进行对比时。

5. 在预算有限的情况下，决策者必须决定减少或终止哪些项目（或服务）来为新项目提供资金支持时。

6. 研究者的目标是考虑所有备选方案并使用约束优化方法来合理分配有限资源，以获得最大化健康产出时。

四、成本—效用分析中药应用实例

性激素与中成药治疗改善绝经早期妇女生存质量的成本—效用分析

该研究比较倍美力和中成药坤泰胶囊对绝经早期的绝经后综合征妇女生存质量的影响，并对两种治疗方案进行成本—效用分析。

根据研究的纳入标准，纳入2005年9月至2006年10月在四川某医院妇产科门诊就诊的40～60岁绝经早期的绝经后综合征妇女57例，平均（49.1±4.1）岁。研究采用开放性随机对照临床试验设计，入选病例以计算机区组随机法按照1∶1的比例分为倍美力组和坤泰组。两组对象治疗前各项临床指标及性激素水平无统计差异。采用连续性用药法，服药期1年，每3个月随访一次，进行绝经期生存质量量表评分和药物不良反应评价。

成本包括直接成本（医疗成本和非医疗成本）、间接成本（患者和家属的误工费）和隐性成本（患者因患病所承受的精神痛苦，因无法准确量化，故本研究暂未计入成本）。直接医疗成本包括药物费、检查费、挂号费和药物不良反应的监测费用；直接非医疗成本包括患者及陪同人员就诊时的交通费和饮食费等。两组的成本显示，坤泰组的直接医疗成本和总成本显著高于倍美力组（表5-7）。

表5-7　两组治疗成本分析（元/人，中位数）

	倍美力组	坤泰组
直接医疗成本	1676.18（255.27）	3269.05（1713.99）
药品成本	642.24（127.75）	2331.45（1230.48）
非药品成本	890.00（0.00）	898.00（423.5）
副作用成本	165.00（266.00）	65.00（100.00）
直接非医疗成本	100.00（87.5）	90.00（101.25）
间接成本	210.00（165.00）	182.50（2475）
总成本	2005.98（492.86）	3580.00（2059.95）

效用值用绝经期 QOL 量表进行评估，采用等级尺度法（RS），由绝经期 QOL 量表值转换成 RS 效用值。

结果表明，两组治疗 1 年后的绝经期 QOL 总分、血管舒缩症状、心理状态和生理状态评分均低于治疗前（$P<0.01$），但坤泰起效比倍美力晚 3 个月，倍美力、坤泰分别在用药 3、6 个月显著改善绝经期生存质量（表 5-8）。但两组间在治疗后各随访时间点的生存质量评分均无显著差异（$P>0.05$）。

表 5-8　两组生存质量评分变化（$\bar{x}\pm s$）

		治疗前	治疗后（月）			
			3	6	9	12
倍美力	QOL 评分	36.48±16.84	21.93±20.90	18.52±14.67	15.66±12.23	12.55±12.61
	血管舒缩症状	4.59±3.22	1.24±2.76	0.72±1.19	0.72±1.19	0.45±0.69
	心理状态	9.34±7.13	6.17±8.29	5.52±5.60	4.21±5.56	3.10±4.84
	生理状态	17.10±8.89	10.76±10.10	8.55±6.90	6.48±5.60	5.86±6.33
	性生活	5.45±5.32	3.76±5.18	3.72±4.54	4.24±4.21	3.14±3.86
坤泰	QOL 评分	37.68±26.31	26.32±22.87	22.50±22.59	15.04±18.83	14.57±16.90
	血管舒缩症状	4.71±3.84	2.46±2.85	2.14±2.66	1.75±2.24	1.50±2.17
	心理状态	10.07±8.56	7.64±7.70	6.18±9.01	3.82±6.14	3.75±5.75
	生理状态	16.68±13.57	11.93±11.91	9.71±10.17	6.61±8.71	6.32±7.51
	性生活	6.21±5.64	4.29±5.12	4.46±6.10	2.86±4.08	3.00±3.94

成本—效用分析结果显示，倍美力组的平均成本效用比低于坤泰组（表 5-9）。

表 5-9　两种治疗方案的成本—效用分析

	总成本（元）	QALY（年）	CUR
倍美力组	2005.98	0.1477	13581.45
坤泰组	3580.00	0.1426	25105.12

两组的成本差异主要由直接医疗成本的不同所造成，现剔除没有差异的直接非医疗成本和间接成本，仅采用无偏差的直接医疗成本进行敏感性分析。结果显示倍美力组的成本效用比仍低于坤泰组（表 5-10）。

表 5-10　两组成本敏感性分析

	直接医疗成本（元）	QALY（年）	CUR
倍美力组	1676.18	0.1477	13348.54
坤泰组	3269.05	0.1426	22924.61

第五节　最小成本分析

一、最小成本分析的定义

最小成本分析是对各种备选方案的总成本进行比较，成本较小的方案被认为是最理想的方案。在最小成本分析中没有产出指标，这是因为最小成本分析的应用前提是被比较的备选方案所获得的健康产出是相等的或相同的，因此没有必要测量备选方案的产出指标。即最小成本分析是在结果完全相同的情况下比较两个或多个治疗方案间的成本差异。

最小成本分析与简单的成本分析不同，简单的成本分析只是简单地计算治疗方案的成本，而不考虑每个备选方案的结果，而最小成本分析认为各备选方案的健康产出是相同的，是以结果相同作为前提。

在判断治疗方案的产出有无差异时，需要对临床无差异和统计无差异进行区分。临床差异性不一定体现在统计学差异上，当样本量较小时，尽管研究组和对照组的产出在临床上的差异较大，但是在统计学上可能无差异；相反，当样本量很大时，统计检验可能出现两组有差异的情况，但是这种差异的绝对值很小，在临床上可能没有意义。《中国药物经济学评价指南》（2015 年版）指出，证明两种治疗方案临床产出的无差异性时，统计学无差异性和临床无差异性均可接受，当存在公认的临床无差异标准时，可以以临床无差异性为准。

二、最小成本分析的指标及判别准则

在药物治疗的最小成本分析中，总成本最小的治疗方案为其中的最优方案。如果单独使用成本分析时，应尽可能进行全成本分析。通常按不同的性质把成本分为四类：直接医疗成本、直接非医疗成本、间接成本以及隐性成本。这也是药物经济学分析中最常用的成本分类方法。按照成本的分类分别测量各个类别的成本，然后对各类成本进行汇总，获得总成本（各类成本的测量详见第三章）。

三、最小成本分析的适用条件与适用范围

最小成本分析是对各备选方案的总成本进行比较，由于没有将健康产出纳入比较，与其他三种方法相比，这种方法属于部分评价。针对药物经济学研究与评价中普遍存在的备选方案的收益难以计量的突出特点而言，最小成本分析法不仅可以避开成本—效益分析、成本—效果分析和成本—效用分析法对收益予以计量中的问题与困难，而且易于理解，便于计算，使得研究问题简单化。但在药物经济学研究与评价的应用中，各备选方案的结果大多不同，且结果定义越复杂，结果相同的可能性越小。虽然两种备选方案在治疗某种疾病时可能会有同样的效果，但是它们可能在某一严重的毒副作用发生率上有重大的区别，如肾毒性。因此，如果用必需的成本来控制这个毒副作用，最小成本分析就不适合了。此外，证明两种方案获得的结果相同并不容易，通常需要非常大的样本量，因此最小成本分析法的使用是非常有限的。

四、最小成本分析中药应用实例

中药提取物治疗急性缺血性脑梗死的最小成本分析

该研究就某医院现有的治疗脑梗死的两种中药注射剂进行成本和效果分析。研究中纳入的 2011 年 5 月 1 日至 2012 年 5 月 1 日住院的 62 例脑卒中患者均符合《各类脑血管疾病诊断要点》中脑卒中诊断标准，入选的 62 例分为两组，金纳多组 31 例，血塞通组 31 例。两组都联合应用脑神经保护剂依达拉奉和抗血小板药奥扎格雷钠治疗，金纳多组 20ml 加入 0.9%氯化钠注射液 250ml，静脉滴注，1 次/日，连用 14 日为一疗程；血塞通（冻干）组 0.4g 加入 0.9%氯化钠注射液 250ml，静脉滴注，1 次/日，连用 14 日为一疗程。

该研究只包括直接成本中治疗药物费用比较。药物的费用按 2012 年 5 月份的价格计算，银杏叶注射液（金纳多）5ml 为 29.50 元，血塞通（冻干）0.4g 为 68.75 元。两组每例患者的费用分别为：金纳多组：29.50×4×14＝1652.00 元；血塞通（冻干）组 68.75×1×14＝962.50 元。治疗效果疗效评定标准：根据 1995 年全国第四届脑血管病学术会议通过的脑卒中患者临床神经功能缺损程度评分标准，即基本治愈、显效、有效、无效四个等级。银杏叶注射液（金纳多）和血塞通（冻干）两组有效率分别为 90.32%、87.09%，差异无统计学意义（表 5-11）。

表 5-11　两组药物临床疗效分析表

组　别	例数	痊愈	显著进步	进步	无效	总有效率（%）
金纳多组	31	1	15	12	3	90.32
血塞通（冻干）组	31	1	13	13	4	87.09

采用有效率作为效果，银杏叶注射液（金纳多）和血塞通（冻干）两组的效果分别为 90.32%、87.09%。寻找达到某一治疗效果时成本最低的治疗方案，成本效果比（C/E）即采用单位效果所花费的成本表示，比值越小越好。以成本最低的血塞通（冻干）组为参照，将金纳多组与之相比得到 ΔC/ΔE。

银杏叶注射液（金纳多）和血塞通（冻干）成本分别为 1652.00 元、962.50 元；每获得 1 个单位效果，两种药物所花费的成本分别为 18.29 元、11.05 元；血塞通组成本低。从增量成本效果比（ΔC/ΔE）来看，在血塞通组基础上，金纳多组每增加 1 个单位效果多花费的成本为 213.47 元（表 5-12）。

表 5-12　成本—效果分析表

组　别	成本（C）	效果%（E）	C/E	ΔC/ΔE
金纳多组	1652	90.32	18.29	213.47
血塞通（冻干）组	962.5	87.09	11.05	—

第六节　不确定性分析

一、不确定性产生的原因

研究方法和数据都是造成经济学评价方法中不确定性（uncertainty）的原因。首先，药物经济学评价方法的许多方面还存在争议，如研究设计、研究角度、成本与治疗结果的测量与估计、贴现、统计分析和结果标书等等。就研究设计来看，药物经济学研究设计包括前瞻性、回顾性、模型法研究设计和混合研究设计。前瞻性研究设计包括药物经济学临床试验和围绕临床试验的药物经济学研究即平行研究（piggy-back），平行研究由于其严格的患者取舍条件、限制外部条件，因而具有很好的内部有效性，但外部有效性较差。前瞻性的药物经济学实验被认为是药物经济学实验的金标准，为决策者提供最真实的、科学的成本效果证据。但由于取消了外部条件，混杂因子的存在又降低了其内部有效性。回顾性研究设计虽然省时省力，但由于难以获得患者生命质量、效用和工作能力丧失情况的资料，而不能作成本—效用分析，且存在选择偏倚。在基础数据不易获得，研究时间很长或研究预算受限制时，模型研究非常有用，可选择临床决策分析模型和以流行病为基础的数学决策模型，如 Markov 模型和 Monte Carlo 模拟模型。分析模型的不确定性是由于模型的一些统计学假设很难验证，如各事件之间的独立性以及人群特点的分布函数，在建立假设和模型时较易产生假设偏倚，直接关系到分析结果的可靠性。不同的研究组织因目的不同其研究角度也不同，可以采用社会角度、患者角度、管理保健组织角度或第三方付费者角度。研究角度不同同样也会影响到成本和治疗结果的测量，如间接成本是否纳入，无形成本是否计算。此外，采用什么样的量表测量效果，成本效果是否同时贴现，采用多大贴现率等都没有达成共识，这些不确定因素都会影响评价结果的可比性。

其次，数据也存在相当大的不确定性，有抽样误差引起的样本大小、样本的代表性问题；有假设引起的不确定性，如针对模型的各种数据假设。在药物经济学研究中由抽样误差造成的不确定性与由未证实的假设造成的不确定性相比是极小的。数据的收集也存在不确定性，回顾性调查收集的资料不易完整收集，存在一定的偏倚。例如隐性成本的测定、健康结果的测定、个人偏好数据的测定、成本的估算和治疗效果的测定等都会给评价带来不确定性。

此外，不同分析者他们的着眼点不同，在运用分析方法、得出的分析结果方面自然就会产生不同程度的误差。在递交和解释药物经济学评价结果时还可能存在大量的主观性。

不确定性存在于药物经济学评价过程中的每个阶段。按性质，可分为与数据有关的不确定性和与评价过程有关的不确定性。数据中的不确定性通常是由于抽样误差造成的，也就是说基于样本人群的估计与样本大小的不确定性水平有关。评价过程中的不确定性又可分为三类：第一类是由外推结果而导致的不确定性，如评价结果受到一定的条件和范围限制，随着外推的不断扩大而导致不确定性的产生，以致改变环境结论就不适用；

如从一个临床结果（如胆固醇降低）得到一个健康产出的测量（如发病率或死亡率的降低）。第二类是结果普遍性中的不确定性，经济学中许多规律虽具有一定的普遍性，但受到某些条件和范围的限制，并不是“放之四海而皆准”，从一个研究背景到另一个研究背景和患者群体时，由于医学预测模型易受诸多因素（如生物、心理、社会）的影响，因而预测模型本身存在着一定限制，其预测精度往往随着时间的延长和范围的扩大而逐渐降低，预测误差越来越大。第三类是分析方法的不确定性，在药物经济学研究中对某些问题的研究由于设计方案的不同、研究角度的不同、使用分析方法的不同、模型选择和建立的不同同样会导致结果存在不确定性。

二、常用的不确定性处理方法

为了尽量避免因不确定性而导致的决策失误，减少分析结果产生的误差，使结果更符合实际并具有可参考性，必须对这些不确定性因素进行控制。根据不同不确定性因素产生的原因，有多种控制不确定性的方法。

（一）从药物经济学研究设计控制

从研究设计上有很多方法可以控制不确定性。前瞻性设计可以避免数据收集过程中的不确定性；随机化分组可以控制选择患者时的不确定性，确保治疗与对照的可比性；双盲可以克服测量中的不确定性，但药物经济学评价中对盲法还存在争议，有的认为对患者和医生采用盲法与常规治疗不符，不能反映真实的成本效果数据，有的建议对测量健康结果的人采用盲法，有助于控制测量不确定性。严格选择患者有助于控制混杂因素，但同样不能得到真实的结果数据。

药物经济学评价对患者的选择限制较少，如允许并发症存在，这样可以反映真实条件下的效果，有利于结果外推，同时也增加了收集数据的难度。因此，药物经济学研究设计既要控制偏倚，最大限度降低分析过程中的不确定性，又要在内部效应和外部效度之间进行权衡。首选的评价方法是前瞻性的药物经济学临床试验，其次是围绕临床Ⅲ期试验的平行研究。在没有条件开展前瞻性研究时，有时也可根据临床患者的病历和费用资料进行回顾性研究。在不能大量获得临床试验数据，研究时间长或预算受限时，可采用模型法研究设计，但由于无法计算检验模型的统计量，不能进行统计学显著性检验，只能在分析时采用置信区间范围来检验不同假设条件下的敏感性，且在决策时应谨慎对待评价结果。

（二）从分析方法控制

1. 传统的统计分析方法　统计分析是评价中处理不确定性最常用的方法，当收集了患者的成本和健康结果数据（如前瞻性临床试验），就可以利用统计分析来计算成本效果比估计的95%置信区间（CI）。

对于独立的成本和效果，我们可以采用直接计算95%置信区间来估计其测量的精确程度，而对于成本效果比的置信区间如果采用直接计算法就会存在一系列问题。置信区间的估计取决于变量的分布、均数、方差和样本大小，而成本效果比的分布常常是未知的，不能得到成本效果比标准误的无偏估计值。

如果收集的患者成本和效果数据呈正态分布，统计学上可以采用参数方法如 Box 法、椭圆法、Fieller 准则和 Taylor 分级法计算成本效果比的置信区间。如果不知道成本效果数据的分布，可采用非参数方法中的 Bootstrap 法和 Jacknife 估计技术计算成本效果比的置信区间。Bootstrap 法采取反复抽样的方法，首先确定随机种子数，然后抽取相当于试验组及对照组例数的观察数据对，组成一个 Bootstrap 样本，一般抽取 250～1000 次，可以得出 250～1000 个均数，然后求得 5％及 95％的置信区间范围。Bootstrap 法要求样本数必须足够大，一般为 50～200 个即可。Bootstrap 法的优点是无须预先设定成本效果数据的分布特征。

Monte Carlo 模拟是从已知分布进行抽样来验证某些统计量的性质，可以用来检验置信区间计算方法的优劣。Briggs 和 Polsky 采用 Monte Carlo 模型来验证不同置信区间计算方法的研究结果表明：Fieller 法和 Bootstrap 法优于 Taylor 分级法和修正后的 Box 法，能够得到联合估计的 95％置信区间，而椭圆法和 Box 法估计的置信区间比较大。如果样本分布不呈正态分布，Taylor 级数近似值就会提供错误的置信区间。修正后的 Box 法得到的置信区间最小。

2. 敏感性分析方法　敏感性分析（sensitivity analysis）是药物经济学评价中最广泛采用的处理不确定性的方法，是指对分析中的某个（或某几个）变量的取值进行调整后，考察最终结果的变化范围，从而了解研究结果的稳定性和研究结论的把握度。它是用来评价改变假设和某些关键变量在一定范围内的估计值（如药品价格、住院天数、治愈率和贴现率等）是否会影响到结果或结论的稳定性的分析方法。还可以对某些特别敏感的影响因素进行事先防范，降低干预方案失败的风险。

在实际评价过程中，数据的收集通常是由几个来源合成的，包括文献综述、医院记录和临床评价，由于不确定性水平不是由抽样误差决定的，因此，不能应用标准的统计学分析方法对其进行分析，只能采用系统检验变量和假设对评价影响进行敏感性分析。敏感性分析对药物经济学研究有很大的帮助，可以减少临床试验研究或观察性研究的偏倚，提醒研究者重视重要参数对评价结果的影响。敏感性分析所采用的指标大部分与投入指标有关，如各种成本，也有涉及治疗结果的率（如治愈率、死亡率和成本或结果的贴现率等）。

敏感性分析方法可以按不同的角度进行分类：按分析因素的多少可以分为单因素敏感性分析和多因素敏感性分析；按因素的取值范围可以分为阈度分析、极端值分析、情境分析等；按因素的取值是否确定，可以分为确定型敏感性分析和概率敏感性分析。

（1）单因素敏感性分析：这是最常用、最简单的一种敏感性分析方法，是当一个变量发生改变而其他因素保持不变的情况下，考察分析结果的变化情况。单因素敏感性分析的前提条件是所考察变量的变化独立于其他变量。有多个不确定性因素存在时，单因素敏感性分析的结果可以采用旋风图（tornado diagram）表示，以明确表示出各不同确定性因素对结果影响的大小。

但是单因素敏感性分析存在一定的局限性：一是单因素敏感性分析假设所考察变量的变化独立于其他变量，但变量之间可能并不独立，某个变量的变化可能会导致其他变量的变化，此时不适用单因素敏感性分析。二是不确定性变量不同取值的概率不同，通过单因素敏感性分析无法了解出现不同结果的概率。这两种情况下应分别采用多因素敏感性分析和概率敏感性分析。

（2）多因素敏感性分析：当某个因素的变化同时会引起另一个因素的变化，进而共同影响研究结果时，应采用多因素敏感性分析。如药品价格的变化不仅影响成本，还可能影响患者用药的依从性，而患者用药的依从性的变化又进一步影响成本和健康产出。此时就需要同时对价格和依从性进行敏感性分析。

（3）阈值分析：阈值分析也称为阈度分析，阈值就是临界值，当某一个项目或者方案的各种投入参数发生变化，从收益最大到损益平衡点时，每个参数的最大和最小临界值之间就是阈度，在阈度内根据阈值的变化幅度可以判断每个因素的敏感程度。

（4）极端值分析：变量采取极端值（包括最大值、最小值），以及“最优”值。采用这种分析方法要考察每个可选择方案的两个极端，确定各种方案的最好和最坏的潜在影响，假如极端结果无足轻重，则显然花费大量精力收集信息是不合算的，如果极端结果对将来有重大影响，则收集数据就非常重要。在药物经济学中可以简单地通过基本案例分析，从结果最好的或最差的文献报道中找到极端值，或通过专家咨询法求得变量的分布范围。

（5）概率敏感性分析：是对在整个范围内所有参数的一个模型评价。当研究中有多个不确定性参数时，每个参数的分布及各参数之间的关系可能比较复杂，用上述单因素或多因素敏感性分析很难处理。相对于确定型敏感性分析，概率敏感性分析具有一定的优势：一是可以同时考虑多个不确定性因素的变化对结果的影响；二是可以帮助决策者方便地作出在单位健康产出的不同意愿支付值下的最优决策。

基于Monte Carlo模拟基础上的概率敏感性分析是目前处理模型中不确定性的最常用方法。Monte Carlo模拟的原理是每次从样本参数的分布区间内随机抽取一组参数数据（输入）进行药物经济学评价，这样就产生了一系列的可能的结果（输出）。进而可以描述成本和结果的期望值分布状态，从而反映参数估计值的不确定性。

进行Monte Carlo模拟需要预先根据已有的队列数据定义样本的分布状态，如正态分布参数的均值、方差等，Monte Carlo模拟还可以处理β分布、泊松分布、γ分布和对数正态分布。经过多次的重复运算后，可以生成一系列的增量成本和增量结果数据，可以据此绘制成本—效果散点图，直观讨论成本—效果估计的不确定性。经过Monte Carlo模拟后，以决策者的最大支付意愿支付上限值为横坐标，以模拟产生的落在此成本效果比值区间内的点的概率为纵坐标，绘制成本—效果可接受性曲线。

敏感性分析也存在一定的局限性：一是分析中变量及其变动范围由分析者决定，容易产生潜在偏倚；二是敏感性分析的解释由于缺乏指南或标准通常存在一定的主观性；三是单因素敏感性分析中不确定参数的单独变动忽略了参数间的相互作用。在参数较少时，可采用单因素、多因素敏感性和极端分析法。参数较多和模型设计时，宜采用Monte Carlo概率敏感性分析。每种敏感性分析都有各自的优缺点，没有一种方法能满足所有要求。研究者最好在药物经济学评价中采用一种以上方法来处理不确定性，比较不同敏感性分析方法联合使用的效应。

三、不确定分析中药应用实例

奇正消痛贴膏治疗急性腰扭伤的药物经济学评价

该研究从社会角度出发，对奇正消痛贴膏和双氯芬酸钠乙二胺乳胶剂治疗急性腰扭伤进行成本—效用分析，以期找出较好的治疗方案，减轻患者疾病负担，优化医疗资源配置，为急性腰扭伤的临床治疗方案选择提供依据。

该研究纳入标准为：符合西医急性腰扭伤诊断标准；本次发作病程≤3天；年龄18～75周岁；治疗中使用了奇正消痛贴或双氯芬酸钠乙二胺乳胶剂。排除标准：同时合并腰椎结核、腰椎肿瘤、骨折、关节突关节病；伤处皮肤破损，或其他疾病（如皮肤病）影响到损伤局部用药；对研究药物已知成分过敏，或对多种药物过敏，或过敏体质；哺乳期或妊娠期及准备妊娠的妇女。

试验组患者治疗期间使用奇正消痛贴膏（规格：1.2g），在使用前先清洁患部皮肤，将小袋内的润湿剂均匀涂在中间药垫表面，将其润湿后敷于患处或穴位，每贴敷24小时。对照组患者治疗期间使用双氯芬酸钠乙二胺乳胶剂（规格：20.0g：0.2g，需按痛处面积大小确定使用剂量，通常每次3～5cm。涂抹于患处后轻轻揉搓使药品渗透皮肤，3～4次/日。

该研究从社会角度，全面测量急性腰扭伤在治疗过程中的直接医疗成本、直接非医疗成本和间接成本。其中直接医疗成本包括挂号费、检查费、药品费、其他治疗费；直接非医疗成本包括交通费和护工陪护费等；间接成本包括患者工资损失和陪护家属工资损失等。

研究选取的效用指标为质量调整生命年（QALY）。生命质量相关数据采用EQ-5D量表测量而得。测量方法为入组患者在当天和第14天填写EQ-5D问卷。结果显示，奇正消痛贴膏组患者获得的QALY高于双氯芬酸钠乙二胺乳胶剂组，但两组差异无统计学意义（0.0362对0.0359，$P>0.05$，表5-13）。

表5-13　两组患者疼痛消失情况及获得QALY的情况

组　别	疼痛消失时间		QALY（$\bar{x}\pm s$）
	（$\bar{x}\pm s$）	中位数（范围）	
奇正消痛贴膏组（$n=152$）	8.26±2.66	8.00（3.00，14.00）	0.0362±0.0046
双氯芬酸钠乙二胺乳胶剂组（$n=143$）	9.23±3.36	10.00（1.00，15.00）	0.0359±0.0051
P值	<0.001		0.5974

28天奇正消痛贴膏组的人均成本（308.52元）高于双氯芬酸钠乙二胺乳胶剂组（297.43元）。研究中所使用的人均成本由治疗过程中实际发生的各项费用汇总后计算得出，包括直接医疗成本（218.03元对182.86元）、直接非医疗成本（17.21元对23.23元）和间接成本（73.28元对91.34元）。

奇正消痛贴膏组的治疗成本和获得的QALY高于双氯芬酸钠乙二胺乳胶剂组，疼痛消失时间显著低于双氯芬酸钠乙二胺乳胶剂组。成本—效用分析结果显示，增量成本效用比（ICUR）为 36966.67 元/QALY，即每增加 1 个 QALY，奇正消痛贴膏组的患者比双氯芬酸钠乙二胺乳胶剂组多支付 36966.67 元，小于 2012 年中国人均 GDP 为 38459.47 元，可认为所增加的成本是完全值得的，奇正消痛贴膏是非常具有成本效益的治疗方案（表 5-14）。

表 5-14　QALY 成本—效用分析结果

项　目	ΔC（元）	ΔQALY	ICUR（元/QALY）
QALY	11.09	0.0003	36966.67

注：$\Delta QALY = QALY_{奇正消痛贴膏组} - QALY_{双氯芬酸钠乙二胺乳胶剂组}$，$ICUR = \Delta C/\Delta QALY$。

敏感性分析：该研究对关键参数进行了单因素敏感性分析，将这些参数在原来的基础上变动±20%。单因素敏感性分析结果以旋风图（tornado diagram）表示。

由旋风图 5-4 可知，影响疼痛成本效果最显著的变量为试验药物费用、患者工资损失和疼痛消失时间。当奇正消痛贴膏治疗组的药品费用或患者工资损失降低 20%或者双氯芬酸钠乙二胺乳胶剂治疗组的药品费用或患者工资损失增加 20%时，奇正消痛贴膏治疗方案与双氯芬酸钠乙二胺乳胶剂治疗方案相比具有绝对优势。当情况相反时，减少 1 天的疼痛时间，最多也仅需要花费 44.64 元。当奇正消痛贴膏治疗组疼痛消失时间增加 20%或双氯芬酸钠乙二胺乳胶剂治疗组疼痛消失时间下降 20%时，奇正消痛贴膏治疗方案处于绝对劣势。当情况相反时，减少 1 天疼痛时间的花费分别降低至 4.23 元和 3.94 元。

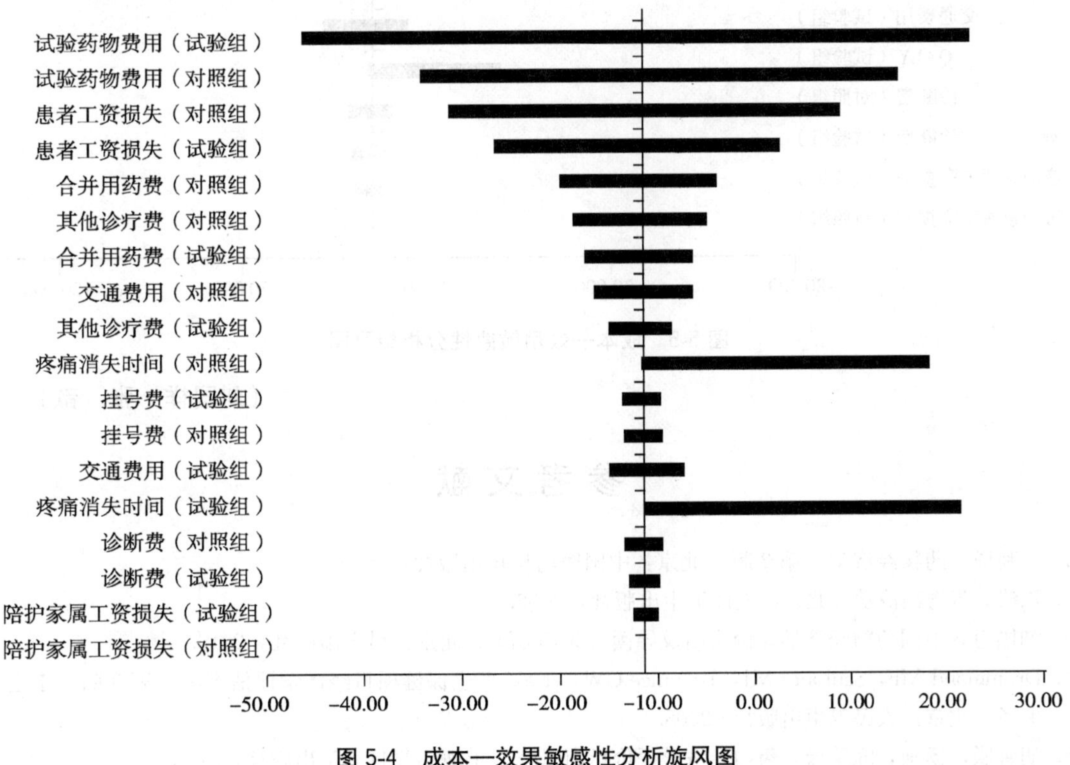

图 5-4　成本—效果敏感性分析旋风图

由旋风图5-5可知，影响疼痛成本—效用最显著的变量为试验药物费用、患者工资损失。当奇正消痛贴膏治疗组药品费用或患者工资损失降低20%或者双氯芬酸钠乙二胺乳胶剂治疗组的药品费用或患者工资损失增加20%时，奇正消痛贴膏治疗方案与双氯芬酸钠乙二胺乳胶剂治疗方案相比具有绝对优势。当奇正消痛贴膏治疗组患者工资损失增加20%或者双氯芬酸钠乙二胺乳胶剂治疗组的药品费用或患者工资损失下降20%时，ICUR最大值为105947元/QALY，低于3倍人均GDP，此时奇正消痛贴膏治疗方案具有成本—效用，增加的成本可以接受。当奇正消痛贴膏治疗组药品费用增加20%时，ICUR增加至144320元/QALY，高于3倍人均GDP，增加的成本不值得。

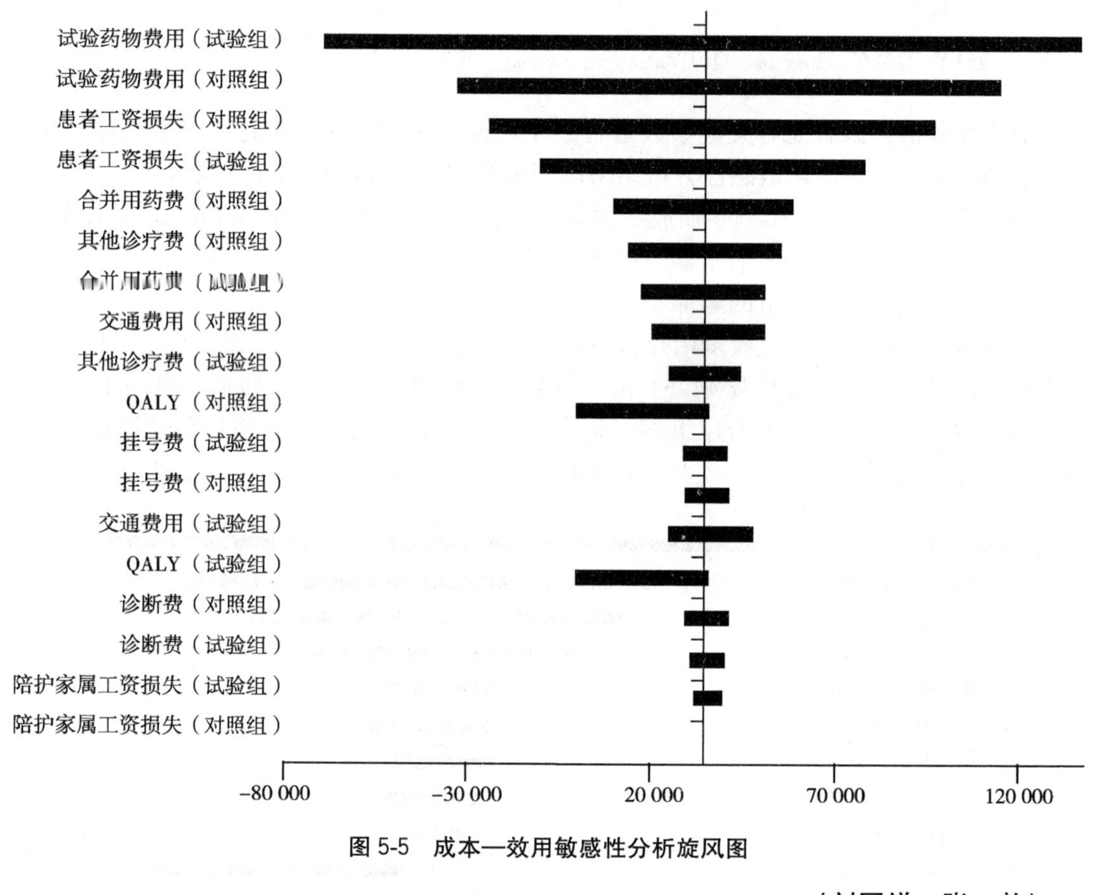

图5-5 成本—效用敏感性分析旋风图

（刘国祥 张 歆）

参考文献

1. 孙利华．药物经济学．第2版．北京：中国医药科技出版社，2010.
2. 陈洁．药物经济学．北京：人民卫生出版社，2006.
3. 刘国恩．中国药物经济学评价指南及导读（2015版）．北京：科学出版社，2015.
4. Drummond MF，Sculpher MJ，Torrance GW，et al. 卫生保健项目经济学评估方法．第3版．李士雪主译．北京：人民卫生出版社，2008.
5. 胡善联，杨莉，陈慧云．药物经济学评价指南研究．上海：复旦大学出版社，2004.

6. Briggs AH，O' Brien BJ. The death of cost-minimization analysis? Health Econ，2001，10（2）：179-184.

7. Gray AM，Clarke PM，Wolstenholme JL. Applied methods of cost-effectiveness analysis in healthcare. Oxford：Oxford University Press，2010.

8. Drummond MF，Torrance MJ，Torrance GW，et al. Methods for the economic evaluation of healthcare programmes. 3rd ed. Oxford：Oxford University Press，2005.

9. 杨丽娟，闫丽娟，王玉英．中药提取物治疗急性缺血性脑梗死的成本效果分析．中国实用医药，2014，9（5）：168-169.

10. 王怀冲，徐颖颖，张相彩．中药与免疫调节剂辅助疗效及经济学评价．中国全科医学，2014，17（6）：706-709.

11. 徐菲，刘国恩，唐勇．奇正消痛贴膏治疗急性腰扭伤的药物经济学评价．中国药物经济学，2014，8：9-13.

12. 王燕莹，窦丽萍，钟薏．中药制剂联合化疗治疗老年晚期非小细胞肺癌疗效及成本效果分析．山东医药，2013，53（26）：18-21.

13. 周玲玲，许良智．性激素与中成药治疗改善绝经早期妇女生存质量的成本效用分析．南方医科大学学报，2009，29（11）：2182-2186.

第六章 成本、收益数据的收集与分析

通过前面各章的学习，我们已经了解并熟悉了药物经济学评价中成本、收益的定义、识别与计量、比较的方法。如何获得这些数据以及获得数据后如何将数据进行整理评价呢？本章内容将介绍成本、收益数据的收集与分析。

数据的收集与分析在药物经济学研究中至关重要，数据收集是数据分析的前提，合理的数据收集方法才能保证数据的准确性，数据分析是通过一定的分析方法对已收集到的数据经过分析，得出一定的规律。

第一节 数据的收集

一、数据类型

药物经济学评价中所使用的数据按照不同的分类规则可分为不同的类型。

（一）按照所采用的计量尺度

按照所采用的计量尺度不同，可以将数据分为计数数据、计量数据和等级数据。

1. 计数数据　计数数据又称定性数据，是指将观察单位按某种属性或类别分归到不同组别，然后清点归到每一组别内的个体数目所得到的数据。计数数据的变量值是定性的，表现为互不相容的属性或类别，如试验结果的阳性或阴性，家族史的有无等。例如，按照粪便中是否检出蛔虫卵把100个观测对象分别归入阳性检出组和未检出组，通过清点每组例数，得到阳性检出组33例，未检出组67例，即为二分类计数数据。再如对200名观测对象的ABO血型分类进行调查，最后得到这200人中，A型血30例，B型血70例，O型血80例，AB型血20例，这属于多分类计数数据。

2. 计量数据　计量数据又称定量数据，是指对每个观测单位都是采取定量测量方法所收集到的以数字形式表现出来的数据。根据其测量值取值是否连续，又可分为连续型变量或离散型变量两类。连续型变量可在实数范围内取任意值，例如身高、体重、血压、肺活量等，而离散型变量只能取整数值，如某医院每年的病死人数等。

3. 等级数据　等级数据是指按照某种属性的不同程度把全部观测个体分别归到不同的等级中去，然后通过清点归入每个等级的个体例数而得到的数据。这里所说的等级是有序的，如由最强到最弱，由最好到最差，由最明显到最不明显等。临床科研数据中，等级资料是很常见的，如在临床疗效评价中，常根据一定的判断标准把接受某种治疗的患者分别归入到痊愈、显效、好转、无效四个等级中去。等级数据既与定量观测所获得的计量数据有所不同，也与通过定性观测所获得的计数数据不完全相同，可以把它看成是介于真正的计量数据与真正的计数数据之间的一种半定量的观测数据。

（二）按照统计数据的收集方法

根据统计数据的收集方法，可以将数据分为观察数据和实验数据。观察数据是通过调查或者观测而收集到的数据，这类数据是在没有对事物人为控制的条件下所得出的，有关社会经济现象的统计数据几乎都是观察数据。实验数据是指通过实验中控制实验对象而收集到的数据。

二、数据的收集原则

（一）准确性原则

准确性原则就是如实反映客观事物，必须真实有效，不得有错误、虚假或不可利用性，这是保证数据质量的首要环节。如果数据不真实，必将给分析工作带来消极的影响。

（二）完整性原则

完整性原则是指被调查单位不重复，没有遗漏，所列调查项目数据收集详尽、规范、齐全。如果数据收集不齐全，就有可能无法反映出所要研究现象的全貌，甚至会作出错误的判断。

（三）及时性原则

及时性原则强调所收集数据的实效性，即要求在数据收集的规定时间内尽快提供资料。如果数据收集不及时，就会贻误数据整理、分析时间，使评价工作失去应有的作用。

（四）系统性原则

系统性原则是指收集的数据应该有条理，合乎逻辑，便于整理汇总。

三、数据的收集方法

在药物经济学研究中，根据所需数据来源，可以将数据分为直接来源数据和间接来源数据两种。直接来源数据主要来自调查研究和试验研究，又称为第一手或直接的数据；间接来源数据主要是指已有调查或试验的数据。

（一）直接来源数据的收集

药物经济学中数据的直接收集方法主要有两种：观察性研究与实验性研究。

1. 观察性研究　观察性研究分为描述性研究和分析性研究两种类型。描述性研究主要是对人群的疾病或健康状态在人群、时间、地区的分布和强度进行描述，特别是从样本中获得数据来推断和评估总体的参数。分析性研究的目的在于探索疾病与健康的各种危险因素，估计它们对疾病与健康作用的大小，并提出可能的干预措施，其主要任务是探索和验证病因假说，常用的方法有“病例对照研究”和“队列研究”。

（1）描述性研究：描述性研究是一种在医学领域中常见的观察性研究方法，通过对疾病和健康状况在时间、地点、人群方面的基本分布特征的描述，应用普查或抽样调查方法收集特定时间内人群中有关疾病与健康状况的资料，以描述疾病或健康状况在地区、时间和人群中的分布规律以及观察某些因素与疾病之间的关联，为开展分析性研究提供病因线索。描述性研究利用的信息来源有：普查资料（现况调查资料）、生命统计记录、筛检或健康检查的记录、自愿报告系统或病例报告资料、医院临床记录或医院 ADR（adverse drug reaction）集中监测系统资料，以及食品、药物或其他产品消耗的数字，尤其是近年来发展的有关计算机数据库的资料可能成为描述性研究的重要信息来源。

描述性研究有几种研究方法，第一种方法是生态学研究，又称相关性研究。它是以人群组为基本单位收集和分析资料，从而进行暴露因素（如服某种药品或接触某因子）与疾病（包括不良反应）关系的研究，即用代表人群组特征的量度来描述某些暴露因素与疾病的关系，例如，年龄、时间、卫生服务的利用，或者食品、药物及其他产品的消耗等。在生态学研究中可以利用生态比较研究，即比较不同人群中的发病率（或ADR发生率）或死亡率的差别，了解这些人群中某些因素的发生率并同疾病的发病率或死亡率对比观察是否一致，从而为探索病因找到线索。

描述性研究的第二种方法是病例报告，它是临床上详细地介绍某种罕见病的单个病例或少数病例，借此引起医学界对新出现的或不常见疾病、疾病不常见的表现或药物不良反应的注意，特别是在早期许多可疑不良反应的信息可能得到公布而引起社会公众的重视和警惕，进而可能形成某种新的假设。它是临床医学和流行病学的一个重要的连接点，许多疾病都是首先通过病例报告被发现的。然而由于病例数很少，而且有高度选择性，易发生偏倚，因此不应该以病例报告作为改变临床诊断、治疗等的依据。

描述性研究的第三种方法是通过现况调查来实现，也称横断面研究，是研究在特定时间与特定范围人群中的有关因素与疾病或健康状况的关系。药物上市后的安全性研究、药物利用研究、药物不良反应的研究、药政管理研究等，常需应用横断面调查方法来进行。横断面研究的特点为不设对照组，依靠事件（疾病或药物不良反应）发生频率与样本量大的优势，提示某种可能性，为进一步研究打下基础。上市后药物监测中，处方事件监测就属于一种横断面研究，它要求医师在一定时间内，对使用某药的病例所发生的情况，不断地随访较长时间。一切病情与意外，不论是否与用药有关都进行记录，然后再汇总分析。

根据描述性研究中调查的范围，可将调查方法分为全面调查和非全面调查，包括以下几种：

1）全面调查：即普查，是指在特定时间内对特定范围人群中所有成员进行调查或检查。一般适用于发病率较高的疾病，同时应具备灵敏度、特异度较好、现场操作不十分复杂的检查和诊断方法。一般的总体所含的观察个体数量较多，在短时间内要求开展规模巨大的调查，不仅工作量大，消耗大量人力物力，并且还难以进行深入细致的调查。普查通常用于了解一个总体在某一个特定的时间“节点”的情况，比如入户普查。普查对时间的要求很高，由于人群在不断地流动，人群的结构也在不断变化，各种新情况总会不断发生，因此调查应设定一个时间“节点”。为了能在短时间内完成，则需要并培训大量的调查人员，这也是一件困难的工作，还会影响调查的准确性。

2）抽样调查：即从总体中抽取一定数量的观察对象组成样本，然后根据样本信息来源推断总体特征。这是一种以小测大、以局部估计全体的调查方法。与普查相比，抽样调查具有省人力、物力、财力和省时间的优点，而且因调查对象较少，可以把调查工作做得更细。但抽样设计和实施比较复杂，不适于调查发病率低的疾病，也不适于变异过大的人群，这些都限制了抽样调查方法的广泛应用。为使这个部分能比较真实地反映全部，应当采取随机的方法抽取样本，根据观察对象的特点采用不同的抽样方法。

3）典型调查：又称案例调查，在对研究对象作全面了解、分析的基础上，在目的地选定典型的人或群体进行深入剖析。解剖典型事例有利于对事物的特征作深入研究。典型调查还可以与全面调查相结合，分别从不同深度与广度说明问题。由于典型调查没有遵循随机抽样的原则，不能用于估计总体参数，但在一定条件下，根据专业知识，选定一般典型调查可对总体特征作经验推论，但这不属于统计推断范畴。

（2）分析性研究：分析性研究的主要任务是探索某些因素与结果之间的因果关系，一般可分为队列研究和病例对照研究两种方法，它们在时间序列上都属于纵向研究的范畴。

1）队列研究：队列研究又称为群组研究、定群研究。是将一群研究对象（队列），按是否暴露（常指接受某种诊疗措施或接触某些致病因子）于某因素分为暴露组与非暴露组（对照组），并随访适当长时间，比较两组之间所研究疾病（或事件）的发病率（或发生率）、治愈率或病死率差异，以研究某种疾病（或事件）与暴露因素之间的关系。在进行队列研究时，最好事先通过其他研究或查阅资料，选择在该暴露因素之下最易出现的疾病成因的假设，然后加以验证。

队列研究的特点为暴露组与非暴露组对象在研究开始时均无所研究的疾病或事件，需经一段时间随访才能发现病例（或事件），研究对象按暴露与否分组，其暴露状况已客观存在，研究者不能将其随机化分配。不论是非暴露组还是暴露组均未患有研究之中的某个疾病，通过在一个特定时期内的严密观察，研究者可以直接判断和亲自收集新病例，同时，也能够适时地测量有关暴露的各种数据。可想而知，这样的研究资料来源可信度更高。

队列研究根据研究对象进入队列时间及终止观察的时间不同，又可分为三种：前瞻性队列研究、回顾性队列研究和双向性队列研究。

①前瞻性队列研究：研究对象的确定与分组是根据研究开始时的暴露状况而定，此时研究的结果还没有出现，需随访观察一段时间才能得到。这种设计又称即时性队列研究，这是队列研究的基本形式。

前瞻性队列研究的最大优点是研究者可以直接获取第一手资料，而且资料的偏性比较小。这种研究在开始时就有了每个个体的暴露水平以及混杂因素的资料，在随访期内，研究者还可以获得暴露和混杂因素变化的资料，并可用新的检测手段检查新的指标，其研究设计最接近于实验结论，因此其结果也最适宜作因果关系的推论。缺点是所观察的人群样本量很大，观察时间长，花费大，因而影响其可行性。

②回顾性队列研究：回顾性队列研究是由可疑的病因出发，根据现在已有的记录，确定过去暴露和非暴露于这种因素人群（队列）的发病情况。也就是说，在研究开始的时候，原因和结果都已发生，只是把调查开始的时间推到过去的某一时刻。要研究的可疑病因已包括在所取得的资料之中，观察的结果就是已经发生的结果。这种观察还可以一直延续下去，直到出现有意义的结果。因此，回顾性队列研究从时间上来说接近于回顾性，从性质上来说接近于前瞻性，同时具有前瞻性和回顾性两种性质。

回顾性队列研究节省时间、人力和物力，出结果快，因而适宜于长诱导期和长潜伏期的疾病，也经常用于具有特殊暴露的职业人群的研究。能否开展历史性队列研究，完全取决于是否有暴露与疾病的资料的详细记录。有关暴露、疾病和死亡资料的完整性和真实性，将直接影响研究的可行性和研究结果的真实性。

③双向性队列研究：双向性队列研究是回顾性队列研究（在时间上）追溯至“现在”

后，再延续进行下去的研究，这种研究同时具有回顾性队列研究和前瞻性队列研究的性质。其特点是，研究开始时暴露和暴露引起的快速效应（如肝功能损害、出生畸形、流产、不育等）已经发生，而与暴露有关的长期影响（如癌症、寿命缩短等）尚未表现出来。这种设计最适于评价对人体健康同时具有短期效应和长期作用的暴露因素。双向性队列研究兼有前瞻性队列研究和回顾性队列研究的优点，且相对地在一定程度上弥补了各自的不足。

2）病例对照研究：病例对照研究是以现在确诊的患有某特定疾病的患者作为病例，以未患有该病但具有可比性的个体作为对照，通过询问、实验室检查或复查病史，搜集既往各种可能的危险因素的暴露史，测量并比较病例组与对照组中各因素的暴露比例，经统计学检验，若两组差别有意义，则可认为因素与疾病之间存在着统计学上关联。病例对照研究用于探索两种现象之间的因果关系。病例对照研究主要用于研究病因未明或多因素疾病的病因，或称危险因素。除研究疾病的病因以外，还可广泛用于研究伤害和各种与健康有关事件的危险因素。此外，病例对照研究还可用来评价免疫接种的效果。病例对照研究的循证医学证据等级为Ⅲ级，低于队列研究。

病例对照研究是一种由结果考察其原因的调查，通过对已经发生的诱因与疾病开展调查，了解两组对象过去有无与该病有联系的可能危险因素的暴露史。它还可以同时探索和验证可能造成因果关系的多个因素，即一次调查可以作多个可能病因的探索，并能较快地获得结果，特别适用于罕见病的危险因素研究。病例对照研究虽然在验证病因的能力以及结果可靠性方面不如队列研究，但由于其省时、省力、费用低、易于实施的特点，在实践中的应用十分广泛。而且可以通过严谨的设计、实施过程严格的质量控制，降低偏倚的产生，提高结果的可靠性。

2. 实验性研究　实验性研究是药物经济学获得数据的重要方法。实验研究是指研究者根据目的人为地对实验单位设置干预措施，按照对照、重复、随机化的基本原则控制非干预措施的影响，通过对实验结果的分析，评价干预措施的效果。根据研究目的不同，实验单位或受试单位可以是人、动物和植物，也可以是某个器官、组织、细胞、亚细胞或血清等生物材料。在药物经济学评价中，临床试验是获得数据的重要方法，因此在本书中，主要介绍临床试验研究。

临床试验从研究的性质划分属于实验性研究的范畴，指对任何在人体（患者或健康志愿者）中进行的各种治疗方法或预防措施的干预性研究，以证实或揭示治疗方法或预防措施的疗效和安全性，从而综合评价治疗方法或预防措施的效果和价值。常见临床试验类型有：

（1）随机对照试验：随机对照试验普遍被认为是评价药物临床有效性的最佳方法，它不但满足了医学的科学方法论要求，以符合试验具体要求和条件的受试者为研究对象，按照随机化和盲法等科学方法把受试者平等公正地分派到不同的治疗组和试验对照组，这样有利于消除分组的偏倚或误差，保证了各组不同成员机会的均等性和试验的科学性，在一致的条件下或环境中，同步地进行研究和观测试验的效应，并用客观的效应指标对试验结果进行科学的测量和评价。而且根据均势原则的要求，把临床试验对受试者的伤害或风险降低到最低水平。随机对照实验属于前瞻性研究，常用于对某种药物或治疗方法的效果进行检验和评价。

（2）基于随机临床试验的药物经济学研究：基于随机临床试验的药物经济学研究也称为平行试验研究，是将药物经济学研究与药物临床试验相结合，通常在药物Ⅲ期临床试验中进行经济学研究，这是目前广泛采用的研究设计。

临床试验广泛地用于评价药物、设备的安全性和有效性等，许多国家在对药物是否纳入医疗保险范围进行抉择时，要求生产者必须提供相应的经济学评价资料，这使得与临床试验同期进行的平行研究开始进入人们的视野，采用平行研究进行药物经济学评价的研究也逐渐增多。

（3）实际临床试验：实际临床试验与随机临床试验同属于前瞻性研究设计，它与随机临床试验相同之处是以某个时间点为起点向前进行研究，将所有试验对象随机分配到试验组和对照组。不同的是，它不要求对研究组和对照组作相同的检查或采用其他相同的治疗手段等，它允许临床医生根据自己的临床经验修改治疗方案，如改变药物的用药量、用药次数等。在实际临床试验过程中，医务人员按照一般的规则，根据患者的要求开处方。对患者采用什么治疗措施并不事先确定，不对患者采取任何额外的不为治疗所需要的诊断或检测，并且利用流行病学的方法来分析所收集的数据。

（4）交叉试验：交叉试验是指将观察对象分为两组，先是第一组在试验组，第二组在对照组。结束试验经过一段时间后，再以第二组为试验组，第一组为对照组，进行同样的试验。这样每一例既在试验组，又在对照组，结果两种处理方法的可比性好，研究效率提高。交叉试验主要用于临床干预措施的研究和评价，是随机对照试验的一种特殊类型。它兼有随机对照试验和自身前后对照试验的优点，属于一级设计方案。在交叉试验中，每例受试者都以自身为对照，可以消除个体差异，减少样本含量，节约时间成本，减少了自愿者偏倚和研究人员意愿偏倚，可以实现试验措施的标准化。但是，交叉试验的应用范围有限，只适用于慢性复发性疾病。

（5）自身前后对照试验：自身前后对照试验是指对于每一个受试对象，将不同的两种措施或治疗方法在前后两个阶段分别应用后，比较其结果的差异。研究是在同一组病例中完成，对观察对象自身在前、后两个阶段暴露于不同条件下的结果或接受不同处理措施后的效果进行比较，尽可能排除个体差异，取得真实的结论。在研究过程中，试验和对照两种措施的先后安排可以是随机的，也可以是非随机的，但最佳决策时采用随机方法选择试验措施或对照措施作为第一阶段的试验。如方案A随机地选入第一阶段试验研究，那么，受试者先接受方案A的干预试验，当完成测试观测任务后，则停止用药并总结前阶段的试验结果，然后进入清洗期，清洗期结束后，更换为方案B开始第二阶段的试验研究。同样按照第一阶段方案A的测试指标观测相应的结果，完成后则将前、后两个阶段的结果进行分析和比较。

例如：为了明确某新药治疗高血压的疗效，需将其与安慰剂进行比较。可选择一组符合纳入标准的高血压患者作为观察对象，在前阶段接受新药（或安慰剂）的治疗并观察疗效，间隔一段时间的洗脱期后，在后阶段接受安慰剂（或新药）并观察疗效。然后比较两阶段治疗的疗效，得出新药是否有效的结论。只有一种治疗措施观察治疗前后的效果，则不能称为自身前后对照研究。

（6）多中心临床试验：多中心临床试验是由多位研究者按同一试验方案在不同地点和单位同时进行的临床试验，由一位主要研究者总负责，并作为临床试验各中心间的协调者。大型多中心合作的临床研究常有两种，一种是大样本随机临床试验，另一种是Ⅲ期新药临床试验。多中心临床试验可公正地评估治疗药物的疗效，限制或淘汰疗效差或有严重不良反应的药物，有助于提高临床治疗水平。

（二）间接来源数据的收集

在中药经济学数据收集时，除了直接数据的获得，有时需通过其他渠道获得部分数据，这一类获得的数据称为间接数据，主要是通过检索所选数据库，对检出文献利用文献管理软件进行去重、筛选、整理等操作。

1. 检索数据库　需检索的英文数据库主要有 INAHTA、Embase、PubMed、MEDLINE、Cochrane Library、Clinical Evidence、Ovid 等，中文数据库主要有中国期刊全文数据库（CNKI）、中文科技期刊全文数据库（维普）、万方数字化期刊全文库等。为全面获取文献，首先应确定好检索词与检索策略，然后进入各个中文与英文数据库分别进行检索。

2. 文献纳入/分类标准　将检索到的文献按照文献纳入/分类标准进行分类，采用 PICO-S 原则设计纳入/分类标准。

（1）研究人群（P）：描述评价人群的特征。

（2）干预措施（I）：描述待评价的药物治疗。

（3）对照措施（C）：描述和待评价药物对照的治疗措施或安慰剂。

（4）结局指标（O）：相应的结局指标。

（5）研究类型（S）：①卫生技术评估（HTA）、循证指南、系统评价（SR）、Meta 分析；②随机对照试验（RCT）；③若数据不够的话，必要的时候纳入观察性研究（如队列研究或病例对照研究）。

3. 数据提取　按照预先设计好的数据提取表，由 1 名评价者独立提取数据，由另外 1 名评价者核对提取的数据。有任何争议通过讨论解决，必要的时候咨询第 3 位评价者。鉴于目前循证医学信息的各种媒体资源异常丰富，为保证较好的获取率，检索需将获得性较好的权威性数据库作为检索信息源。检索 Cochrane 系统评价资料是公认的获取临床证据最好的证据信息源，PubMed 和 Embase 是最权威的临床医学文摘数据库。MEDLINE 收录了 1946 年以来美国以及其他 70 个国家的 5500 余种杂志。PubMed 是免费的网上 MEDLINE 数据库，含有一些最新的尚未被索引的文献。Embase 常常被认为是 MEDLINE 的欧洲副本，它存储了超过 2300 万条索引记录，涵盖了超过 7500 种经过同行评审的近期期刊，尤其涵盖了大量欧洲和亚洲医学刊物，是其他同类型数据库所无法匹敌的。

4. 药物循证医学证据检索原则　检索策略的制订需注意避免主观因素和人为因素：首先要在所列数据库中检索和查阅目标药物带有多个随机对照试验的系统综述，即最佳证据→若系统综述不存在，进而检索目标药物的单个随机对照试验的文献→若仍无相关的单个随机对照试验，则依次检索单个非随机对照试验→依次类推，直到已有证据满足目标药物评价要求，即可终止检索。

需要全面检索目标药物的相关 RCT，以便减少偏倚。根据检索内容，检索策略需要不断调整完善，检索结果的范围也会逐渐缩小，最终检索结果被限制到与疾病病情及干预措施都相关且为指定试验设计类型的文献中。

5. 检索特异性分析

（1）目标药物限定检索：对不同数据库检索时，在采用相对统一的检索策略的同时，还需针对目标药物的个性差异采取不同的方法，以满足特异性检索的要求。如使用PubMed检索系统的“Clinical Queries”模块时，将检索范围限制在“Systematic Reviews”，以及在“limits”模块的“PublicationType”选项中，将出版物类型限定在“Meta-analysis或“PracticeGuideline”等等。在循证医学检索限定中，还可以勾选“Cochrane Review”“Randomized Controlled Trial”“Controlled Clinical Trial”“Systematic Review”“Meta Analysis”等选项进行限定检索。文献中如有其他同系药物研究，仅将目标药物作为对照组，可以根据论文利用价值进行取舍。

（2）注意鉴别相关与非相关文献：有些目标药物高级别的研究较多，文献量较大，由于实验设计条件的限制，会将其他并发症的患者剔除在外，而用药的安全性和复杂性证据往往在这类患者中表现集中度较高。遇到上述情况可在检索策略中加入药物反应（Drug Reaction）、副作用（Adverse Effect）等检索词，应根据课题需求，逐一鉴别。

（3）目标药物检索词选词途径：检索词选择方法有多种，主要有美国国立医学图书馆《医学主题词表》、EMTREE医学叙词与药学叙词表、《中国医师药师临床用药指南》、参考文献及网络资源等。规范化的主题词提供了高效的文献检索途径，检索时如有主题词检索途径，应设为检索首选项。充分利用主题词检索系统，主题词和副主题词的组配、同义词合并等功能，能有效提高检索质量，省时省力。

6. 目标药物循证医学评价记录表的作用　设计目标药物循证医学评价记录表，规范化保存循证药物案例检索的结果，提供完整的原始记录，可提高循证药学研究的客观性、针对性和实用性，同时为推广药学循证检索提供了一种实用操作方法。

四、数据的证据级别

证据具有等级性，进行中药经济学评价时，对形成证据的研究进行方法学质量的严格评价与分级，以明确该证据的推荐强度非常重要。需充分利用研究人员预先确立的证据分级标准和推荐意见使用各种高质量证据，研究人员在创建和推广证据分级标准和推荐意见时，必须力图统一，避免偏倚，以减少误导和滥用。

表6-1　2001年牛津循证医学中心临床证据水平分级和推荐级别

推荐级别	证据水平	治疗（有效/有用/有害）
A	1a	同质性RCT的系统综述
	1b	单一的RCT（置信区间较窄）
	1c	全或无（未治疗前所有患者均死亡或部分死亡，治疗后仅部分死亡或全部存活）
B	2a	同质性队列研究的系统综述
	2b	单一的队列研究（包括低质量的RCT）
	2c	结局研究：生态学研究
	3a	同质性病例对照研究的系统综述
	3b	单独的病例对照研究
C	4	病例系列（低质量的队列和病例对照研究）
D	5	没有严格评价的专家意见，或完全基于生理学和基础研究

1979年，加拿大定期体检特别工作组首次对研究证据进行系统分级并给出推荐意见，此后多个机构和组织对证据质量和推荐强度规定了标准。证据的分级经历了从定性到定量、从局部到整体、从片面到全面、从个别到一般、从分散到统一的过程，随着医学的发展，证据分级将不断更新。现将分级方法举例如下，附表6-1与表6-2。

表6-2　2004年GRADE证据等级

推荐强度	具体描述
高	未来研究几乎不可能改变现有疗效评价结果的可信度
中	未来研究可能对现有疗效评估有重要影响，可能改变评价结果的可信度
低	未来研究很有可能对现有疗效评估有重要影响，改变评估结果可信度的可能性较大
极低	任何疗效的评估都很不确定

五、样本量

医学研究的目的是为了了解被研究事物的整体规律性。然而，在具体的研究工作中，常难以对总体直接进行研究，只能随机从总体中抽取部分个体构成样本进行研究。抽取的样本含量需多大才能客观地反映总体的规律性，这是研究者关心的问题，下面探讨样本量估算相关问题。

（一）样本量估算的重要性及面临的问题

1. 药物经济学评价中样本量的估算非常重要，样本含量估计既不能凭空设想，也不是越多越好，正确估计样本含量应该是保证研究结论在具有一定可靠性的条件下，如财力、人力、时间等方面，用统计学方法确定最少的研究对象数。很多研究人员在实际的科研工作中往往不重视这个问题，随便估计一个样本量，导致样本量不足，降低了检验效能，难以发现或不能发现客观存在的差别。当研究中的数据来源于医保数据库等大样本数据时，因样本量往往已远超过最低研究样本量的要求，不需计算最小样本量；当研究者自行设计数据收集方案时，尤其当收集数据成本较高时，研究者便需要考虑最小样本量要求。

正确的估算方法和准确的临床参数为样本量估算的重要前提，样本量的估算不仅需要根据研究设计类型选择合理的统计学公式，更需要充分的临床信息作为估算的数据基础，估算参数可以参考历史同类研究、预试验结果或前期探索性研究结果获得。样本量太少导致出现很多的阴性结果（$P>0.05$），实际存在的差别不能显示出来，难以获得正确的研究结果，结论也缺乏充分的依据；如果样本量过大，会增加实际工作中的困难。所以从研究的成本—效益来说，这个例数最好能以最小的成本，获得较大的收益，样本量设计体现了科学研究的“少、快、好、省”的精神。

2. 临床试验的平行研究和二次文献研究的样本量由临床试验和已有研究决定，随机临床干预研究、前瞻性观察研究和回顾性队列研究中要求的样本大小与净效益、随访时间、成本数量和单位价格、亚组人群有关。一般来说样本量应略大于随机临床试验，推荐采用药物经济学试验样本公式进行估算，当估算公式中的各个参数难以获得时，每组患者样本量不得低于按临床试验或队列研究样本量估计公式计算的样本量。

（二）与样本含量估计有关的几个统计学参数

从统计学角度讲，影响样本量估计的参数主要包括Ⅰ型错误 α、Ⅱ型错误 β 以及检验效能（$1-\beta$），首先要对以下几个统计学参数加以确定或作出估计，可以根据不同的推断内容选用相应的公式计算出所需样本含量。由于在同样的要求和条件下完全随机设计所需样本含量最大，故一般都要按完全随机设计作出样本含量的估计。

1. 规定有专业意义的差值 δ，即最小临床显著差异，表示所比较的两总体参数值相差多大以上才有专业意义。δ 通过查阅文献或专家根据经验确定，必须有一定专业依据。

2. 确定作统计推断时允许犯Ⅰ类错误（“弃真”的错误）的概率 α，即当对比的双方总体参数值没有差到 δ，但根据抽样观测结果错误地得出两者有差别的推断结论的可能性，α 确定得越小，所需样本含量越大。

3. 确定检验效能，用 $1-\beta$ 表示。β 为允许犯Ⅱ类错误（“取伪”的错误）的概率。检验效能就是推断结论不犯Ⅱ类错误的概率 $1-\beta$，称把握度。即当对比双方总体参数值间差值确实达到 δ 以上时，根据抽样观测结果在规定的 α 水准上能正确地作出有差别的推断结论的可能性。

4. 确定总体标准差 σ 的估计值。一般是根据前人经验或文献报道作出估计；如果没有前人经验或文献报道作为依据，可通过预实验取得样本的标准差 s 作为 σ 的估计值。

（三）中药经济学随机对照试验研究样本量计算推荐公式

（1）计数资料样本量计算公式

$$n=\frac{\left[Z_{\alpha}\sqrt{2\overline{P}\,(1-\overline{P})}+Z_{\beta}\sqrt{P_1\,(1-P_1)\,+P_2\,(1-P_2)}\right]^2}{(P_1-P_2)^2}\qquad \text{式 (6-1)}$$

其中 n 代表样本量大小，P_1 为对照组某结局的发生率，P_2 为实验组某结局的发生率，$\overline{P}=(P_1+P_2)/2$。Z_{α}为 α 水平相应的 μ 值，Z_{β}为 β 水平相应的 μ 值。

（2）计量资料样本量计算公式

$$n=\frac{2\,(Z_{\alpha}+Z_{\beta})^2\sigma^2}{d^2}\qquad \text{式 (6-2)}$$

其中 σ 为估计的标准差，d 为两组结局变量的均值之差，其他代表符号的意义同上。

（3）净现值法样本量计算公式

$$n=\frac{(Z_{1-\alpha}+Z_{1-\beta})^2\,(Y_{新}+Y_{标})}{\delta^2}\qquad \text{式 (6-3)}$$

$$Y=s^2\,(B)\,+\frac{s^2\,(C)}{\lambda^2}-\frac{2Cov\,(B,C)}{\lambda}\qquad \text{式 (6-4)}$$

式 6-3 中 n 为样本量，α 为允许犯Ⅰ类错误的概率，β 为允许犯Ⅱ类错误的概率，δ 代表最小临床显著差异，$Y_{新}$ 代表新方案，$Y_{标}$ 代表标准方案。

式 6-4 中 s^2（B）代表效果的方差，s^2（C）代表成本的方差，Cov（B，C）代表成本和效果的协方差，λ 代表单位效果的社会支付意愿水平。

（四）中药临床试验中样本量的优化

根据试验目的需适当调整样本量大小，大多数大规模的临床试验目的为证明某种药物的有效性和安全性，试验的样本量要求比较大；不同的研究设计方案或者统计方法所需样本量的大小不同，不同的研究类型，样本量的估算方法存在着差异。控制样本量的因素除之前所述还有很多，如预计失访率、预计治疗的依从性大小、多个结局指标的取舍等。样本量的选择应该根据实际情况而定，运用Meta分析等统计方法筛选和整合获得的文献资源，才能取得更加可靠的依据。

（张　恒　孙振青　杨　青）

第二节　数据的分析

一、数据的统计学分析

（一）描述统计

描述统计（descriptive statistics）是研究如何取得反映客观现象的数据，并通过图表形式对所搜集的数据进行加工处理和显示，进而通过综合概括与分析得出反映客观现象的规律性数量特征的一门学科。

1. 基本统计学概念

（1）总体和个体：在统计学中，研究对象的全体称为总体（population）；组成总体的每个单位，即每个研究对象称为个体（item unit）；总体中所包含的个体的数量称为总体容量，当容量有限时为有限总体，容量无限时为无限总体。

（2）样本：从总体中抽出的部分个体组成的集合称为来自总体的样本（sample）。通常样本是相互独立且与总体同分布，样本中所含个体的数量称为样本容量。

一般地：设x是一个随机变量，x_1，x_2，…，x_n是一组相互独立且与x同分布的随机变量，则称x是总体，x_1，x_2，…，x_n为来自总体x的简单随机样本，简称：样本，n为样本容量。

（3）抽样误差：抽样误差（sampling error）是指由于随机抽样的偶然因素使样本各单位的结构不足以代表总体各单位的结构，而引起抽样指标和总体参数之间的绝对离差。

1）总体各单位标志值的差异程度：差异程度愈大则抽样误差也愈大，反之则小。

2）样本的单位数：在其他条件相同的情况下，样本的单位数愈多，则抽样误差愈小。

3）抽样方法：抽样方法不同，抽样误差也不同。一般地说重复抽样的抽样误差比不重复抽样的抽样误差要大些。

4）抽样调查的组织形式：不同的抽样组织形式就有不同的抽样误差。而且同一种组织形式的合理程度也影响抽样误差。

（4）概率：概率（probability），又称或然率、机会率、几率或可能性，是概率论的基本概念。概率是对随机事件发生的可能性的度量，一般以一个在0到1之间的实数表示一个事件发生的可能性大小。越接近1，该事件越可能发生；越接近0，则该事件越不可能发生。统计学上，我们常用概率$P\leqslant 0.05$或$P\leqslant 0.01$来作为事物差异有统计学意义与有高度统计意义的判断标准。

2. 计量资料的统计描述　计量资料又称为测量资料，它是测量每个观察单位某项指标值的大小所得的资料，一般均有计量单位。常用描述定量资料分布规律的统计方法有两种：一类是用统计图表，主要是频数分布表和频数分布图；另一类是选用适当的统计指标。

（1）频数分布表的编制：频数表（frequency table）用来表示一批数据各观察值或在不同取值区间出现的频繁程度（频数）。对于离散数据，每一个观察值即对应一个频数，如某医院某年度一日内死亡0、1、2、…20个患者的天数。如描述某学校学生性别分布情况，男、女生的人数即为各自的频数。对于散布区间很大的离散数据和连续型数据，数据散布区间由若干组段组成，每个组段对应一个频数。制作连续型数据频数表一般步骤如下：

1）求数据的极差（range）

$$R=x_{\max}-x_{\min} \qquad \text{式（6-5）}$$

2）根据极差选定适当“组段”数（通常8～10个）。确定组段和组距。每个组段都有下限L和上限U，数据x归组统一定为$L \leqslant x < U$。

3）写出组段，逐一划记。

频数表可用于揭示资料的分布特征和分布类型，在文献中常用于陈述资料，它便于发现某些特大或特小的可疑值，也便于进一步计算指标和统计分析处理。

（2）集中趋势描述：描述中心位置的平均指标，但常因资料的不同而选取不同的指标进行描述。

1）算术均数：算术均数（arithmetic mean）简称均数，描述一组数据在数量上的平均水平。总体均数用μ表示，样本均数用$\bar{x}$表示，其计算方法如下：

①直接法：直接用原始观测值计算。

$$\bar{x}=\frac{\sum x}{n} \qquad \text{式（6-6）}$$

②加权法：在频数表基础上计算，其中x为组中值，f为频数。

$$\bar{x}=\frac{\sum fx}{\sum f} \qquad \text{式（6-7）}$$

2）几何均数：几何均数（geometric mean）用以描述对数正态分布或数据呈倍数变化资料的水平。记为G。其计算公式为：

①直接法

$$G=\lg^{-1}\left(\frac{\sum \lg x}{n}\right) \qquad \text{式（6-8）}$$

②加权法

$$G=\lg^{-1}\left(\frac{\sum f\lg x}{\sum f}\right) \qquad \text{式（6-9）}$$

3）中位数：中位数（median）将一组观察值由小到大排列，n为奇数时取位次居中的变量值；为偶数时，取位次居中的两个变量的平均值。

$$为奇数时\ M=x_{(\frac{n+1}{2})} \quad 式(6\text{-}10)$$

$$为偶数时\ M=\frac{1}{2}\left(x_{(\frac{n}{2})}+x_{(\frac{n}{2}+1)}\right) \quad 式(6\text{-}11)$$

（3）离散趋势描述：变异指标的应用亦根据资料的不同而选取不同指标进行描述。常用的变异指标有极差、四分位数间距、方差、标准差和变异系数，尤其是方差和标准差更为常用。

1）极差：极差（range）亦称全距，即最大值与最小值之差，用于资料的粗略分析，其计算简便但稳定性较差。

$$R=x_{max}-x_{min} \quad 式(6\text{-}12)$$

2）百分位数与四分位数间距

①百分位数（percentile）是将 n 个观察值从小到大依次排列，再把它们的位次依次转化为百分位。百分位数的另一个重要用途是确定医学正常参考值范围。百分位数用 P_x 表示，$0<x<100$，如25%位数表示为 P_{25}。在频数表上，百分位数的计算公式为：

$$P_x=L_x+\frac{i_x}{f_x}\left(n\cdot x\%-\sum F_L\right) \quad 式(6\text{-}13)$$

②四分位数间距（inter-quartile range）是由第3四分位数（$Q_3=P_{75}$）和第1四分位数（$Q_1=P_{25}$）相减计算而得，常与中位数一起使用，描述偏态分布资料的分布特征，比极差稳定。其计算公式：

$$QR=Q_3-Q_1 \quad 式(6\text{-}14)$$

3）方差：方差（variance）表示一组数据的平均离散情况，其计算公式为：

$$s^2=\frac{\sum(x-\mu)^2}{n-1} \quad 式(6\text{-}15)$$

4）标准差：标准差（standard deviation）是方差的正平方根，使用的量纲与原量纲相同，适用于近似正态分布的资料，大样本、小样本均可，最为常用，其计算公式为：

$$s=\sqrt{\frac{\sum(x-\bar{x})^2}{n-1}}=\sqrt{\frac{\sum x^2-(\sum x)^2/n}{n-1}} \quad 式(6\text{-}16)$$

5）变异系数：变异系数（coefficient of variation）用于观察指标单位不同或均数相差较大时两组资料变异程度的比较。用 CV 表示，计算公式为：

$$CV=\frac{s}{\bar{x}}\times 100\% \quad 式(6\text{-}17)$$

平均指标和变异指标分别反映资料的不同特征，作为资料的总结性统计量，两类指标要求一起使用。如常用 $\bar{x}\pm s$ 或 M（QR）。

3. 计数资料的统计描述　计数资料是临床实践中除了计量资料外的另一类常见资料。常用的计数资料（相对数）指标有构成比、率与相对比。

构成比表示事物或现象内部各构成部分的比例，通常以100为比例基数，故常称为百分比。常用的构成比指标有患者的性别、适应证的构成、年龄分布与治疗结果构成等。

其计算公式为：

$$百分比=\frac{事物内部某一构成部分的个体数}{事物各构成部分的总数}\times 100\% \quad 式（6-18）$$

率，又称频率指标，指在大量观察的基础上，某现象实际发生数与可能发生该现象总数之比，用以说明某现象发生的频率或强度。常用的指标有感染率、病死率与治愈率等。常用百分率、千分率、万分率或是百万分率表示。其计算公式为：

$$率=\frac{某种现象实际发生的例数}{可能发生某种现象的例数}\times K \quad 式（6-19）$$

式中 K 为比例基数，如百分率（%）、千分率（‰）、万分率（1/万）等，具体取值一般以结果能保留一至两位整数为准。

相对比是表示两种有关指标之比。常用的相对比有出生性别比例（某年男性出生人数/同年女性出生数）、婴儿死亡率（某年婴儿死亡数/同年活产数）等。计算公式为：

$$相对比=\frac{A指标}{B指标}\times 100\% \quad 式（6-20）$$

4. 统计表和统计图　统计表与统计图是表达数据资料的重要工具，它们具有简单、明了、易于理解和接受的优点，而且便于比较和分析。同样的事实，用文字叙述可能需要进行长篇大论的解释，而且还受语言不同的限制，而用统计表或统计图则可一目了然。

（1）统计表

1）统计表的定义及作用：将统计资料及分析指标用表格的形式列出，称为统计表(statistical table)，它可避免冗长文字叙述，能把有关的数字列在一起，既便于计算比较，方便读者作比较和掌握主要研究结果，又易于发现错误和遗漏。

2）制表原则：首先是重点突出，一张表一般只表达一个中心内容，不要把过多的内容放在一个庞杂的大表里，宁愿用多个表格表达不同的指标和内容。其次，统计表就如完整的一句话，有其描述的对象（主语）和内容（宾语）。通常主语放在表的左边，作为横标目；宾语放在右边，作为纵标目。由左向右读，构成完整的一句话。最后，统计表应简单明了，一切文字、数字和线条都尽量从简。

3）制表的基本要求：①标题：概括表的主要内容，包括研究的时间、地点和研究内容，放在表的上方。如果整个表的指标统一时，可以将研究指标的单位标在标题后面。②标目：分别用横标目和纵标目说明表格每行和每列数字的意义，注意标明指标的单位。③线条：至少用三条线，表格的顶线和底线将表格与文章的其他部分分隔开来，纵标目下横线将标目的文字区与表格的数字区分隔开来。部分表格可用横线将合计分隔开，或用横线将两重纵标目分割开。其他竖线和斜线一概省去。④数字：用阿拉伯数字表示。无数字用“—”表示，缺失数字用“…”表示，数值为0者记为“0”，不要留空项。数字按小数位对齐。⑤表中数字区不要插入文字，也不列备注项。必须说明者标“*”号，在表下方说明。

4）统计表的种类：统计表包括简单表、组合表、频数分布表和列联表等。其中只有一个分组标志的统计表称为简单表，有两个或两个以上分组标志的统计表称组合表。

5）编制统计表的注意事项：统计表的目的是表达统计计算的结果，因此只要能清晰地、有条理地展示数据，让读者清楚明了分析结果就达到目的了，不一定拘泥于制表原则。制表过程中最常见的问题是受发表文章的篇幅所限，作者希望尽可能用较少的表格表达尽可能多的内容，导致统计表过大，内容过多，条理不清楚。

（2）统计图

1）统计图的定义及作用：数据资料用几何图形或图案等形式表示即称为统计图（statistical graph）。绘制统计图可使数字资料形象化、通俗、易懂，并能把资料的变化趋势和各种现象间的关系明确地表现出来，使读者在短时间内获得明晰的印象。但统计图只能提供概略的情况，而不能获得确切的数值，因此不能完全代替统计表，常需要同时列出统计表作为统计图的数值依据。

2）统计图的种类：根据资料类型和统计分析目的不同，需要用不同的统计图表达数据和统计指标值。常用的统计图有直条图、直方图、百分比条图和圆图、线图、散点图和统计地图等，还有在数据探索性分析中应用的茎叶图、残差图、箱式图、序贯分析的检验区域图、判断分析的类别分布图，以及聚类分析的谱系图等特殊分析图。

3）制作统计图的一般原则：①根据资料性质和分析目的正确选用适当的统计图。例如分析比较独立的、不连续的、无数量关系的多个组或多个类别的统计量（如例数、相对数和均数等）宜选用直条图；分析某指标随时间或其他连续变量变化的趋势宜选用线图；描述某变量的频数分布宜选用直方图；描述或比较不同事物内部构成时用圆图或百分比条图等。②与统计表相似，统计图必须有标题，概括统计图资料的时间、地点和主要内容。统计图的标题放在图的下方。③统计图一般有横轴和纵轴，并分别用横标目和纵标目说明横轴和纵轴代表的指标和单位。一般将两轴的相交点即原点处定为0。纵横轴的比例以5∶7或7∶5为宜。④统计图用不同线条和颜色表达不同事物和对象的统计量，需要附图例加以说明。图例可以放在图的右上角空隙处或下方中间位置。

（二）推断统计

推断统计（inferential statistic）是研究如何根据样本数据去推断总体数量特征的方法，它是在对样本数据进行描述的基础上，对统计总体的未知数量特征作出以概率形式表述的推断，包括参数估计和假设检验两项内容。常见的推断统计方法有：t检验、u检验、χ^2检验、秩和检验、方差分析和二项分布 Poisson 分布等。

1. 参数估计　参数估计就是通过样本估计总体特征，包括点值估计和区间估计两种方法。

（1）点值估计：即直接用样本均数作为总体均数的估计值。

（2）区间估计：总体均数95%置信区间的含义为由样本均数确定的总体均数所在范围包含总体均数的可能性为95%。根据样本均数符合t分布的特点，利用t分布曲线下的面积规律估计出总体均数可能落在的区间和范围。当样本含量较大时，可用u分布代替t分布。

2. 假设检验　假设检验是用来判断样本与样本、样本与总体的差异是由抽样误差引起还是本质差别造成的统计推断方法。

（1）假设检验的基本思想：假设检验的基本思想是小概率反证法思想。小概率思想是指小概率事件（$P>0.01$ 或 $P>0.05$）在一次试验中基本上不会发生。反证法思想是先提出假设（检验假设），再用适当的统计方法确定假设成立的可能性大小，如可能性小，则认为假设不成立，若可能性大，则还不能认为假设不成立。

（2）假设检验的基本步骤

第一步：提出检验假设（又称无效假设，H_0）和备择假设（H_1）。

H_0：样本与总体或样本与样本间的差异是由抽样误差引起的。

H_1：样本与总体或样本与样本间存在本质差异。

预先设定的检验水准为 0.05。

第二步：选定统计方法，计算出统计量的大小。根据资料的类型和特点，可分别选用 t 检验、u 检验、秩和检验和卡方检验等。

第三步：根据统计量的大小及其分布确定检验假设成立的可能性 P 的大小并判断结果。

若 P 值小于预先设定的检验水准，则 H_0 成立的可能性小，即拒绝 H_0，若 P 值不小于预先设定的检验水准，则 P 成立的可能性还不小，还不能拒绝 H_0。P 值的大小一般可通过查阅相应的界值表得到。

（3）进行假设检验应注意的问题

1）作假设检验之前，应注意资料本身是否有可比性。

2）当差别有统计学意义时应注意这样的差别在实际应用中有无意义。

3）根据资料类型和特点选用正确的假设检验方法。

4）根据专业及经验确定是选用单侧检验还是双侧检验。

5）当检验结果为拒绝无效假设时，应注意有发生Ⅰ类错误的可能性，即错误地拒绝了本身成立的 H_0，发生这种错误的可能性预先是知道的，即检验水准那么大；当检验结果为不拒绝无效假设时，应注意有发生Ⅱ类错误的可能性，即仍有可能错误地接受了本身就不成立的 H_0，发生这种错误的可能性预先是不知道的，但与样本含量和Ⅰ类错误的大小有关系。

6）判断结论时不能绝对化，应注意无论接受或拒绝检验假设，都有判断错误的可能性。

7）报告结论时应注意说明所用的统计量，检验的单双侧及 P 值的确切范围。

二、药物经济学成本—收益分析

药物经济学评价成本—收益分析方法有四种，分别是最小成本分析、成本—效果分析、成本—效益分析和成本—效用分析。

（一）最小成本分析方法（cost-minimization analysis，CMA）

最小成本分析是在结果完全相同的情况下比较两个或多个治疗方案间的成本差异。在证实临床结果相同的情况下，其成本最低的治疗方案就是最理想的方案。

药物经济学分析方法中，最小成本分析最为简单易行。由于成本以货币单位（我国单位为“元”）计量，参与的比较组是等效的，不必计算效果或效益值，只是对两种或多种治疗方案所花费成本进行比较、分析，即可确定哪种方案最为理想。

但是，最小成本分析是以结果一致为前提的，因此，只适用于已知两种或多种治疗方案结果一致的情况下。由于严格要求治疗的等效性，而现实中，往往很难达到这种理想结果，因此，在进行药物治疗方案的选择、计划决策时，最小成本分析运用得并不广泛。在实际运用中，只有首先证明两个或多个药物治疗方案所得结果之间的差异无统计学意义，即 $P>0.05$，方可应用此分析方法。实践中，最小成本法一般多用于比较不同来源或不同剂型的同种药物成本差异，或比较已知能产生相同患者效果的等效药物的成本差异。

详细的分析方法和步骤见第五章第五节。

（二）成本—效益分析方法（cost-benefit analysis，CBA）

成本—效益分析（CBA）是经济学的基本分析方法之一，是比较单个或多个药物治疗方案或药物治疗方案其他干预措施所耗费的全部资源成本的价值和由此产生的结果值（效益）的一种方法。这一结果值以与成本相同的货币单位计量。

与其他分析方法相比，成本—效益分析的主要特点是成本和结果均以货币单位测量。实际上，CBA 可被看作为一种投入的“产出”，研究一个治疗方案所产生的效益是否将超过完成此方案的成本？哪个治疗方案将产生出最大的净效益？

与其他分析方法相比，成本—效益分析方法应用较为广泛，只要结果可以用货币单位计量，就可以采用此方法。通常以下三种情况中均可采用成本—效益法：

（1）从社会经济角度，评价单个干预措施（治疗方案）的可行性与投资回报。如可运用成本—效益法评估在医院开展治疗药物监测需要的投入以及可能得到的收益（经济收益与社会效益），如果收益大于投入，则这一项目具有可实施性。

（2）比较具有单一或类似结果的多种不同方案，优选最佳方案。如对非典型性肺炎的预防和治疗有多种方案：接种疫苗预防；预服中药及注射干扰素预防；未预防给药，发现时治疗等。通过分别测定不同方案的疾病发生率、疫苗不良反应发生率、治疗疾病的成本等，比较分析采取各方案能够减少的损失（效益），最终评价判断哪种方案最为合适。

（3）比较不相关的多重结果的不同计划（方案），从而对有限资金的投入计划进行决策。如决定医院经费用于购置合理用药监测软件，还是开展治疗药物监测项目，还是培训临床药师？

详细的分析方法和步骤见第五章第二节。

（三）成本—效果分析方法（cost-effectiveness analysis，CEA）

成本—效果分析是药物经济学应用最早的评价方法之一，其技术也比较成熟。

成本—效果分析是一种用于对所有有治疗意义的、可供选择的治疗方案或干预措施的成本和效果进行鉴别、衡量和比较的方法，其目的在于通过分析寻找达到某一治疗效果时成本最低的治疗方案。它是分析和评价所有备选治疗方案的安全性、有效性和经济性的重要工具。

成本—效果分析的特点是治疗结果采用临床指标，如：抢救患者数、延长生命年限、治愈率、预防并发症数量等。

从方法上看，成本—效果分析适用于安全性和有效性不同的治疗方案间的比较，只要治疗方案或干预措施可用相同的临床结果指标衡量，就可采用此法。因此成本—效果分析可用于比较不同的药物治疗方案，包括两种或多种不同的药物或同一药物的多种不同剂型；也可用于特定条件下对药物治疗与一种或多种非药物治疗方案进行比较。

由于成本—效果分析的目的在于寻找将成本与效果进行最佳结合的方案，因此在进行药物研制和药物治疗决策时，常采用此方法。如药品生产企业在研制新药时，常需评估药物在成本或效果方面的竞争优势，以减少风险。成本—效果分析法可以帮助生产者明确待开发药物适应证的社会成本和个人成本、现有药物或治疗方案的成本与效果、疾病和现有药物方案对患者生活质量的影响等，从而减小不确定性。

成本—效果分析的衡量目标在于成本效果优化统一，同时评价各方案的成本与效果，从中寻找最合理的方案。成本效果最佳的治疗方案，不一定费用最小。确定某治疗方案是否可获得最佳成本—效果，通常可从以下几个方面来衡量：

（1）该治疗方案与其他治疗方案相比，成本降低，效果相等或相近；

（2）该治疗方案与其他治疗方案相比，成本相等或相近，效果提高；

（3）该治疗方案与其他治疗方案相比，成本稍有提高，效果大幅提高；

（4）该治疗方案与其他治疗方案相比，成本大幅下降，效果稍有下降。

运用成本—效果分析结果帮助作治疗方案选择决策，见表 6-3 和图 6-1。

表 6-3 成本—效果分析在治疗方案选择中的应用

成　本	效　果		
	较低	效果相同	较高
较低	运用增量比值判断	接受方案	接受方案
成本相同	拒绝方案	无差别	接受方案
较高	拒绝方案	拒绝方案	运用增量比值判断

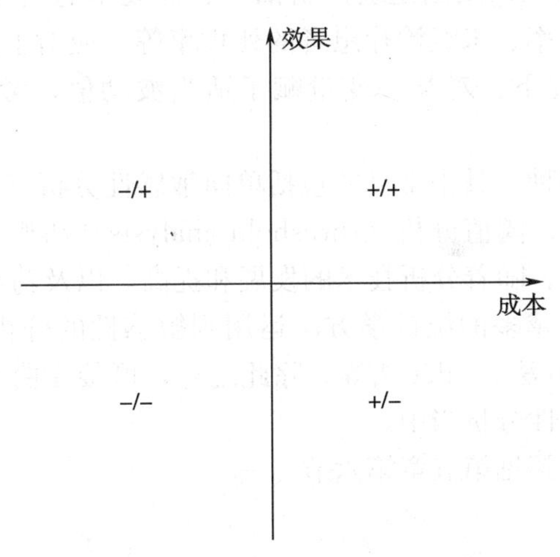

图 6-1 成本—效果分析在治疗方案选择中的应用

详细的分析方法和步骤见第五章第三节。

（四）成本—效用分析方法（cost-utility analysis，CUA）

成本—效用分析是成本—效果分析的一种发展，与成本—效果分析不同的是，其结果是以社会效益来衡量的，是综合考虑治疗效果与患者的满意度，以及生活质量的提高等各方面而进行的一种分析方法。

成本—效用分析的结果是健康效用，与成本—效果分析中采用延长生命年、细菌转阴率等客观的临床结果指标不同，健康效用采用的是一种反映疼痛减轻、精神好转、生活质量提高等的主观衡量指标。目前较常用的效用评价方法有质量调整生命年和健康测量量表。

通过对干预方案临床结果、生活质量和社会效益的评价，成本—效用分析能够全面分析医疗保健服务的功效，因此具有其他分析方法不具备的优点。但由于度量效用具有一定难度，而且目前对效用值测量可靠性的评价还没有建立完善的标准，因此成本—效用分析应用受到一定限制。目前在成本—效用分析主要应用于以下几种情况：

（1）对可延长生命，但伴有严重副作用的治疗方案的评价，如：对癌症治疗方案的评价。

（2）对不影响死亡率，但会影响发病率和生活质量的治疗方案的评价，如：对关节炎、青光眼的预防或治疗方案的评价。

（3）对有广泛潜在结果的卫生干预计划的评价。如推广脐血保存计划以防治白血病的可行性评价。

详细的分析方法和步骤见第五章第四节。

（五）敏感性分析（sensitivity analysis）

在药物经济学研究中，尤其是在成本－效果和成本－效用分析中，很多参数是不确定的，参数的变化，如成本、效果、效用的变化均可能影响结果的可靠性，因此需对研究结果进行敏感性分析。敏感性分析是对研究中的某些不确定因素进行波动分析，验证不同假设或估算数据的变动对分析结果的影响。一般药物经济学研究中成本的不确定因素主要是药品价格的波动，以及固定资产折旧率、提成率的估计值；效果的不确定因素通常是疗效率、不良反应率、未经治疗患者的死亡率等。应对上述因素进行敏感性分析，即在固定其他变量的情况下，对某一变量赋予适当波动值，考察药物经济学结论是否改变。

敏感性分析方法有多种，其中常见的包括单向敏感性分析（one-way analysis）、双向分析（two-way analysis）、阈值分析（threshold analysis）和概率敏感性分析（probabilistic sensitivity analysis）。随着分析技术的发展和提高，以及药物经济学评价在临床试验中的运用日益增多，越来越多的统计学方法运用到敏感性的分析当中。现有常用的统计学分析方法包括 bootstrap 法、filler 法等。除此之外，可接受曲线（acceptability curves）也越来越多地运用到敏感性分析当中。

详细的分析方法和步骤见第五章第六节。

三、模型分析

决策分析模型是药物经济学定量的决策分析重要工具之一，目前我们常用的决策分析模型有：决策树模型、Markov 模型、Monte Carlo 模拟、离散事件模拟和动态最优等，此外，Meta 分析、外推法也用于构建药物经济学模型。

（一）决策树模型分析

决策树模型是目前较为成熟的决策分析模型（图 6-2）。

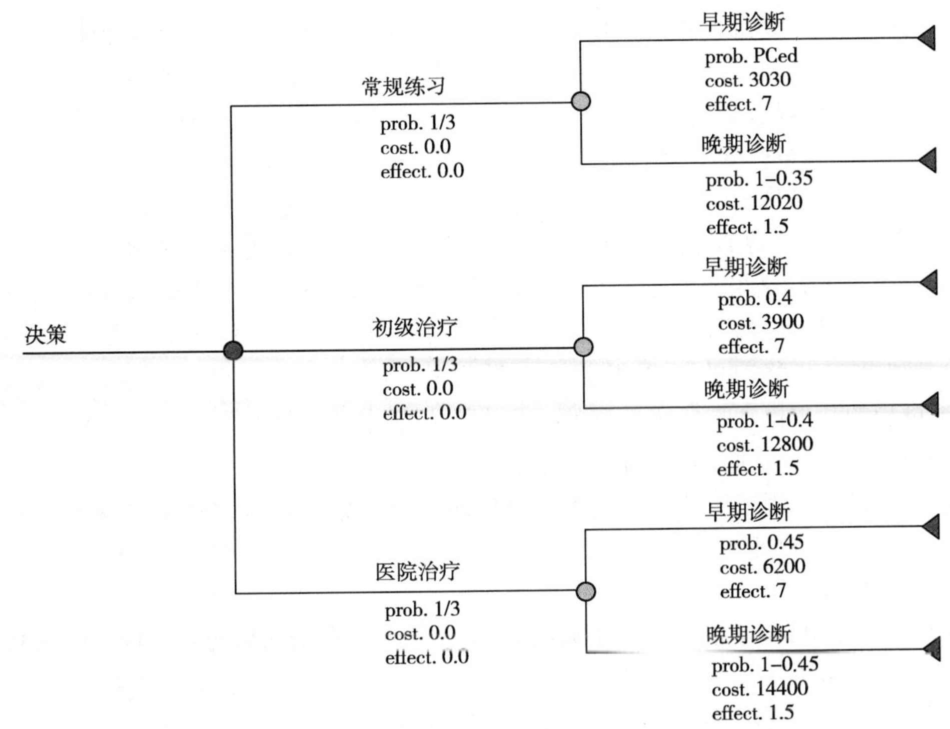

图 6-2　决策树模型

1. 运用决策树模型分析的主要步骤

（1）建立决策树模型。按从左向右的顺序画决策树：①先画出决策节点，再画由决策节点引出的方案分支，有几个备选方案就要画几条方案分支；②方案分支的端点是方案节点，由方案引出状态分支，有几种自然状态就要画几条状态分支；③给每条状态分支编上序号，并在右边标上每个状态下某方案的效益值。

（2）估算出每种状态的发生概率。在每条状态分支上标明状态概率。

（3）评价每种结果的损益值。

（4）计算各方案的效益期望值。从决策树的状态分支末梢开始，由自右向左的顺序（fold-back），利用各结果的损益值和各状态的概率值计算出每个方案的效益期望值。

（5）根据各方案的效益期望值进行决策。选择效益期望值大的方案，放弃效益期望值小的方案。

2. 决策树分析的优点与局限　决策树分析是风险型决策常用的一种方法，主要是它有如下几个优点：①它构成了一个简单的决策过程，使决策者有顺序有步骤地进行决策；②比较直观，使决策者沿着科学的推理步骤去周密地思考各有关因素；③善于解决比较复杂的决策问题。

当决策树分析用于处理复杂疾病的决策分析时，如患者可能自然康复，也可能在不同的状态间相互转化，或某一事件在疾病过程中可能重复出现并且概率会发生变化，决策树的构建和计算就显得复杂和笨重。此时可以用 Markov 模型解决问题。

（二）Markov 模型分析

有些疾病和治疗方案中，疾病的状态是可以互相转化并可能进行循环变化。例如慢性阻塞性肺疾病（chronic obstructive pulmonary disease，COPD）的患者根据 FEV_1 的水平疾病严重程度可以分为：中度（moderate）、严重（severe）和非常严重（very severe），各疾病状态之间可以互相转换。在这种情况下，对疾病风险的动态循环过程就比较难以描述，单纯采用决策树分析会使得决策树变得很大而难以判断。

Markov 分析是俄国数学家 Markov 建立的一种分析随机过程的方法。Markov 经多次观察试验发现，一个系统的状态转换过程中第 n 次转换获得的状态常决定于前 1 次（第 $n-1$ 次）试验的结果。对于一个系统，由一个状态转至另一个状态的转换过程中，存在着转换概率，并且这种转换概率可以依据其紧接的前一种状态推算出来，与该系统的原始状态和此次转移前的过程无关。一系列的 Markov 过程的整体称为 Markov 链。Markov 过程的基本概念是研究系统的“状态”及状态的“转移”，从一个状态转换到另一个状态的可能性，我们称之为状态转换概率。

Markov 模型可用来估计疾病发展的时间进程以及治疗措施对患者健康状态的影响，根据每种健康状态和每个周期中患者的比例，估算每个阶段疾病治疗的成本、效果以及获得 QALY 的情况。

一个简单的 Markov 模型的例子如图 6-3，图中有 3 种健康状态：健康、疾病和死亡。当某个事件发生的时候，患者的健康状态就发生了转换，例如患者可能从健康的状态发生疾病，或者死亡，也可能继续维持健康状态；从疾病的状态可能自然转归到健康状态，或者死亡，也可能继续维持疾病状态；从死亡的状态则不可能转换到健康或者疾病状态，只能维持死亡状态，属于吸收态，吸收态一般只能维持该状态，因此转换概率就是 1.0。在真实的情况下的 Markov 模型要复杂得多，因为多数疾病不止一种疾病状态，多种疾病状态之间可以进行转换。

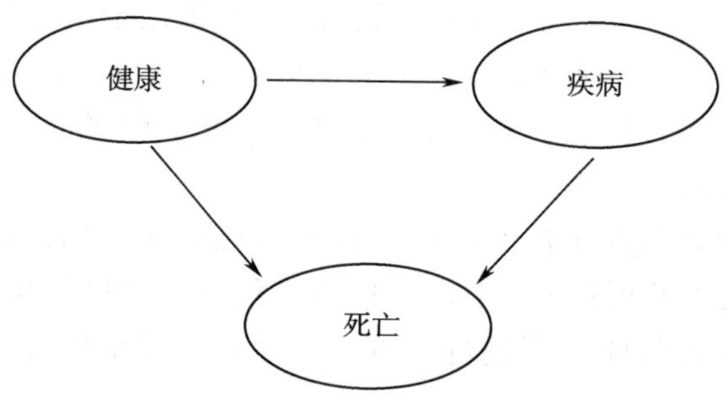

图 6-3 Markov 模型

Markov 模型的一个缺点就是要求严格的假设条件，即每种状态之间的转换概率只与患者所处的疾病状态有关，而与患者的该健康状态持续的时间以及从哪种状态转换而来无关。在实际问题的研究中，很难判断 Markov 模型的这些严格要求是否完全符合。

（三）Monte Carlo 模拟

Monte Carlo 模拟亦称为随机模拟（random simulation）方法，有时也称作随机抽样（random sampling）技术或统计试验（statistical testing）方法。它的基本思想是，首先建立一个概率模型或过程的观察或抽样试验来计算所求参数的统计特征，最后给出所求解的近似值。而解的精确度可用估计值的标准误差来表示。这一方法源于美国在第一次世界大战研制原子弹的“曼哈顿计划”。该计划的主持人之一数学家冯·诺伊曼（John von Neumann）用驰名世界的赌城摩纳哥的 Monte Carlo 来命名这种方法。

Monte Carlo 模拟过程大体包括如下几个内容：

（1）对求解的问题建立简单而又便于实现的概率统计模型，使所求的解恰好是所建立模型的概率分布或数学期望。

（2）根据概率统计模型的特点和计算实践的需要，尽量改进模型，以便减小方差和降低费用，提高计算效率。

（3）建立对随机变量的抽样方法，其中包括建立产生伪随机数的方法和建立对所遇到的分布产生随机变量的随机抽样方法。

（4）给出获得所求解的统计估计值及其方差或标准误差的方法。

在药物经济学决策分析中，Monte Carlo 模拟用于计算由大量个体组成的假定队列的成本和结果。在 Monte Carlo 模拟中，个体在某一时刻处于哪种健康状态是随机的。如图 6-4 所示。

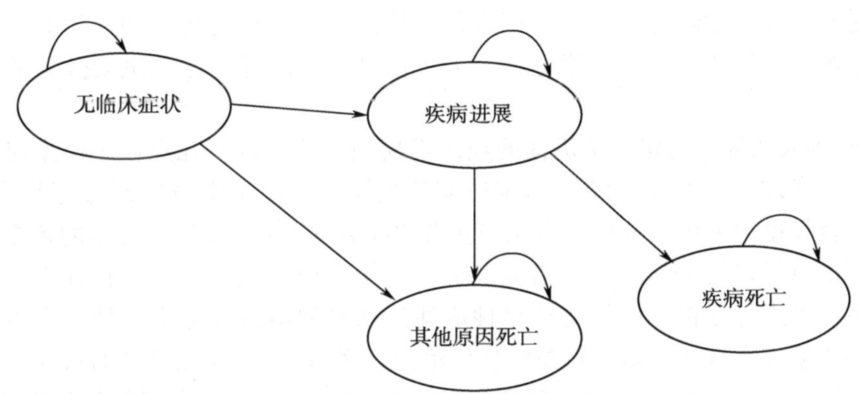

图 6-4　Monte Carlo 模拟示意图

在 Monte Carlo 模拟中，每个患者的起始状态是健康，每次循环后会产生一个随机数字，结合在不同状态间转换的概率值，可以确定这个患者在下一个循环中的状态。假设个体由健康状态进入死亡状态的概率是 0.2，从健康状态进入疾病状态的概率是 0.2，保持健康状态的概率是 0.6。当模拟过程开始后，如果产生的随机数字在 0 和 0.2 之间，那么个体就进入了死亡状态；如果随机数字在 0.2 和 0.4 之间，那么个体转入疾病状态；如果随机数字在 0.4 和 1 之间，那么个体就保留在健康状态。重复运算直到个体转入死亡状态。然后一个新的个体进入模拟过程，直到队列所有个体均完成模拟过程。这样就会得出生存时间和成本的分布。

尽管 Monte Carlo 模拟计算得出的成本和结果均值与 Markov 模型运算相似，但 Monte Carlo 模拟的优点在于可以估计方差，从而测量干预结果和成本的不确定性。因此 Monte Carlo 模拟常用于 Markov 模型的敏感性分析。Monte Carlo 模拟可以合并处理临床上各投入变量的所有可能的变动，每次模拟过程都从变量的变化区间内产生随机数据进行运算，最后输出队列的成本和干预结果。

（四）外推模型（extrapolation models）

临床试验的时间往往比较短，而有些疾病治疗的影响却在治疗后的很长一段时间内显示出来，例如对未来医疗需求和成本的影响、对患者长期生存率的影响等。为了观察长期治疗结果而延长临床试验的时间，经常会受到研究经费或者研究时效性的限制。因此，研究者希望能够通过在短期的临床试验中观察到的数据来推算治疗方案对患者的长期影响，这时就需要用到外推模型。例如，Mark 等人在 1995 年采用外推的方法对两种心肌梗死的溶栓治疗方案的长期效果进行了比较。他们从 1 年的 GUSTO（Global Use of Strategies to Open Occluded Coronary Arteries，全面应用多种策略以开放阻塞性冠状动脉）试验中获得了组织型纤溶酶原激活物（t-PA）和链激酶溶栓效果的数据，从 Duke 心血管疾病数据库中得到 1971～1992 年中 4000 多例患者的治疗情况，外推患者接受 1 年治疗后的 14 年中的情况。

外推模型的第二个应用是用于测量生活质量。一个临床试验中可能测量了疾病相关的生活质量和功能状态，但是没有效用值的测量。从患者的疾病相关生活质量和功能状态外推患者的生活状态的效用值，就可以用来计算 QALY 和 DALY。

（五）模型评价

模型是药物经济学研究中不确定因素的来源之一。模型的构建和选用方法的科学合理性直接影响到结论的可靠性和稳定性。关于模型自身的评价也是决策分析的一个研究焦点。

Buxton 等人认为，构建一个优良的经济学模型应注意以下几点：①模型应尽可能简化以利于决策者理解；②模型结果的阐述应清楚明了，模型本身应经过仔细推敲研究；③应谨慎对待模型中采用的数据，当无法获得“硬数据”（真实的、可靠的数据）时，必须依靠专家的意见进行分析，分析者应能够使决策者明确这一点；④在建模过程中，应对不确定性因素进行分析，结果的可靠性应通过认真的敏感性分析验证，应尽量避免仅考虑常用的决策方案（如忽略了有关的替代治疗方案）；⑤为验证模型的可靠性，可与其他模型评价结果进行比较，或与一项适当的试验进行比较，当出现新的信息或数据时，需要对模型分析进行更新。

Eddy 提出了验证模型有效性的四步法：①模型应对相关疾病的专业人士有意义；②模型应与构建过程中的源数据结果匹配；③预测应与非源数据一致；④“预测-实验-比较”是验证模型有效性的最终手段。

同样，关于药物经济学研究设计和质量评价的标准也可用于模型评价，可按照下面的问题列表考评一个模型在决策分析中的应用是否合理。

（1）是否明确阐述观点？

（2）成本测算是否合理？

（3）是否提及成本数据来源？

（4）是否讨论消耗资源的数量？

（5）是否讨论结果数据的来源？

（6）研究时间和范围是否明确？

（7）是否进行了必要的贴现？

（8）是否进行了必要的边际分析或增量分析？

（9）是否进行了敏感性分析？

（10）是否讨论干预的可支付性？

（11）是否对结果的普及性进行了讨论？

无论采用哪种方案评价模型的质量，都应清楚地认识到，模型不能完全代表真实情况，它只能概括和提炼决策问题的主要特征和关键要素，便于用数学和统计学的方法对决策问题进行定量研究。每种决策模型都有其适用范围和局限性，决策者可以依靠但决不能迷信模型。

（徐　涛）

参考文献

1. 陈洁．药物经济学．北京：人民卫生出版社，2006.
2. 何文，宋金春，罗云，等．药物经济学．北京：中国医药科技出版社，2005.

第七章 中药药物经济学研究设计方法

中药药物经济学研究设计方法是根据研究的问题，对数据进行选择、判断，选用适当的决策分析方法进行评价，从中找出最优的方案。一项药物经济学研究设计的方法对研究的整体成本、完成时间、所获得资料的可靠性、研究的复杂程度和得出的结论起着非常重要的作用，因此，选择一个适宜的研究设计方法是开展一项中药药物经济学评价的关键步骤。

本章第一节先概述了中药药物经济学评价中两大研究设计的类型：包括直接来源数据的研究和间接来源数据的研究。每一种研究方法都有其优缺点。在选用时应该注意考虑其适用性和资料的可靠性。第二节主要介绍了常用的两种药物经济学决策分析模型，并且各以一个例子来具体地说明决策树模型和 Markov 模型的构建方法及注意事项。

第一节 研究设计的类型

一、直接来源数据的研究

药物经济学评价所需的数据按照来源不同分为两大类：直接来源和间接来源。其中直接来源属于第一手或直接的数据资料；间接来源即非第一手或非直接的数据资料。因此研究设计数据属于直接来源的有前瞻性研究、回顾性研究以及混合型研究；属于间接数据来源的有二次文献研究设计。

（一）前瞻性研究

前瞻性研究包括随机临床干预研究和前瞻性观察研究。

1. 随机临床干预研究　随机临床干预研究又包括围绕随机对照临床试验的平行研究和实际临床试验研究。围绕随机对照临床试验的平行研究是将药物经济学研究与药物临床试验相结合，通常在药物Ⅲ期临床试验，也有在Ⅱ期或Ⅳ期临床试验中进行经济学研究。该方法对评价持续时间相对较短的干预措施时最有用。应用该方法将临床的、经济学的和人文方面的资料在同一个临床研究中收集，使收集信息完整，信息及时、准确。另外，研究方案跟实际的临床实践紧密结合，通常被认为具有较强的可信度和良好的内部效度。

然而，人们也充分认识到随机临床干预研究有许多局限性：①严格的限制使外部的有效性降低。②当计算成本效果比或增量成本效果比时，不能肯定能否准确反映所获得资料的真实性。因为经济学评价与 RCT 一起进行，导致很多的资源消耗（成本）通常是 RCT 造成的。另外，在这样的条件下获得的药品效果更接近于功效而不是效果。③临床试验对照组通常使用安慰剂，而中药药物经济学研究要求对照组最好是其他的药物或治疗方案。当我们在选择阳性对照药时，经常只考虑有效性和安全性，容易忽视成本因素，当有的研究员在研究时，没选择价廉或疗效相同的同类药物进行比较，而选用单价或疗程较贵的药物作比较时，使获得的结果存在倾向性而失去普遍意义。④RCT 的研究期相对较短，不足以观察到长期效果，除非 RCT 的短期研究结果能有效地预测最终的（远期）健康收益。最后，临床试验的患者样本数较小，不适宜药物经济学指标的显著性表现。药物经济学测量的终点往往呈方差较大的非正态分布，而 RCT 具有在临床终点判别差异的把握度，因此，要判别两个终点的统计学差异将需要较大的样本量。

实际临床试验研究是在药物的日常实际应用环境中进行药物经济学研究。该方法不受 RCT 方案的约束，能使研究结果最大限度地应用于其他地方。另外，根据真实患者资料进行经济学评价，能够具有较高的外部性。

然而，这类研究方法的主要缺点有：①研究成本大，极少研究者和资助方愿意为此投入大量资源；由于长期随访和统计学差异需要大样本。②长期自然状态下不可避免药品或治疗上的变动，导致内部效度较低。例如，一些患者可能存在依从性差的情况，或者由于发生不良反应而医生改变方案。

此外，实际临床试验与围绕随机对照临床试验的平行研究的相同之处是以某时间点为起始点，将全部试验对象随机分配到试验组和对照组进行研究。不同之处是它不要求对研究组和对照组作相同的检查或采用其他相同的治疗手段等，它允许临床医生根据自己的临床经验修改治疗方案，如改变药物的用药剂量、用药频率等。

2. 前瞻性观察研究　即基于队列研究的药物经济学研究设计，这是药物经济学研究设计的理想标准。常被用于药物流行病学研究。当由于时间、资源约束不能进行前瞻性试验研究或因伦理学原因不能进行 RCT 时，常用该方法对一些慢性疾病的治疗效果进行评价。另外，它能反映真实条件下药品治疗的成本效果，具有很好的外部性。

但是，采用前瞻性观察研究时：①结果的比较基于在最少或无控制环境下各研究组之间的差异，因此很难确立治疗与结果间的因果关系；②不能评价特定疾病患者的生存质量，除非具有前瞻性试验的性质（但费时费力）；③患者依从性差和干扰因素多，从而降低了内部效度，同时也增加了分析的难度。

（二）回顾性研究

回顾性研究是对已有临床试验患者的费用资料进行回顾性整理分析。其中，回顾性队列研究是首选方案，是缺乏前瞻性研究时的最佳选择。使用某药物的患者作为研究组，使用其他药物的患者作为对照组，进行比较研究。有关数据大多可以直接获得，研究的成本较低，时限较短，并有较高的外部有效性。

回顾性队列研究要求对任何可能混杂的因素，如年龄、性别、疾病的严重程度，多种疾病并发状态及竞争风险等因素进行统计控制，但因为现实环境中队列研究的选择偏倚，研究组与对照组之间存在差异，所以存在相当的难度。另外，现在记载的数据不是根据药物经济学研究目的要求而记录的，总体上通常难以达到研究设计本身的要求。

（三）混合研究设计

混合研究设计主要是以上几种研究设计方法的综合运用。通常以前瞻性的临床试验或回顾性研究获得足够的临床基础数据，需要回顾性收集临床试验患者的成本数据或采用横断面调查来获取相关的成本数据。混合研究设计是一种省时省钱的药物经济学研究方法，在没有条件开展前瞻性研究时可作为替代选择。

然而，混合研究也存在一定的缺点。其层次多，比较复杂，不易对患者生命质量及工作活动能力的丧失情况（间接成本）、效用资料进行研究，结果存在一定偏倚。

二、间接来源数据的研究

数据属于间接来源的研究有二次文献研究设计。二次文献研究设计主要是利用已公开发表的文献资料，对不同治疗的方案进行系统的药物经济学综合分析。例如，在模型法研究中，采用二次文献研究的方法对临床试验中药品的安全性和有效性等进行 Meta 分析，将分析结果作为模型中参数假设的主要来源。

二次文献研究具有研究时间快、成本小的优点，但其缺点也比较明显，必须基于大量的现有文献，以及不同研究文献的可比性等假设条件。

（陈峦峦　李国成　伍俊妍）

第二节　模型的类别

药物经济学模型是根据研究的问题，对客观数据进行模型化处理，进而进行决策分析，最后提出决策结果。因此，数据、模型与决策分析直接的关系如图 7-1 所示：

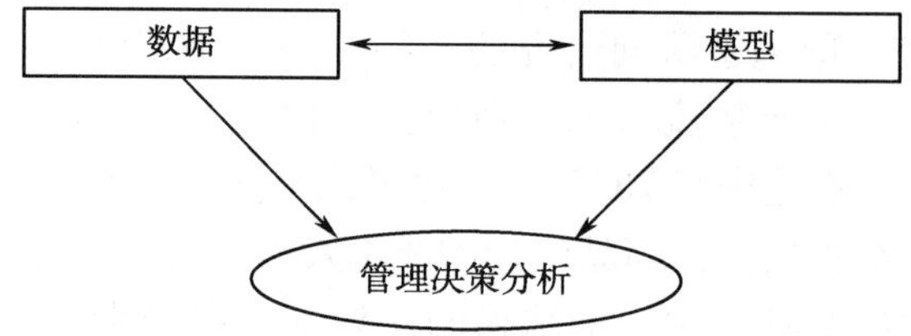

图 7-1　数据、模型与管理决策的关系

该图说明数据与模型除了共同服务于决策分析之外，它们之间也存在紧密的联系。从应用的角度来讲，统计方法比较强调实证性做法。统计的语言是数据，没有大量的、客观准确的数据资料，统计决策分析只能停留在纯理论的阶段，无法形成具体的分析结论。例如 20 世纪 20 年代出现的博弈论，它虽然不像统计分析那样需要拥有充足的数据，但是必要的不可控因素（比如模型中的参数）不可或缺，其数值资料必须事先给定。

另外，现代信息化非常发达，我们很容易通过各种途径获取大量的数据资料。但是由于各种原因，数据资料本身总会存在不系统、不充分、不完备的问题，因此，数据必须经过科学的编辑、处理、汇总和提炼才能用于决策。对此，模型起着重要的转化作用。通过模型化处理，不仅能对数据的价值结构进行改造，而且能对决策进行深层次的分析。

举个例子来说，把数据资料看作“生产原料”，把模型看作“生产机器”，那么，把数据原料加入到模型机器中，经过模型机器的处理，就能得出“产品”，即是决策分析结果。数据、模型与决策分析的关系，也可以用图 7-2 说明：

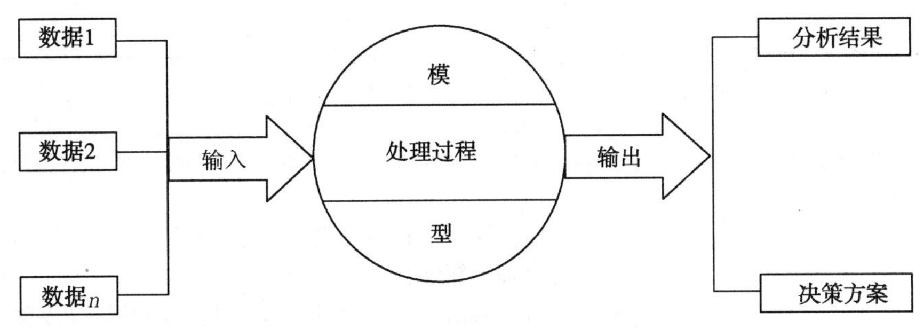

图 7-2　数据与模型的投入产出关系图

一项好的药物经济学模型可以通过表 7-1“卫生技术评估决策分析模型质量评价检查表”来进行评估，该表比较全面地总结了良好的决策模型和关键评估的性质。

表 7-1　卫生技术评估决策分析模型质量评价检查表

主题	质量维度	质量评价问题
结构	陈述决策问题/目标	是否有一个明确决定问题的陈述？ 评价的目的和指定的模型与决策问题是否一致？ 有指定首要的决策者？
	陈述范围/角度	是否陈述模型角度？ 模型的输入与规定的角度一致吗？ 该模型的范围是否被陈述和合理？ 模型结果与模型的范围观点和目标是一致的吗？
	结构合理性	模型结构与健康状态评估理论是否相一致？ 数据来源适用于特定模型结构发展？ 模型结构内的因果关系是否合理？
	策略和比较	在评价时有没有一个明确的定义？ 所有可行的选项进行了评估？ 如果可行的选项被排除在外，这需要理由吗？
	模型类别	是指定的模型类别吗？ 选择的模型类别适合给定的问题吗？
	时间范围	模型的时间范围是以反映所有重要选项之间的不同关系吗？ 模型的时间范围包含治疗的持续时间和治疗效果的持续时间？
	疾病状态/路径	疾病或路径反映相关的生物过程问题中的疾病和干预措施的影响？
	周期长度	周期长度有定义和合理吗？
数据	数据识别	数据识别方法透明和适当吗？ 数据源间的选择是否合理？ 是否需要特别注意辨别数据？
	模型数据	数据建模基于合理的统计和流行病学方法？
	基线数据	基线数据的选择有被描述和合理吗？ 转移概率计算适当吗？ 有一个半周期的校正被用到成本和结果？ 如果没有半周期校正，那合理吗？

续表

主题	质量维度	质量评价问题
	治疗效果	如果相关治疗效果来源于试验数据，他们使用适当的技术合成了吗？ 用于推断短期结果和最终成果的方法和假设，是否使用敏感性分析进行合理的探索？ 有关于持续的治疗效果的假设，一旦治疗的记录是完整的和合理的，并探讨在敏感性分析的替代假设？
	成本	成本被描述和合理吗？ 成本数据的来源有被记录吗？ 有没有被记录和合理的贴现率？
	质量生命年（效用）	效用被记录和适当？ 效用的数据来源被记录？ 获取效用数据的方法被描述和合理？
	数据合并	在模型中包含的所有数据被描述和引用？ 有没有明确的和合理的数据假设和选择？ 数据合并的过程透明吗？ 如果分布已被应用于参数，这些描述合理吗？
	评价不确定性	有四种主要类型的不确定性（方法、结构、参数和异质性）得到解决？ 如果没有，它们不作该证明？
	方法	不确定性的方法被替代方法的假设运行模型解决？
	异质性	通过运行单独的亚组的模型的异质性得到解决？
	参数	模型评价参数不确定性恰当吗？ 如果参数代表点估计，那么在敏感性分析中它的范围被记录和合理吗？
	内部一致性	是否有证据表明，该模型的数学逻辑进行了测试？
	外部一致性	是否直觉的结果解释和合理吗？ 如果模型的结果与独立的数据相比，差异的解释和合理吗？ 结果和其他模型的结果比较，相似性和不同点合理吗？

在实际应用中，两种常用的模型方法为决策树（decision tree）模型和Markov模型。根据所要解决的问题和资料的可得性，这两种模型有时可联合使用。

一、决策树模型

（一）决策概述

我们知道，决策是人们为了解决当前或未来可能发生的问题，从确定行动目标，到根据客观条件提出各种备选方案，再经过必要的分析、计算和判断，作出抉择，从中选出一个最佳方案，并作为目前和今后行动的指南，付诸实施的整个过程。

1. 决策　在中药药物经济学的研究过程中，虽然我们遇到的决策问题可能千差万别，例如我们选用何种药物为患者治疗，又如何选用剂量，对于患者是否要用这种药物以及是否作剂量调整等问题，是根据其病种、病情和该病各种可能结果的概率大小进行综合分析后作出决策。但其实决策问题仍然具有基本的共同点，大体包括以下几个方面：

（1）决策人：决策人是决策活动的主体，既可以是一个人，也可以是一个集体；既可以是一个自然人，也可以是代表公司、机构的法人。决策人负责决策方案的制订和选择，同时也承担着决策方案实施后产生的后果。

（2）决策目标：决策目标是决策人想要获得的结果。决策目标关系到决策方法和决策规则的选择问题，只有目标明确，才便于有效地进行决策。以某一位患者选择中药A或中药B治疗为例，在其他因素不变的情况下，中药B的购置价格比A低，但由于中药B的总治疗成本比A要高，因此，仅以购置价格为目标时，我们会为患者选择中药B。这一决策的结果虽然减少了对药品购置预算的压力，但治疗成本较高，反而增加了患者的负担。因此，明确决策目标起着很重要的作用。药物经济学的决策目标一般表现为：成本最小，损失最少，时间最短等。

（3）决策的要素：在实际工作中，对同一个问题，当面临几种自然情况（称为自然状态），为实现某一目标又有几种方案可供选择时，就构成了一个决策问题。

决策分析模型是在不确定条件下用系统的方法来构建模型。具有明确的、定量的和透明的特点。模型结构能够让决策者在评估时容易抓住关键点，让每个决定跟选择的概率、成本及结果有关，帮助决策者在给定的环境下作出决策。它的基本结构为：

$$C_{ij}=F\ (a_i, \theta_j) \qquad 式（7-1）$$

式中θ_j为自然状态（简称状态），是决策者不可控制的因素，将其作为一个变量，成为状态变量；a_i为行动方案（简称方案），是决策者可控制的因素，将其作为一个变量，称为决策变量；C_{ij}为效益值（又称损益值、风险值），它是a_i，θ_j的函数。

决策的3个要素由自然状态、行动方案、效益值构成。这3大要素具体如下：

1）状态θ：用$\theta=\{\theta_1, \theta_2, \cdots, \theta_n\}$表示所有可能的自然状态，称为状态集。它是决策人的能力所不能控制的客观存在的事实，即影响决策的潜在因素。例如某个时期医院的就诊人数可能很多、一般、很少；又如患者的病情用药后可能疗效好、轻微或无疗效，这些是决策人不能控制的，但在决策前又必须要了解状态的信息，才可能进行下一步的行动。此外，状态不能唯一，否则就风险型决策就变成确定型决策。

2）方案a：用$a=\{a_1, a_2, \cdots, a_m\}$表示所有可能的行动方案，称为方案集。备选方案的选取是由决策人决定的，它是决策人可控制的因素。方案中的每一个决策方案必须是合理制订出来的，而且要有一定的可操作性。例如，在治疗冠心病患者时，选择复方丹参滴丸还是复方丹参片是医生可选取的治疗方案。只有拥有2个或2个以上的备选方案，才可进行方案间的选择比较，从而作出对应的选择。

3）效益C：一般地，对应某一种自然状态θ_j，采取某一行动方案a_i，就会得到一个确定的效益值C_{ij}。在决策分析中，常用效益矩阵来表示所有的效益值，即$C=(C_{ij})_m \times n$。同样地，决策模型也可以用效益矩阵来表示。见表7-2。

表 7-2　效益矩阵

行动方案	自然状态					
	θ_1	θ_2	…	θ_j	…	θ_n
a_1	C_{11}	C_{12}	…	C_{1j}	…	C_{1n}
a_2	C_{21}	C_{22}	…	C_{2j}	…	C_{2n}
…	…	…	…	…	…	…
a_i	C_{i1}	C_{i2}	…	C_{ij}	…	C_{in}
…	…	…	…	…	…	…
a_m	C_{m1}	C_{m2}	…	C_{mj}	…	C_{mn}

很明显的，对某一问题进行决策，就是在给出了自然状态后，从行动方案中选择一个最优的方案，使其可能的收益最大而可能的损失最小。

（4）自然状态概率。对风险型决策而言，其结果在事前是无法确定的。因此，对不确定性的处理方法有，给每个自然状态赋予相应的发生概率，然后运用期望等标准作出判断。用 P 表示概率空间，$P(\theta_j)$ 为第 j 个自然状态下的概率，则 $P=\{P(\theta): P(\theta_1), P(\theta_2), \cdots, P(\theta_n)\}$。

2. 步骤　当我们进行一项决策分析时，一般包括如下步骤：

（1）明确问题：在建立一项决策模型前，我们首先要清楚地确定研究的问题。例如确定研究的范围和细节、接受的数量和评价干预措施的位置及设置。另外，由于模型是事件的简化模式，它必须与事实一致。因此，我们定义的问题必须真实，辨认性地反映可用的数据。最后，研究的问题必须反映一套方法论决定，从适当的观点、时间范围、成本和利益的措施和更广泛的范围或模型的边界等出发。分析的时间界定非常重要，对于不同的时间范围，治疗的成本和效果将可能有显著性差异。

（2）决定最适合使用的决策分析模型：Barton 和他的同事们已经开发出一种流程图，使用不同的四个问题的答案以推荐使用最好的模型。如图 7-3 所示。他们建议模型中最主要的考虑因素是个体之间是否相互独立？如果个体间的相互作用不是很重要，那么就可以选用决策树模型、Markov 模型和单独的抽样模型。这些都是药物经济学评价中主要的模型。

一般而言，在时间段和重复事件并不重要时，决策树模型通常是合适的。当复发事件需要模拟时，Markov 模型是一种选择。在 Markov 模型需要大量的健康状况时，试图克服 Markov 假设，决策者可以考虑使用一个单独的采样模型。

相反的，当个体间的相互作用重要时，可以使用其他的模型如离散事件模拟和系统动力学模型。离散事件模拟作用于个体水平和允许每个单独的事件的完整表示。系统动力学模型作用于总体水平，并只允许一个有限表示个人的历史。

（3）确定数据和构建模型：虽然有很多指导研究者进行决策模型经济评价的方法，但很少写到研究者应该如何识别和决定使用什么数据去构建模型。有著名的方法识别和评估有效性数据的质量，如资源使用、单位成本、概率、质量生命年和效用等；然而，没有指导类似的策略应该如何进行其他模型的参数输入。Philips 提出了方法识别数据应该是透明的，应该清楚地确定合适的数控，考虑到模型的目的。在选择已经输入的数据应为重点，应明确的是，得到的数据也应特别注意识别数据中的重要参数。同时，他们认为，在一个系统的，但不一定是全面的方式进行数据识别。

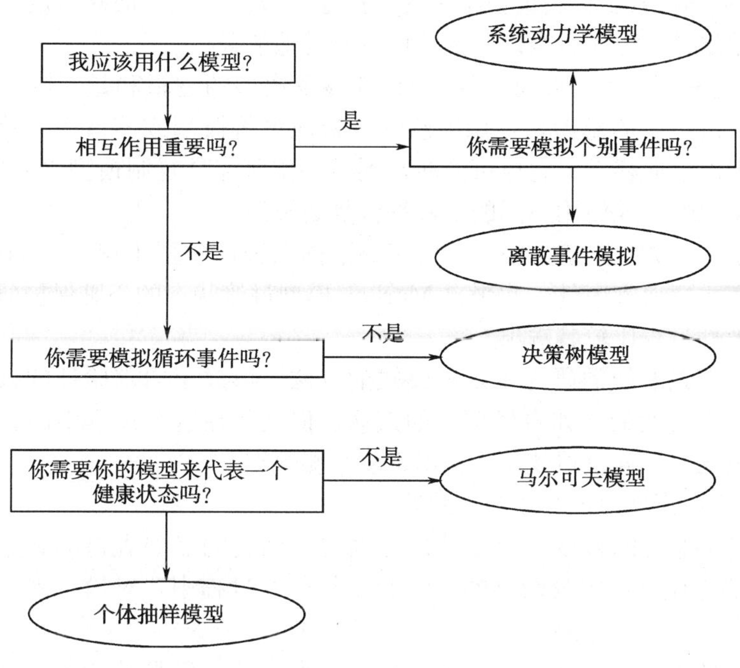

图 7-3　模型的选择

实际上，Golder 和他的同事指出，对决策模型的技术评价往往采取在相对较短的时间内和有限的预算内，相对系统评价而言，有众多的和多变的数据需求。另外，搜索技术中使用的系统评价，可能是不切实际的发展战略，在决定分析模型时以确定信息来填充所有的参数估计。Philips 还讨论如何将数据纳入到模型中，认为数据合并的过程应该是透明的，并且应该有足够的详细说明和引用。

（4）合成数据：当使用决策模型，数据可能来自多个来源，如随机对照试验、流行病学和观察性研究、数据库、医疗记录、以前发表的文献和专家意见。资源类型的数据应该被定义，在引用中应该描述和证明使用的专家意见的方法和来源。Leal 已经提供了一个应用的例子，专家意见应用于经济模型的目的。事实上，一个特定的模型输入参数可能是基于一些证据来源，那里有更正式的证据合成。

Cooper 和他的同事早前通过研究已经采纳了这个多参数证据合成技术，之后又通过贝叶斯模型解决了所有单个组分，这个模型他们称之为“综合决策分析模型”。这些模型旨在反映所有可获得的证据，连同保持在模型参数之间的相关系数不确定的参数。Ades 等描述一种技术为“在决策分析中用一个统一的框架来有效性地合成统计数据和进行参数概率评估”。

（5）分析模型：模型的分析是取决于所选择的模型的类型进行成本效益的分析。

（6）模型评价：模型评价在决策分析模型中起着很重要的作用。应围绕假设和模型结构，输入参数和用于反映不确定性的任何分布，并输出和作出结论。然而，使用不同的广度和术语来解释所涉及的过程，这里总结模型评价的三个重要过程：面对或描述性效度、内部效度一致性和外部效度一致性，其中包括效度和预测效度验证之间。校准应作为评估过程的一部分，即内部效度。

1）面对或描述性效度：决策模型中的“描述性效度”或“面对效度”要求检查它的假设、结构和结果是否可靠、合理，并且可以直观地解释。

2）内部效度和校准：内部有效性/一致性涉及模型的逻辑和是否输入模型测试其输出。这种依赖“调试”的模型，利用敏感性分析通过将极端或零值的参数输入，评估结果是否是在预期的方向移动。它也可能涉及到另一位研究员复制模型中使用相同的数据，以确保结果的可比性，或使用不同的软件平台复制模型。

内部效度也涉及如何准确地根据其发展的证据来进行模型比较。Mihaylova 等从血管疾病的死亡率、主要血管事件，和来自 Markov 模型过渡状态的心脏保护研究试验数据等方面用内部有效性过程比较其输出。

模型校准是新兴的帮助研究者发展模式的方法。形成了内部验证的核心部分，在评估疾病过程是特别有用的，如自然历史的疾病。但是，在这个过程中的关键参数是不可观测的，模型校准只是通过迫使模型输出重复观测数据。

3）外部验证：模型验证和预测有效性。

模型涉及外部验证的程度，模型结果可以推广到它的发展人口的利益和其他人群的证据。这种类型的验证是比较困难的，因为在其开发过程中，对模型进行比较的数据是不可用的。

外部效度包括预测效度和模型验证。预测效度指的是模型的能力，对未来事件作出准确的预测。当模型能够独立的一个又一个的被开发，模型之间的测试得到证实时，说明模型验证可以被评估了。

（7）不确定性：所有药物评价都存在不确定性，并且都要合理地解释其不确定性。由于不确定分析在第五章已经详细说明，这里不再作进一步的探讨。

3. 决策的类型　在中药药物经济学中，依据决策的环境条件，决策可分为确定型决策、风险型决策和不确定型决策。

（1）确定型决策：是指供决策者选择的各种备选方案所需的条件都已知，并且一旦作出选择所产生的结果也可以准确预料得到，这样的决策就是确定型决策。这类决策中没有不确定的因素，对于决策者期望达到的目标，只面临一个确定的自然状态。

（2）风险型决策：指对决策者期望达到的目标，尽管环境和条件仍不完全确知，但它们发生的可能性（即发生概率）可以预先估计或可利用文献资料得到。从性质上来说，风险型决策也是一种不确定型决策。

（3）不确定型决策：指决策者对每种决策方案对应的几个不同决策状态出现的概率没有把握，只凭决策者的主观倾向进行决策。不确定情况下的决策分析，通常称为统计决策，包括不确定型决策和风险型决策。很多决策基本上是在数据资料不全、条件不能确定的情况下作出的，因此认为不确定性是决策分析的主要特点。

4. 决策的数据　常用数据搜集方法、数据资料的分类，以及数据资料的变换、数据资料的质量问题等都在前面章节说明，本章不再进行说明。

5. 决策分析模型的作用

（1）确定分析的问题。

（2）提供预试验模型和产生研究假设。

（3）根据已有的数据作出推测。

（4）链接中间和最终终结点。

（5）将结果推广到其他设置或患者组。

（6）综合数据并进行比较分析。

（7）预测未来研究的需要和价值。

（二）决策树模型

本章节所讲的决策树（decision tree）模型是目前较成熟的风险型决策分析模型之一。它源于20世纪20年代出现的博弈论，20世纪60年代晚期开始被应用于解决临床治疗问题。该方法是一种能够有效地表达复杂决策问题的数学模型，是临床决策领域使用最早的模型之一，同时也是经济学评价中最常见的决策模型。

决策树说明了可以采取的行动方向及各种行动的结果，并以各种行动结果的概率和效用为依据，进行定量分析后，比较效益和成本的大小，以作出行动决策。下面将从几方面来说明决策树模型的特点：

1. 运用决策树模型的建模步骤

（1）建立决策树模型：决策树模型建立的首要工作是画决策树。按照从左到右的顺序画决策树。①先画出决策节点，再画出由决策节点引出的方案分支，有几个备选方案就画几条方案分支；②方案分支的端点是方案节点，由方案引出状态分支，有几种自然状态就要画出几条状态分支；③给每条状态分支编上序号，并在右边标上每个状态下某种方案的效益值。

（2）估算出每种状态的发生概率和每种结果的损益值：概率和产出值是决策树模型的两个基本组成部分。其中概率可以来自多个渠道，如文献、现存数据率或利用原始数据收集或专家判断法获得。产出值（如效用）可以从文献、对受试者的直接测量或专家判断中获得。

（3）计算每种方案的期望效益值：决策树的期望值经常通过折回决策树分支的方法来计算。折回的过程通常从决策树的状态分支末梢开始，按照从右往左的顺序，把路径概率作为权重，与每个成本或效用相乘，然后将每个路径的所有加权产出进行求和，即可得到某种决策的期望值。

（4）根据各方案的效益期望值进行决策：选择的基本原则是，选择效益期望值最大的方案，放弃效益期望值最小的方案。

（5）如果需要，继续进行决策分析，如通过敏感性分析来检验结果的可靠性及假设条件下关键参数的变导，以观察不确定因素在一定范围内变化对预期结果的影响，以此作为决策的依据。

2. 决策树模型的优点和缺点

（1）优点

1）决策过程直观、清晰、井然有序，决策人只需要按照从右往左的顺序一步一步地进行，便可找到答案；

2）对于多级决策问题，用表达式难度较大，用决策树可以比较简单；

3）由于决策树模型比较直观，使得决策者能沿着科学的推理步骤去周密地思考各个相关因素。

（2）缺点

1）决策树模型中的事件一般是发生在瞬间的离散时间段。除非分析者在确定决策树的不同分支时特意指明，否则就没有明确的时间界定。由于决策树中没有明确的时间变量，导致难以评价经济学研究中随时间变化的因素（如在考虑贴现时，需要处于各个状态的时间）。

2）当决策树模型应用于复杂的、长期的预测时（尤其用于慢性病时），决策树的构建和计算就显得复杂和笨重。如患者可能自然康复，也可能在不同的状态间相互转化，或某一事件在疾病过程中可能重复出现并且概率发生变化，这时用决策树模型就会非常复杂，适合用 Markov 模型解决问题。

3. 实例分析　下文将通过一个简单的例子来说明决策树分析的步骤和方法。本例子运用决策树的方法，借助文献资料对药物 A 和药物 B 促排卵治疗的方案进行药物经济学分析。

（1）树结构：决策树模型由决策节点（药物治疗方案）和决策分支（药物治疗方案所产生的可能结果及其概率）组成。节点可以分为三种：

1）决策节点（decision nodes）：用方块“□”表示，在这一点决策者可以选择可选行动路线中的一种，是决策树的出发点，它引出的分支称为方案分支，一般要求在分支上写出具体方案。分支树反映了决策者可以选择的行动方案树。

2）方案节点：也称为机遇节点（chance nodes），表示某个具体的方案，用圆圈“○”表示，在这一点上会发生不受决策者控制的几种可能事件中的一种，从它引出的分支称为概率分支（或称状态分支）。分支上写出该状态的编号、具体内容及其发生的概率值。

3）结果节点（outcomes nodes）：也称决策终点，用“△”表示，是决策方案予以实施产生的结果，旁边的数字是每一方案在相应状态下的损益值。以 PCOS 患者促排卵决策树模型构建为例，如图 7-4 所示：

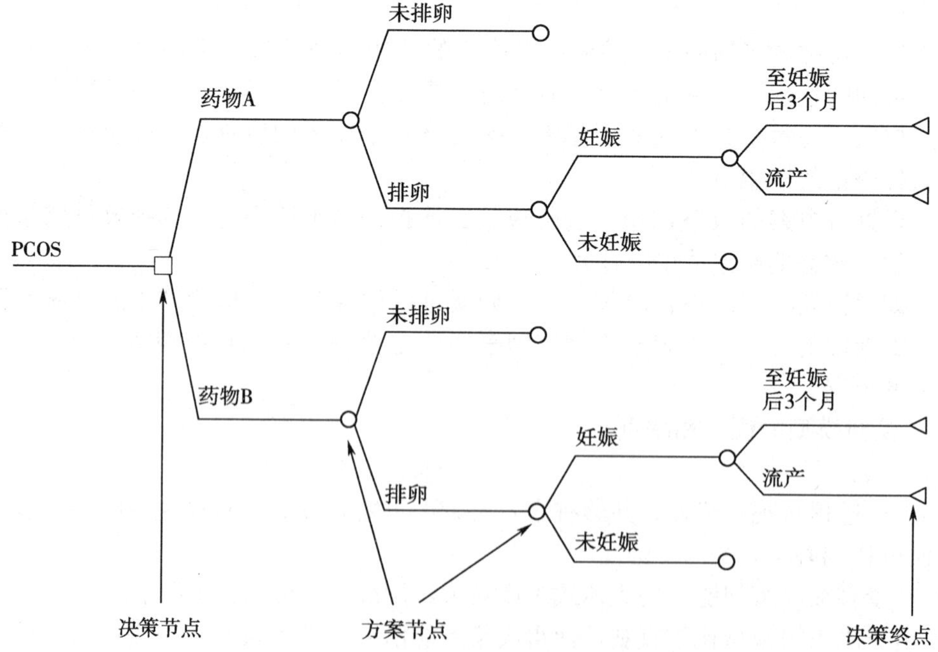

图 7-4　PCOS 患者促排卵决策树模型构建

（2）决策树事件的顺序：应该考虑最佳方式的决策树。虽然顺序对预期值的策略没有影响，但它对如何执行敏感性分析和处理复杂的治疗和疾病的途径却有一定的影响。

一般，在决策树中事件的顺序通常遵循事件时间序列根据逻辑演进的路径选择。然而，树结构也可能取决于可用的概率。本章所讲的例子中决策树事件的顺序是根据逻辑演进的路径选择遵循事件时间序列。

（3）估计概率：一旦模型的结构已形成，在这个过程中的下一步是开始填充模型。见图 7-5。

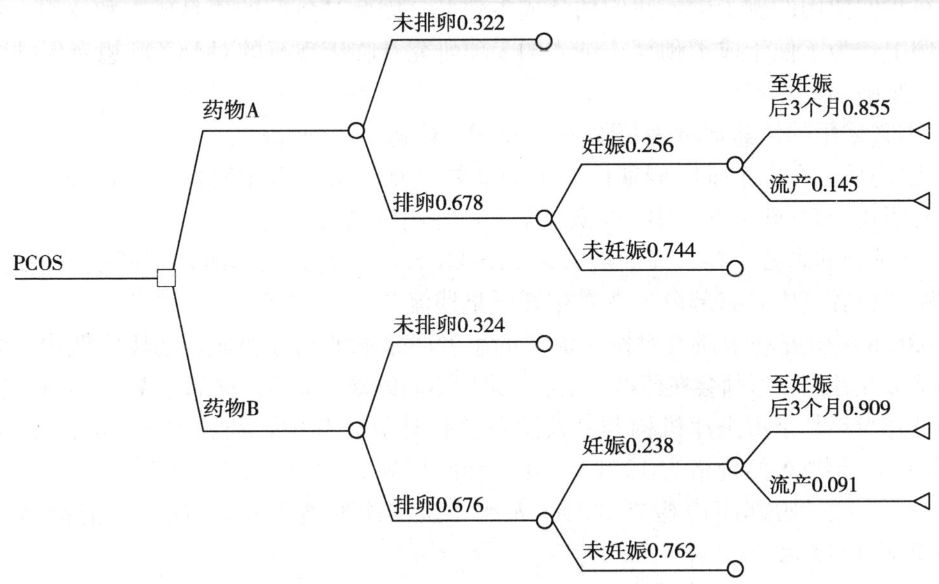

图 7-5　PCOS 患者促排卵决策树模型之概率填充

前面我们已经提过，概率通常来自发表的研究。系统的文献搜索应该被执行和应考虑结果的有效性。当有不止一个的概率信息来源，将需要合成信息。由他人承担一项 Meta分析的结果可以被用来作为一个概率估计或数据源。替代数据来源包括常规收集的数据库的数据，或如果没有参考文献或常规数据来源，可能会寻求专家意见。每个概率的最佳估计被称为“基本情况”估计。由于是不确定的最佳估计，在敏感性分析时需要注意这个问题。

按照惯例，概率（分支概率）是从树枝发出的机会节点代表的概率下进入。需要注意的是，从一个方案节点所引出的各状态分支的概率值总和必须为 1。因为每个方案节点发生的概率是 100%。如果一个方案节点的概率值总和小于 1，那么说明没有将这个方案可能发生的所有状态（结果）考虑进去。

采用循证医学的方法对搜集到的有关药物 A 和药物 B 促排卵治疗的随机临床对照试验进行质量评价。治疗组为药物 A，对照组为药物 B。采用 Cochrane 协作网提供的 RevMan 软件进行 Meta 分析，排卵率、妊娠率、流产率等计数资料用相对危险度（relative risk，RR）作为疗效分析统计量。Meta 分析结果显示，在排卵率、妊娠率、流产率及不良事件发生率方面，药物 A 和药物 B 之间差异均无统计学意义（表 7-3）。

表 7-3　两种促排卵方案的 Meta 分析结果

	排卵率	妊娠率	流产率	不良事件发生率
药物 A	67.8%	20.1%	14.5%	0.52%
药物 B	67.6%	17.4%	9.1%	0.51%
RR（95%CI）	1.13（0.92，1.38）	1.02（0.77，1.35）	1.45（0.52，4.08）	0（−0.01，0.01）

（4）收益：一旦所有的概率已被确定，并进入决策树，收益（具体指生命年、效用、质量调整生命年）可以被确定和进入终端节点，每个终端节点需要一个或多个值被分配给它。在我们使用的例子中，我们估计成本效益，因此被分配的值是成本和效用。

本例中，为了便于成本预算，纳入的 5 项研究及临床现行的对 PCOS 患者促排卵的治疗过程，归纳如下：

1）本文采用的给药剂量为药物 A 5mg/d，药物 B 100mg/d。

2）服药后，在 1 个排卵周期内，平均需要监测 4 次。当卵泡直径＞18mm 时，肌内注射辅助药物 C 5000～10000IU 以激发排卵，并制订同房计划。

3）已排卵的患者，在月经周期的第 21～23 天，监测血黄体酮，判断是否生化妊娠。在已妊娠的患者当中，有部分患者发生妊娠早期流产。

纳入的 5 项研究均未谈及对发生流产的患者所采取的治疗措施；临床实践中，为预防 PCOS 患者发生流产，医师会在药物刺激前后采用不同的预防策略，这部分成本计入间接成本。

按研究当年北京市医疗机构药品及服务价格计算，其中，药物 B（50mg）的价格为 1.76 元/片，药物 A 的价格为 15.1 元/片，辅助药物 C（2000IU）7.07 元/支，阴道超声检查 50 元/人次，腹部超声检查 30 元/人次，肌内注射费 1.0 元/次，血清黄体酮检测（放射免疫法）30 元/次。

成本＝直接成本＋间接成本＋不良反应成本。本研究只计算在治疗过程中所需要的费用，包括药费、注射费和实验室检查费，因为后两者有很多不确定性因素。本例子纳入的研究均为随机临床对照试验，在试验过程中，2 组因采用不同的促排卵药而产生不同的药费，以 $C_{促排卵}$ 记；因超声监测、实验室检查产生的费用以 $C_{检}$ 记；为激发排卵产生的辅助药物 C 的注射以 $C_{辅助药物C}$ 记，则成本＝$C_{促排卵}$＋$C_{检}$＋$C_{辅助药物C}$。

其中，表 7-4 表示各路径的平均治疗成本，图 7-6 表示 PCOS 患者促排卵决策树模型。

表 7-4　各路径平均治疗成本（元）

组　　别	$C_{促排卵}$	$C_{检}$	$C_{辅助药物c}$	各路径平均治疗费用
C_a	151	200	0	351
C_b	151	260	29.28	440.28
C_c	151	260	29.28	440.28
C_d	151	230	29.28	410.28
C_e	17.6	200	0	217.60
C_f	17.6	260	29.28	306.88
C_g	17.6	260	29.28	306.88
C_h	17.6	230	29.28	276.88

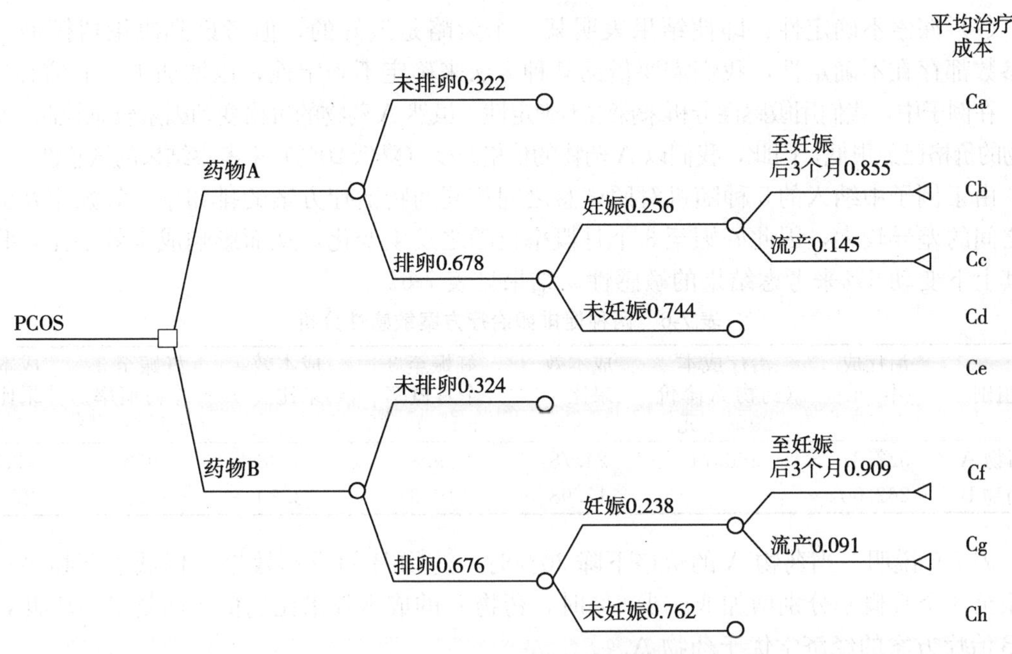

图 7-6　PCOS 患者促排卵决策树模型

（5）分析决策树：期望值和成本效益。

一旦在模型中插入概率和回报，即可以进行分析。决策树是“平均”和“折叠”（或“回滚”）。通过折叠的树，可以计算每个策略的预期值。

首先，将决策树分割成几个部分，然后分别对每个部分进行分析。这个过程与建立决策树的方向相反，是从右向左，从结果一步步折回到方案。即折回的过程是从决策树的末梢（结果）开始，由右向左，利用每个结果的损益值和各状态的概率值计算出每个方案节点的期望成本。

两种方案的治疗成本计算方法分别为：

$C_A=0.322\times C_a+0.678\times[0.256\times(0.855\times C_b+0.145\times C_c)+0.744\times C_d]$，

$C_B=0.324\times C_e+0.676\times[0.238\times(0.909\times C_f+0.091\times C_g)+0.762\times C_h]$

妊娠至 3 个月概率的计算方法为：$P_A=0.678\times0.256\times0.855=0.148$，

$P_B=0.676\times0.238\times0.909=0.146$。

两种方案的成本—效果分析结果见表 7-5，B 药物治疗方案的成本效果比低于 A 药物，其经济性优于 A 药物的治疗方案。

表 7-5　两种促排卵治疗方案的成本—效果分析结果

组　别	治疗成本/元	妊娠至 3 个月概率/%	成本效果比
药物 A	522.37	14.8	35.30
药物 B	262.50	14.6	17.98

（6）模型评价：当决策树模型建立和分析已经完成，评估有效度和检查一致性对研究者是很重要的一步。决策树模型中有效度的评估和一致性的检查在前面已经详细讲到，在此不再细谈。

（7）探索不确定性：即使结果表明某一个策略是最好的，但考虑到决策树模型结构和参数都存在不确定性，我们需要借助某种方法来确定不确定性，以增加决策的信心。

在例子中，我们用敏感性分析来探索不确定性。虽然A药物的价格变动因素较难控制，但B药物的价格已经很低，因此，我们以A药物的价格改变（降低20%）来考察结果的敏感性。

由于例子中纳入的5种随机对照试验之间相同药物治疗方案的排卵率、妊娠率及流产率之间的差异较大，因此妊娠至3个月概率也随之发生变化，从而影响成本效果比，我们以其上下变动5%来考虑结果的敏感性。结果见表7-6。

表7-6　两种促排卵治疗方案敏感性分析

组别	治疗成本/元	治疗成本（药物A降价20%）/元	成本效果比	妊娠至3个月概率（+5%）/%	成本效果比	妊娠至3个月概率（−5%）/%	成本效果比
药物A	522.37	366.71	24.78	19.8	26.38	9.8	53.30
药物B	262.50	—	17.98	19.6	13.39	9.6	27.34

表7-6说明，当药物A的价格下降20%时，药物B的成本效果比仍低于药物A；当妊娠至3个月概率分别增加或减少5%时，药物B的成本效果比仍低于药物A。因此，药物B治疗方案的经济学优于药物A。

二、Markov模型

（一）模型介绍

Markov模型通过构造出不同的状态，通过各状态之间的转移概率模拟疾病发展的过程，结合每个状态上的资源消耗和健康产出，经过循环运算，从而在研究时间内对疾病成本和结局进行分析。

Markov模型适合决策时间性很重要以及发生的次数不止一次的事件，特别适合长期结果的模拟。在医疗决策分析中，Markov模型特别适合在慢性病或者恢复时间较长的疾病中使用，模型会经历几个循环，而在循环过程中患者可能从一个状态转移到另一个状态，也可能保持在一个状态。图7-7为简化的Markov模型，图中有3种健康状态：健康、疾病和死亡，箭头表示健康状态和疾病状态之间可以相互转换，而健康状态和疾病状态可以向死亡状态转移，但死亡状态不能向其他状态转移。图7-8所示为Markov模型转移状态描述。

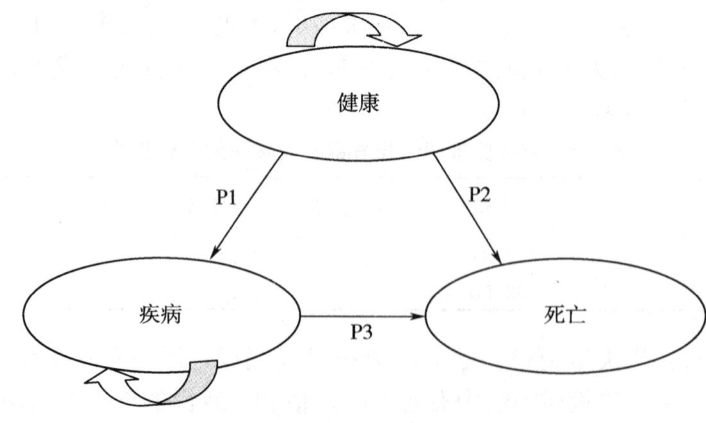

图7-7　Markov模型状态示意图

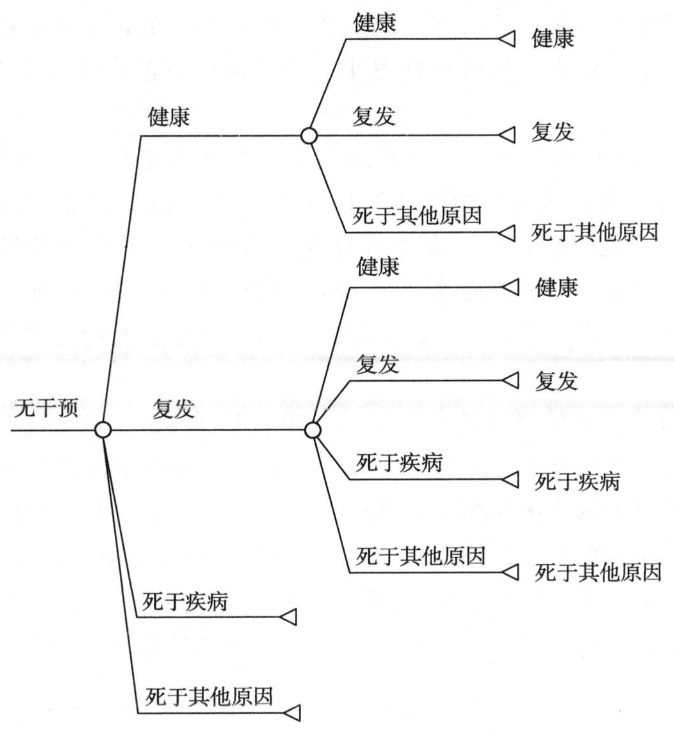

图 7-8　Markov 模型转移状态描述

（二）构建要素

1. Markov 状态　假设患者总处于有限状态中的一个，这些状态被称为 Markov 状态。

2. 健康状态　Markov 模型患者在任何一个时间点所处的状态。健康状态分为 3 种：瞬时健康状态，即任何时候都能回到的状态；暂时状态，即某一个时期处于该状态；吸收状态，即进入后不能转换成其他健康状态的状态，如死亡。

3. 转换路径　患者在不同健康状态之间的转换路径。

4. 周期时间　患者在不同健康状态之间转化的时间。周期时间的选择应取决于概率数据的可获得性，如果时间范围较短，事件发生的频率大，则周期应较短；而如果时间范围较长，事件发生的频率小，则周期应较长。从数学模型角度分析，周期越短，预测越准确，误差越小，但是在医学临床中，周期的确定要反映疾病的生物学过程。

5. 转换概率　患者在一个循环周期从一个状态转移到另一个状态发生的可能性，其可能是不变的，也可能是随着时间而变化的。转换概率可以结合已发表的文献研究进行估计，对于难以通过文献得到的转换概率，可以通过咨询相关领域的专家（通常 7～15 名）获得。

（三）Markov 模型的建立和分析步骤

1. 确定 Markov 状态以及可能的转移　确定 Markov 状态的第一步是回答研究问题构成。研究问题应该具有临床性和经济性，比如健康、死亡、疾病状态或治疗状态，应该根据疾病的概念清晰地定义。各状态之间应该是相互独立的，这样在任何时间单个患者都不会出现一个以上的状态，所有可能发生的情况都被覆盖，没有重叠，并且概率之和为 1。参见图 7-7。

Markov 模型循环中一定会有一个状态留下，这个状态叫“吸收状态”，各状态之间相互转换直到进入吸收状态，如图 7-7 中的“死亡”。死亡状态可以是由于全因死亡率的健康状态转换，也可以是由于疾病特点或者全因死亡率的复发状态转换。尽管有两种路径到达死亡状态，也没有必要有一个以上死亡状态，因为通常死亡状态的成本与效用为 0。但是，如果考虑死亡的路径原因时则一个以上的死亡状态将会被使用。参见图 7-8。

2. 确定开始概率 开始概率的设置要求描述模型群体最初的分布，这种分布是由分析师决定的。例如，所有患者可能开始于同一状态（这相当于设置开始概率为 1）。另一种在模型开始循环时不同的状态有不同的比例，这些比例从公开发表的研究中可以获得。例如，图 7-9 中所有队列开始于“健康”状态，因此它的开始概率是 1，而“复发”状态和“死亡”状态概率为 0，在随后的循环中，各状态患者的分布依靠先前的循环分布和状态之间的转移概率。

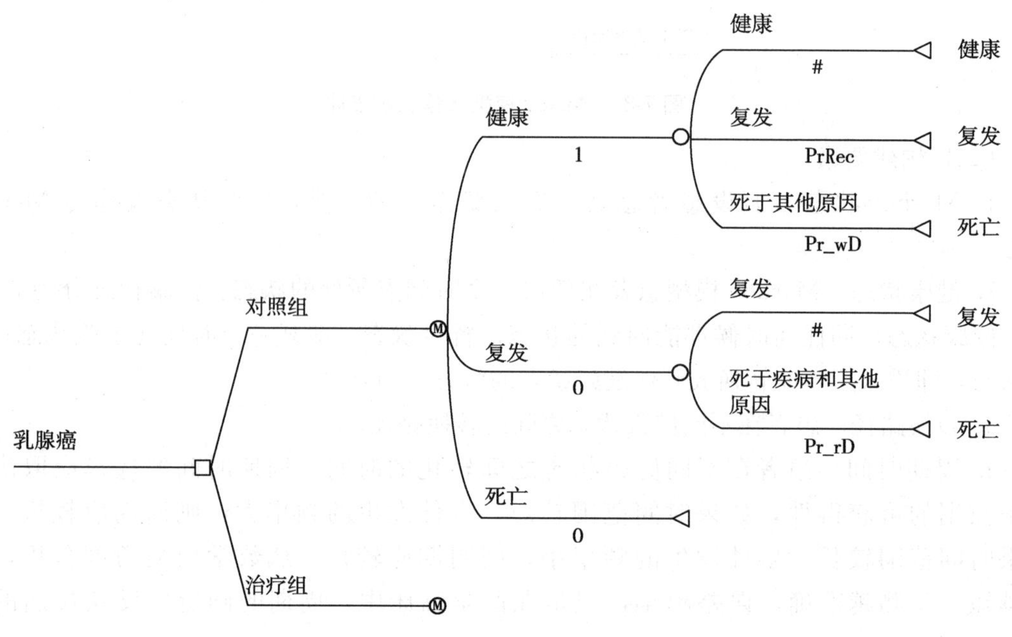

图 7-9 Markov 模型中对照组 Markov nodes

3. 确定转移概率

（1）转移模型：转移概率能以转移模型的形式阐述出来。通常转移模型的每行代表周期开始的单个状态，每列代表下个周期的单个状态，因此，转移模型的每个组成部分描绘的是从行到列的概率。

例如在乳腺癌的例子中，对照组“健康”状态到“复发”状态的转移概率（PrRec）是 0.3，到“死亡”状态的转移概率（Pr _ wD）是 0.1。“复发”状态到“死亡”状态的转移概率是（Pr _ rD）是 0.2。在实际中，一些转移可能没有发生，因此转移概率为 0。

例如本例中“复发”状态到“健康”状态不可能发生，因此转移概率为0。同时，每个患者一定处在某个状态，因此每一行的概率之和为1。参见表7-7。治疗组的目的在于减少复发的风险，也就是说减少队列中“健康”状态到“复发”状态的比例，相对风险（relative rate，*RR*）应该成为转移模型的一部分去调整从“健康”状态到“复发”状态基线风险。见表7-8。同时，比值比（odds ratio，*OR*）和风险比（hazard ratio，*HR*）在一些案例治疗效果中也有报道。

表7-7　转移模型描绘对照组中允许的转移和转移概率

		到 $t+1$		
		健　康	复　发	死　亡
从 t	健康	1－（0.3＋0.1）or ＃	0.3（PrRec）	0.1（Pr_wD）
	复发	0	1－（0.2）or ＃	0.2（Pr_rD）
	死亡	0	0	1

表7-8　转移模型描绘治疗组中允许的转移和转移概率

		到 $t+1$		
		健　康	复　发	死　亡
从 t	健康	1－（0.3×*RR*）＋0.1 or ＃	0.3（PrRec）	0.1（Pr_wD）
	复发	0	1－（0.2）or ＃	0.2（Pr_rD）
	死亡	0	0	1

（2）率和概率：转移概率可以从不同的数据资料如公开发表的临床试验报道、流行病学研究以及管理部门数据获得。在过去，研究者错误地认为概率和率是可交换的，然而他们是存在差异的。率和概率的不同点在于率是：一是代表任何时候事件的潜在性；二是瞬间性；三是可以从0变到无穷大；四是没办法直接测量；五是在给定的时间间隔内，瞬间性的率可以增加也可以减少。相反，概率则是：一是代表在给定时间内事件发生的可能性；二是概率的取值范围是0到1；三是与时间的关系依靠潜在的率，所以不能分开或相加概率去改变时间。

率对于概率的转换是很有用的。假定事件在 t 时间内发生率为 r，则概率为 $P=1-e^{(-rt)}$（其中e是自然对数），在Excel中可以表示成 $P=1-\exp(-rt)$。同样地，上述等式可以重新整理由概率转换成率，当需要增加或减去率或者在Markov模型中当需要改变周期长度的时候是很实用的。可以表示为 $r=(1/t)\ln(1-P)$，在Excel中可以表示成 $r=-[\ln(1-P)]/t$。

（3）Markov假设：Markov假设所有给定的患者的健康状态是同质的，忽略过去的健康状态以及维持在这种状态的时间。因此，众所周知的Markov假设是在任何给定的循环，转移是依靠模型开始的时间而不是循环发生之前。所以，Markov模型不能记忆先前循环发生的事情。例如，在之前的例子中死于乳腺癌的概率独立于过去复发患者的数目和患者转移到“复发”状态之前在“健康”状态保持的时间。

4. 确定周期长度　模型分析的范围被分成平等的部分，如周、月或年，这些就是我们所知道的“周期”。一个周期代表着任何个体在可能转移到下一个状态之前花费的时间的最小值。一个恰当的 Markov 模型的周期长度应该反映出疾病的自然发展过程，它可能依靠于事件发生的频率。例如，周期为一年则适合低频率的临床事件，同样，如果模型设置去反映患者的整个生命周期，那么周期设置为一年比较合适。周期长度较短如 6 个月、每月或者甚至每天可能更适合急性病。周期长度也可能依靠研究问题的性质以及构成模型的数据的可利用性而决定。周期长度也与模型中概率的特点和补偿的使用有密切关系，例如，周期为一年则需要每年的转移概率、每年的成本以及每年产出值。总体来说，周期的长度是固定的时间模型，但是可以通过模型去调整。

5. 设定循环终止条件　如果模型包括吸收状态，模型能够运行到所有的队列到达吸收状态。然而，在实际中，模型组成可能使它到达吸收状态队列的比例永远无法是 100%，所以它可能必须在许多特定周期之后或者当最初队列中仍在变化的状态的比例下降到一个非常低的水平之后强制模型终止。许多疾病模型被运行去评估队列的剩余预期寿命。在乳腺癌的案例中，因为队列的开始年龄是 55 周岁，假设模型运行 55 个周期，那么几乎所有的队列都将达到“死亡”状态。但是，可以根据现实情况决定模型运行到某个特定的时期结束，如在乳腺癌案例中假定模型运行 15 年，这应该比运行到队列中所有患者都到达“死亡”状态更有意义。

6. 确定补偿值 Markov　模型是一个周期模型，其中补偿值（即成本和产出）形成于每一个周期并且积累贯穿于模型的循环中，有以下几种：一是状态补偿值（在 TreeAge 中定义为“增量”）即成本或者产出被分配到 Markov 模型，这反映了状态价值的形成是在给定的周期；二是转移补偿值，其形成于独立的成本或产出转移到另一个状态，如果不需要此补偿值再次循环，那么它是非常有用的。只发生一次的补偿发生在模型开始或者结束。例如，它通常会在参与模型的第一周期以及模型的最后一个周期。这种只发生一次的补偿也在 TreeAge 中被用来调整转移的时间。通常它可能是成本、生命年或者质量调整生命年。

7. 贴现　如果成本和效果发生在周期中，那么它应该要贴现。Markov 模型允许成本和产出在它们发生的时间点贴现，如果假设周期长度为一年，贴现可以在公式填入周期数自动得出结果。对于贴现率，世界银行建议选用 3%～5% 的贴现率，美国卫生部门建议选用 3% 的贴现率，英国则推荐使用 6% 的贴现率。其中，成本的贴现为：$C_t=C_0/(1+i)^{t-1}$（其中 C_t 为 t 年时的总成本；C_0 为 0 年时的成本；i 为真实贴现率）；产出的贴现为 $Q_t=Q_0/(1+r)^{t-1}$（其中 Q_t 为 t 年时的总产出；Q_0 为 0 年时的产出；r 为真实贴现率）。

8. 分析和评价模型

（1）队列分析：队列模拟开始于假设队列，而该假设队列的模型状态是根据开始概率划分的。然后模拟按照转移概率跟随状态从一个周期到另一个周期。这简单包括了队列中一个状态结束时的转移概率与下个状态的开始概率有关。队列模拟可以理解为在循环开始前所有患者处于“健康”状态，随着循环的进行，“健康”状态的患者逐渐向“复发”状态以及“死亡”状态转移。参见表 7-9。

表 7-9　队列模拟中患者 Markov 状态转移

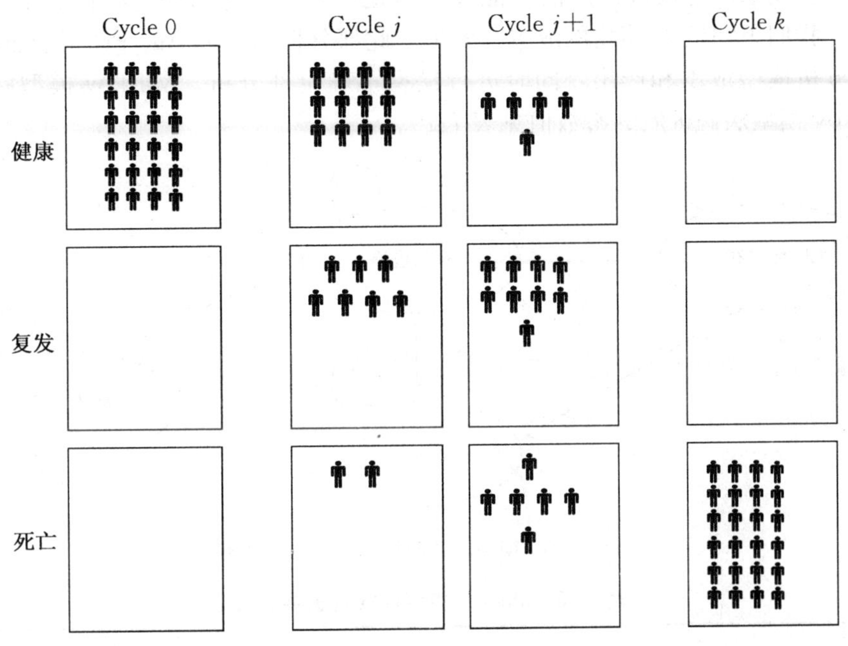

（2）成本与效果：队列模拟的目的是为治疗组和对照组提供成本和产出的期望值。同样的详细过程将在治疗组模型中出现，但是会包含涉及干预的成本与产出合并的相对风险。这些模拟可以计算治疗组乳腺癌患者的增量成本效果，目的在于减少乳腺癌患者复发的数量。

9. 模型不确定性的探讨　众所周知，不确定性存在于所有经济学模型中，决策者为了使模型结果更可信则需要进行不确定性分析。

（1）不确定性、异质性及可变性的处理：决策模型中的可变性，特别是队列模型中的是在模型过程中产生而不是试图获得真实世界的现象，所以分析观点是采取措施从结果中剔除可变的。决策模型中的异质性，由于模型提供灵活的框架去处理假设，因此其可以处理亚组基线如年龄、性别、社会地位、疾病的严重程度以及亚组的可变性的变化。决策模型中的不确定性还有结构不确定和参数不确定，其中结构不确定是隐藏在研究中的一个不确定性。

（2）敏感性分析：敏感性分析是评价一定范围内改变假设估计值对结果或结论是否有影响的一种分析方法。其中最常用的是单因素敏感性分析，即每次敏感性分析只改变一个参数的取值，分析该参数对结果的影响。敏感性分析的优点是简单、方便；缺点是不能反映不确定因素的全貌以及如果变量相互依赖将很难进行。

(3) 概率敏感性分析（probabilistic sensitivity analysis，PSA）：概率敏感性分析是在分析过程中引入随机元素，即把参数看作是在其值域内可任意取值的随机变量的一种敏感性分析。该分析方法只适合原则上可以通过多次从样本数据抽样来估计它数值的参数，而如像年龄、性别等患者性质相关的参数以及如贴现率等与分析方法相关的参数则不能用概率敏感性分析。

（四）Markov 模型建立和分析

A 药物被用来降低疾病进展的可能性，但是只针对那些患病但是没有疾病症状的患者。因此，我们想知道 A 药物的成本与效果。此部分将用 TreeAge Pro 软件建立 Markov 模型以及分析模型成本和产出，同时进行模型不确定性分析。Markov 模型状态见图 7-10，Markov 模型疾病进展的参数值见表 7-10。

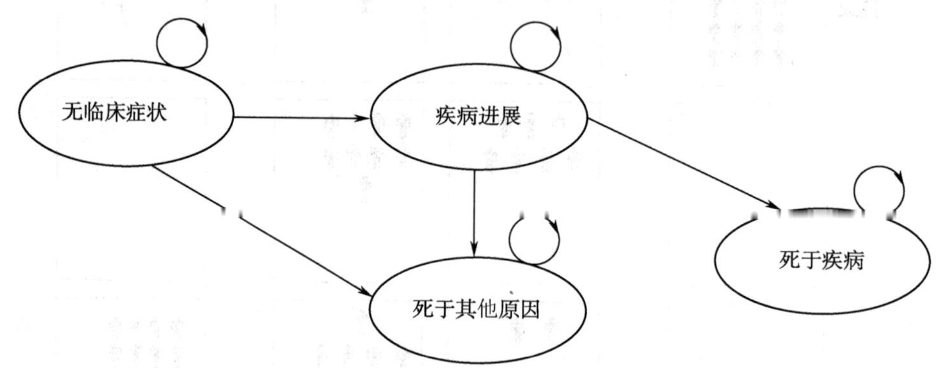

图 7-10　Markov 模型状态以及转移图

表 7-10　Markov 模型中疾病进展参数值

类　别	参 数 值	描　述
花费		
cAsymp	500	一个周期无临床症状状态的成本
cProg	3000	一个周期疾病进展状态的成本
cDrug	1000	一个周期药物的成本
cDeath	1000	转移成本与疾病进展状态转移到疾病死亡有关
生活质量调整		
uAsymp	0.95	一个周期无临床症状状态的生活质量权重
uProg	0.75	一个周期疾病进展状态的生活质量权重
转移概率		
tpProg	0.01	进入疾病进展状态后概率增加系数。也就是每增加一年概率增加 0.01
tpDcm	0.15	疾病进展中因疾病死亡的概率

续表

类　别	参数值	描　述
natDeath	0.0138	55～64岁其他原因死亡率
	0.0379	65～74岁其他原因死亡率
	0.0912	75～84岁其他原因死亡率
natDeath	0.1958	85岁以上其他原因死亡率
其他参数		
Eff	50%	使用药物后疾病进展的相对风险
Ini_age	55	模型开始时的开始年龄
oDR	3.5%	产出贴现率
cDR	3.5%	成本贴现率

1. 在TreeAgePro中创建基础Markov模型　目前TreeAge Pro软件主要包括左边的模型预览窗口，中间的模型编辑窗口和模型参数输入、编辑、查看窗口以及右边用来控制模型形状大小的控制板。其中控制板中“○”为状态节点，由此出发的分支为机会分支；“△”为结果节点，后面所示为此节点后事件可能的结局；“□”为决策节点，主要反映可能的投资。参见图7-11。

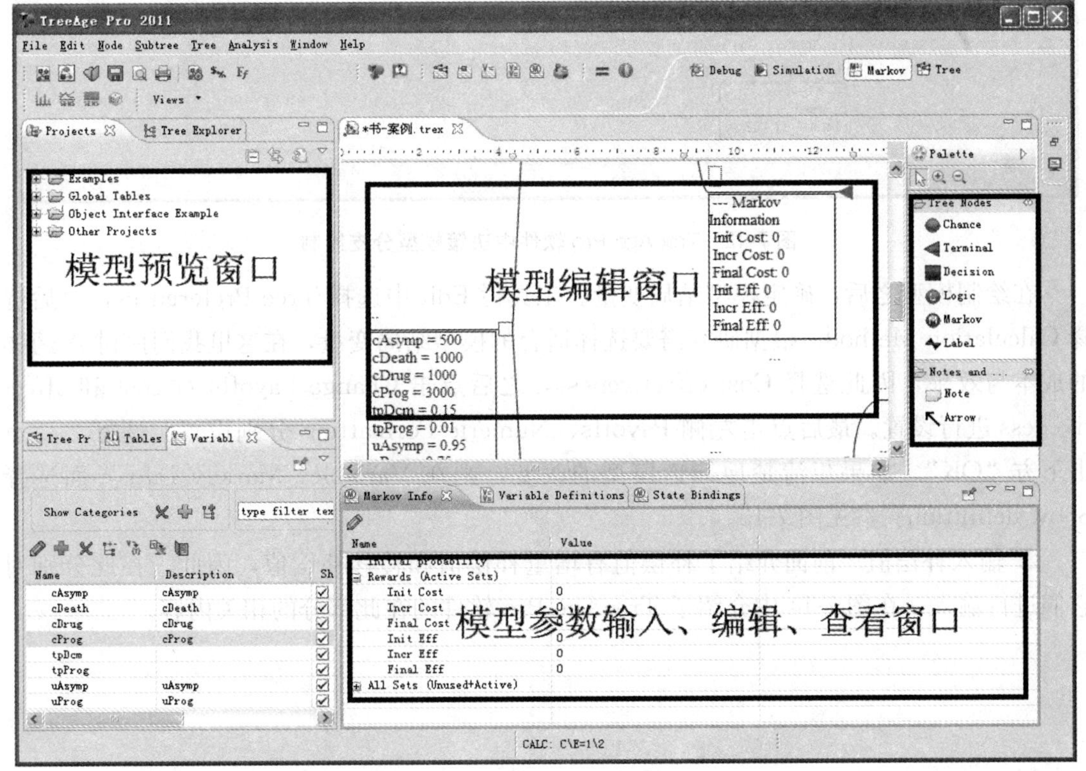

图7-11　TreeAge Pro软件主界面

Markov 模型的绘制。双击控制板中决策节点，出现一条决策分支，根据研究内容双击决策节点确定决策分支数目，同时也可以选择决策分支点右键进行决策分支的复制、粘贴等操作。在决策节点左侧横线上方输入模型的名称，在决策分支上方输入方案名称，在概率分支上方输入方案可能出现的结果，在概率分支下方输入概率参数。结果如图 7-12 所示。

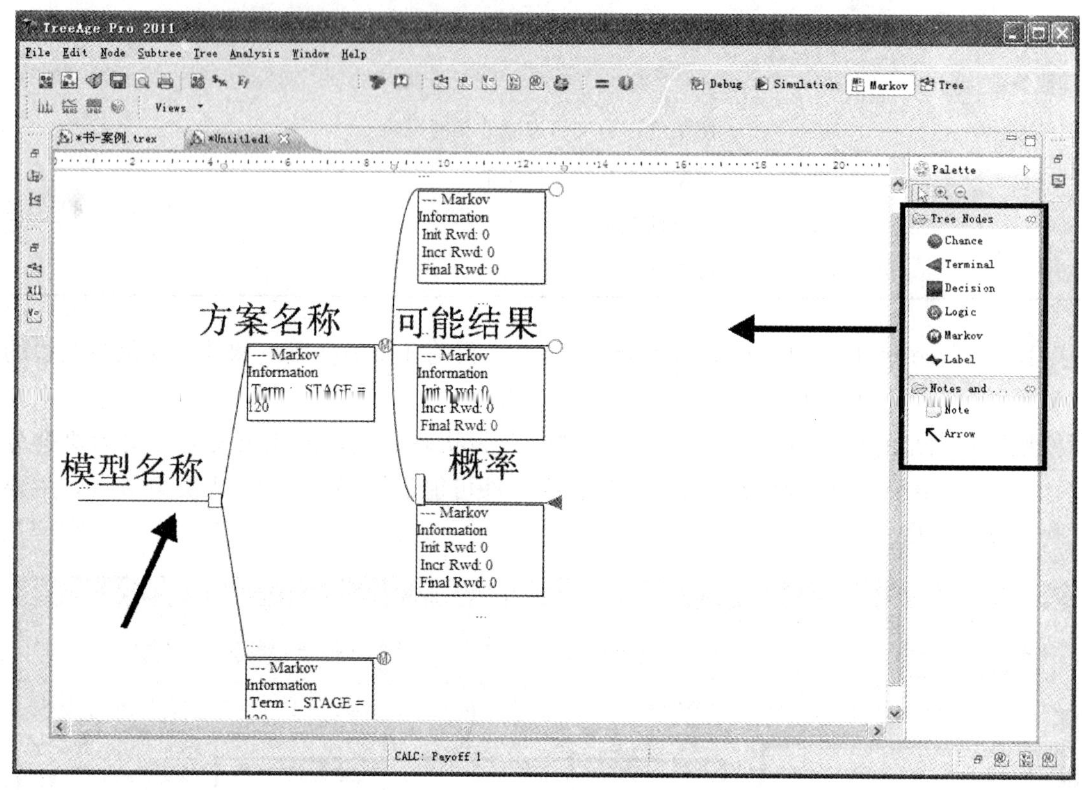

图 7-12　TreeAge Pro 软件中决策模型分支绘制

在绘制模型之后，确定模型结局变量。工具栏 Edit 中选择 Tree Preferences，之后选择 Calculation Method。根据研究需要选择适合的模型结局变量，在这里我们探讨 A 药物的成本与效果，因此选择 Cost-effectiveness，之后点击 Change Payoffs 对 cost 和 effectiveness 进行设置。最后点击左侧 Payoffs、Numeric Formatting 分别设置。选好之后点击下方“OK”。如果想清楚地知道模型的改变，则在 Variables/Markov Info 界面选择 Show definition。参见图 7-13。

2. 输入补偿值　前面介绍了补偿值有增量补偿值和转移补偿值，因此，在此分别对它们进行输入。在图 7-14 中介绍了 TreeAge Pro 软件的在此部分的相关内容。

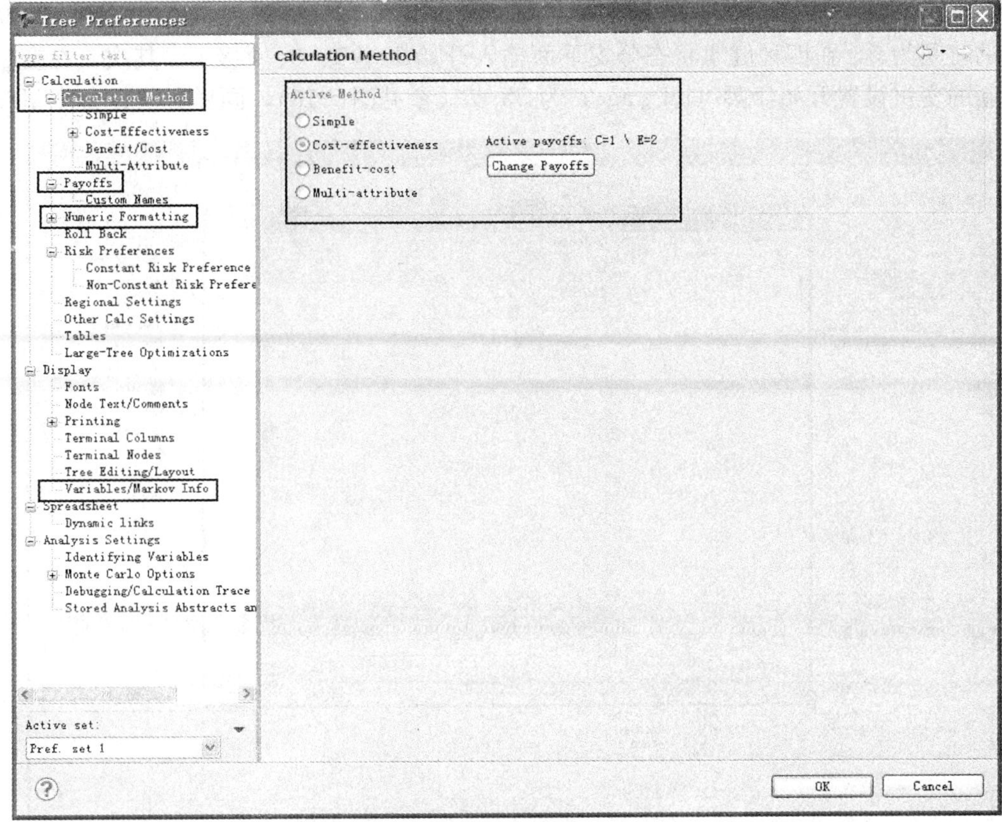

图 7-13　Tree Preferences 操作界面

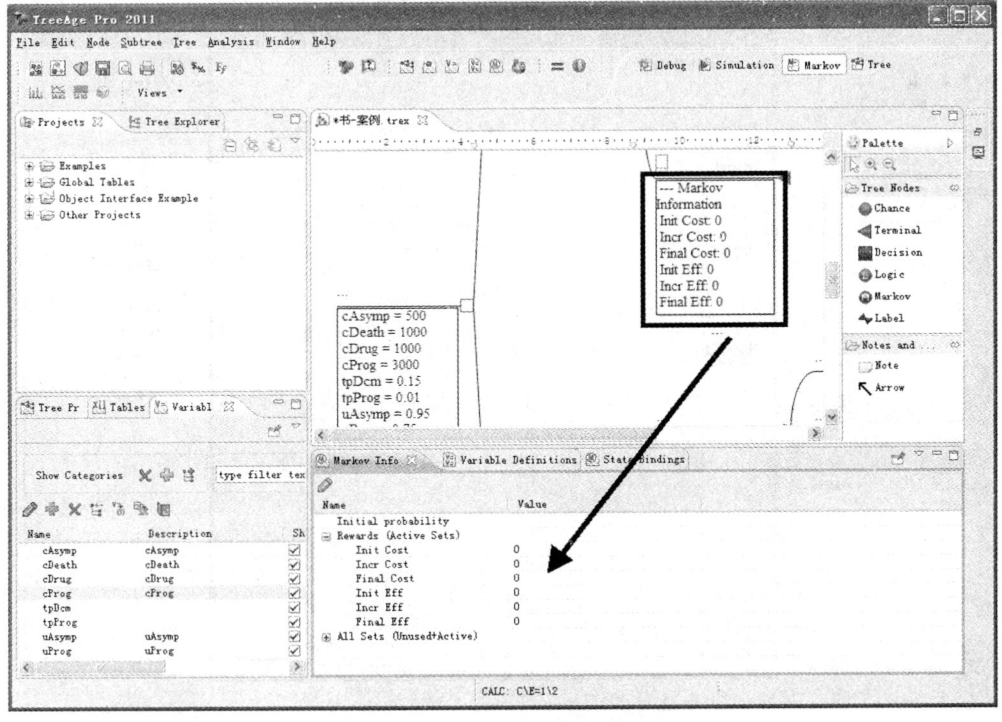

图 7-14　Rewards 操作界面

3. 输入概率　概率分为开始概率和转移概率。我们假设整个队列进入无临床症状的状态的时间为 0，在四种健康状态分支下面输入开始概率 1、0、0 及 0。其次，在变量中添加新的变量设置开始年龄（ini _ age）为 55 岁（参见图 7-15），同样方法设置变量年龄

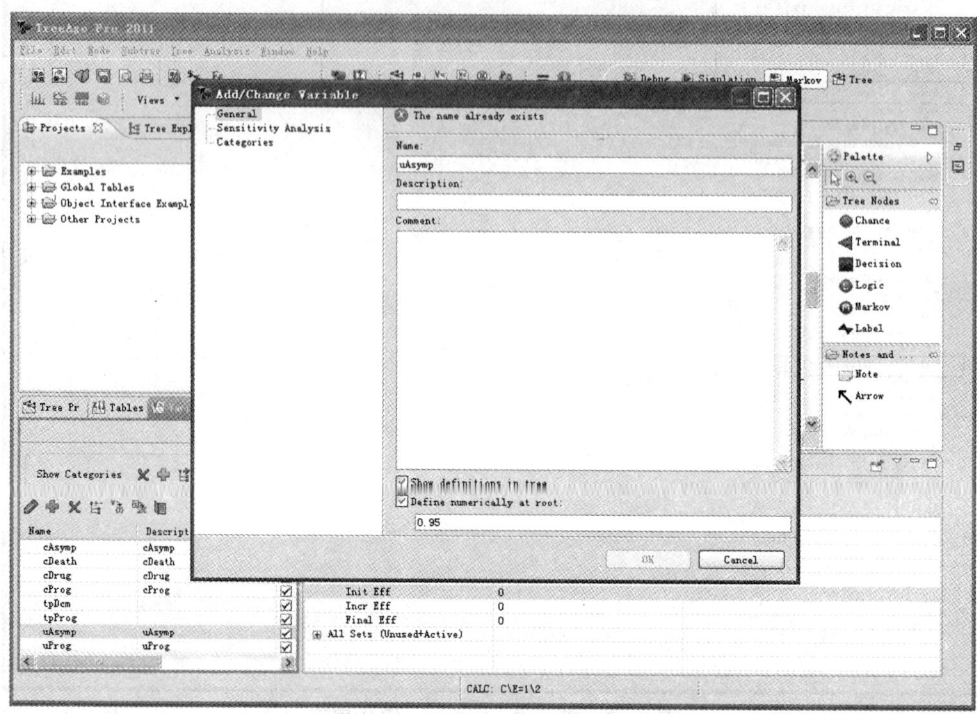

图 7-15　Variable 的设置

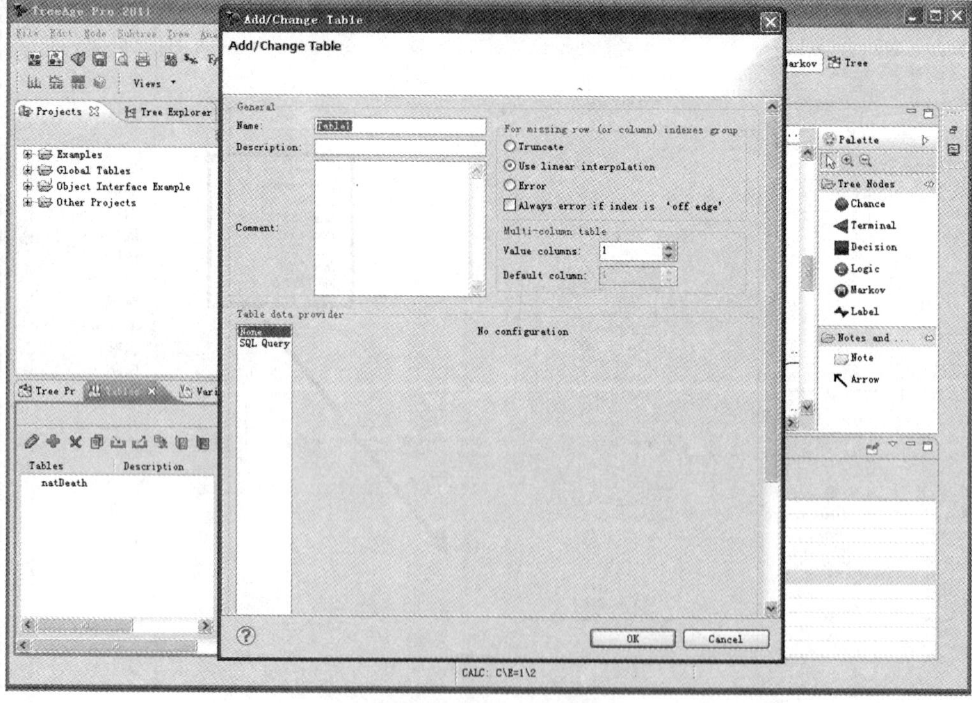

图 7-16　Table 的设置

值（age）等于开始年龄（ini _ age）加循环周期（ _ stage）。然后选择“Table”，点击添加“New Table”并命名，在这里为“natDeath”（参见图 7-16），当“natDeath”中 Index 为 55 时，Valuel 值为 0.0138（参见图 7-17），同理输入剩余部分。最后，创建效果参数变量，并在治疗组疾病进展状态的无症状分支下面输入。

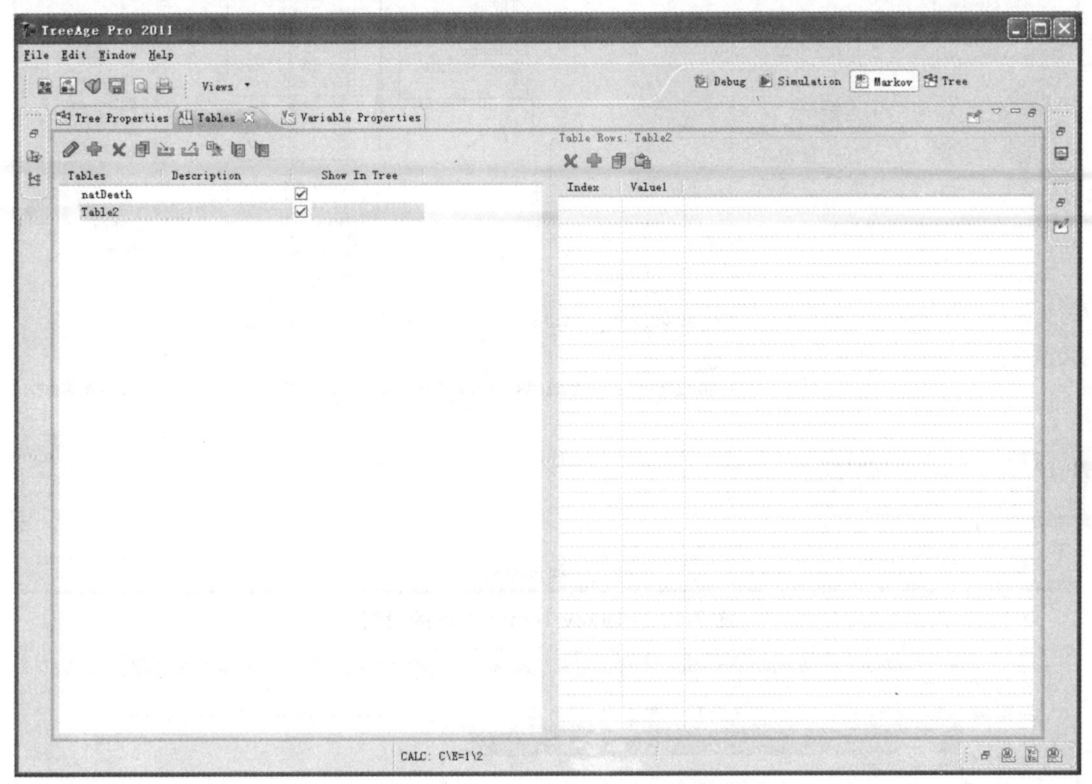

图 7-17　Table 中“natDeath”的设置

4. 分析 Markov 模型　治疗组和对照组设置完成之后对 Markov 模型进行分析。在分析之前设置模型终止周期，即在“Markov Termination”中输入“ _ stage>45”，之后在工具栏“Analysis”中选择“Cost-effectiveness”和“Markov Cohort”进行分析。参见图 7-18。

5. 应用概率敏感性分析去评价不确定性　在前面的内容中，我们介绍了决策者为了增加模型可信度会进行不确定性分析，在此，运用概率敏感性分析去评价模型不确定性。首先创建分布变量。选择“Tree”中“Values List”点击“distribution list”，之后在参数输入、编辑和查看窗口根据需要编辑。在本部分选择参数“Gamma、Beta 以及 Log-normal”；其次在分布变量基础上输入参数变量；最后在“Analysis”选择“Monte Carlo simulation”，根据需要选择后面的具体分析方法进行概率成本—效果分析。参见图 7-19。

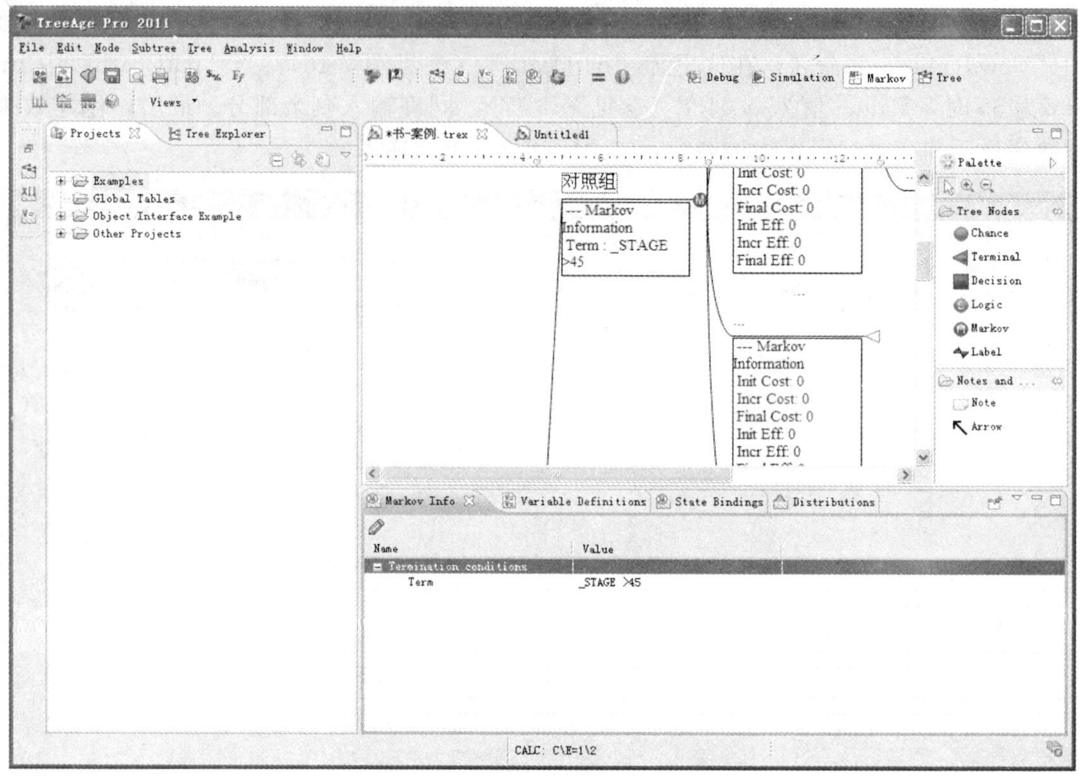

图 7-18　Markov Termination 的设置

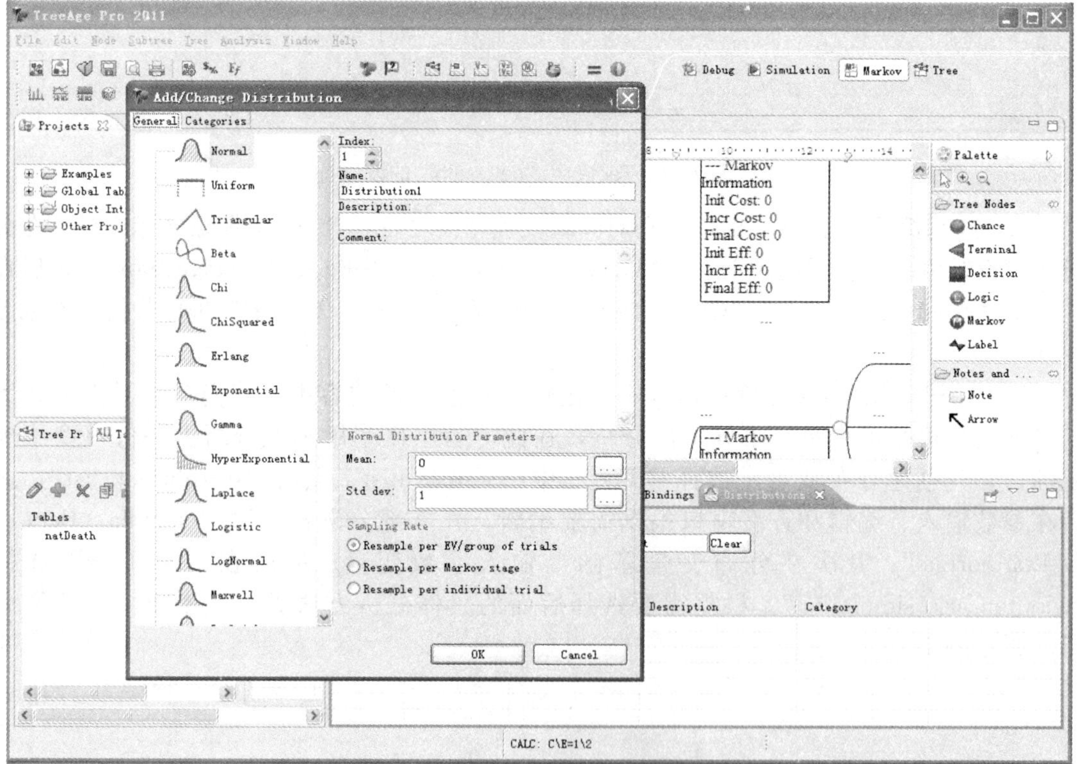

图 7-19　分布变量的设定

（五）Markov 模型的优点与局限性

优点：区别于决策树模型，Markov 模型适用于疾病状态可以相互转化并进行循环变化的慢性病。同时，Markov 模型可视化的结构提高了模型的透明度，也增加了决策者对于模型的信赖感，用形象的树形结构表示，让疾病进展一目了然。Markov 模型所需临床数据通过文献资料较容易得到。

局限性：Markov 模型是以患者群体为研究对象，采用固定的循环周期及治疗方案，忽略每个患者之间的个体差异、疾病史以及在实际治疗中的循环周期和治疗方案的调整。但是，如果将上述因素一一考虑在内，则会使 Markov 链变得极长极复杂。因此，Markov 模型与现实治疗存在一定差异性。

三、其他模型

用于经济学评价的模型，除了上述所提到的决策树模型（decision tree model）和 Markov 模型外，其他模型还包括 Monte Carlo 模拟、离散事件模拟模型（discrete events simulation models，DES 模型）、系统动力学模型（system dynamics models，SD 模型）和多主体模型（agent based models，ABM）等。

Monte Carlo 模拟或称计算机模拟方法是通过多次随机试验去统计某事件发生的百分比，试验次数越多，则百分比越接近事件发生的概率，因此它是一种基于“随机数”运用计算机建立疾病诊疗方案的概率模型。在 Monte Carlo 模拟中由于是通过随机试验而与时间无关，所以 Monte Carlo 模拟主要用于静态模拟。与 Markov 模型不同的是，Monte Carlo 模拟中患者开始于健康状态，每一个循环结束时，产生一个随机数和转移概率，同时确定患者在下一个周期中的健康状态。因此，该模拟方法能够确定大量患者的成本和产出。其优点在于能够确定变异的估计，提供成本和产出的不确定的测量，可以结合 Markov 模型用于敏感性分析。

离散事件模拟模型是一种可以表现个人行为内部或个人与群体、环境之间关系的灵活的适用于慢性疾病长期效果评价的模拟方法，可以使用成熟模拟软件如 Arena 或者 SIMUL8 模拟。其应用范围包括：一是相比决策树模型和 Markov 模型在模拟时都会假设资源是可得的，但在实际中，可能会存在医疗资源紧张，而 DES 模型则在资源不可得时都可以进行模拟，这也是 DES 模型最突出的特点；二是患者的治疗效果中不可忽视患者自身特点及周围环境的影响，当患者因素及环境因素对治疗结果会产生较大影响时，则应采用 DES 模型；三是当患者的既往治疗史对于患者的治疗效果有一定影响时，此时采用 DES 模型更合适。在实际模拟中，凡是可以用 Markov 模型的都可以使用 DES 模型。但是，DES 模型在实际应用时存在以下局限性：首先是由于 DES 模型需要大量临床数据计算各离散事件发生的事件概率密度函数，但是在实际中临床数据不易得，无法构建完整的 DES 模型；其次是 DES 模型在国外的药物经济学应用中刚起步，国内关于 DES 模型的研究文献也较少，因此对其了解有限。

系统动力学模型是以系统论、信息论、控制论和计算机技术为基础，依据系统的状态、控制和信息反馈等环节来反映实际系统的动态机制，并通过建立仿真模型，借助计算机进行仿真试验的一种科学模拟方法。特别适合于解决社会、经济、生态等非线性复杂大系统问题，模型的复杂性取决于研究对象的复杂性。其专用建模软件有 Vensim、DYNAMO 等。

（曹礼慧 司徒冰 何艳玲）

参考文献

1. 陈洁．药物经济学．北京：人民卫生出版社，2006.
2. 孙利华．药物经济学．北京：人民卫生出版社，2014.
3. 胡善联．药物经济学．北京：高等教育出版社，2009.
4. 徐国成．药物经济学概论．北京：中国中医药出版社，2012.
5. 耿修林．数据、模型与决策．北京：中国人民大学出版社，2013.
6. 中国药物经济学评价指南课题组．中国药物经济学评价指南（2011 版）．中国药物经济学，2011，3：6-48.
7. 曹燕．决策分析模型在药物经济学中的应用．中国药房，2007，18（8）：561-563.
8. 刘真．多囊卵巢综合症患者 2 种促排卵治疗方案的决策树分析．中国药房，2012，23（2）：108-110.
9. Ades AE，Sutton AJ. Multiparameter evidence synthesis in epidemiology and medical decision-making：current approaches. J R Stat Soc Ser A Stat Soc，2006，169（1）：5-35.
10. Barton P，Bryan S，Robinson S. Modelling in the economic evaluation of health care：selecting the appropriate approach. J Health Serv Res Policy，2004，9（2）：110-118.
11. Cooper NJ，Sutton AJ，Abrams KR，et al. Comprehensive decision analytical modeling in economic evaluation：a Bayesian approach. Health Econ，2004，13（3）：203-226.
12. Cooper N，Coyle D，Abrams K，et al. Use of evidence in decision models：an appraisal of health technology assessments in the UK since 1997. J Health Ser Res Policy，2005，10（4）：245-250.
13. Golder S，Glanville J，Ginnelly L. Populating decision-analytic models：the feasibility and efficiency of database searching for individual parameters. Int J Technol Assess Health Care，2005，21（3）：305-311.
14. Halpern，MT，McKenna M，Hutton J. Modeling in economic evaluation：an unavoidable fact of life. Health Econ，1998，7（8）：741-742.
15. Leal J，Wordsworth S，Legood R，et al. Eliciting expert opinion for economic models：an applied example. Value Health，2007，10（3）：195-203.
16. McCabe C，Dixon S. Testing the validity of cost-effectiveness models. Pharmacoeconomics，2000，17（5）：501-513.
17. Heart Protection Study Collaborative，Mihaylova B，Briggs A，et al. Lifetime cost effectiveness of simvastatin in a range of risk groups and age groups derived from a randomized trial of 20，536people. BMJ，2006，333（7579）：1145.
18. Philips Z，Ginnelly L，Sculpher M，et al. Review of guidelines for good practice in decision-analytic modelling in health technology assessment. Health Technol Assess，2004，8（36）：1-158.
19. Soto J. Health economic evaluations using decision analytic modeling. Principles and practices—utilization of a checklist to their development and appraisal. IntJ Technol Assess Health Care，2002，18（1）：94-111.
20. Sutton AJ，Abrams KR，Jones DR，et al. Methods for Meta-analysis in medical research. Chichester：

John Wiley& Sons，2000.

21. Weinstein MC，O'Brien B，Hornberger J，et al. Principles of good practice for decision analytic modeling in health-care evaluation：report of the ISPOR Task Force on Good Research Practices-Modeling Studies. Value Health，2003，6（1）：9-17.
22. Caro JJ，Möller J，Getsios D. Discrete event simulation：the preferred technique for health economic evaluations. Value Health，2010，13（8）：1056-1060.
23. GrayAM，Clarke PM，Wolstenholme J，et al. Applied methods of cost-effectiveness analysis in health care. Oxford：Oxford University Press，2012.
24. Walley T，Haycox A，Boland A. Pharmacoeconomics. London：Churchill Livingstone，2004.
25. 谭重庆．基于 Markov 模型建立适合中国的胃癌治疗药物经济学评价模型．长沙：中南大学，2014.
26. 李倩．TreeAgePro 软件在医药卫生决策分析中的应用．药物经济，2014（1）：15-18.
27. 曾小慧．基于决策模型的晚期非小细胞肺癌药物经济学研究．长沙：中南大学，2013.
28. 谢长勇．基于系统动力学模型的我国宏观卫生筹资系统机制研究．上海：第二军医大学，2007.
29. 徐蕾．决策树技术及其在医学中的应用．上海：第二军医大学，2004.
30. 周丽丽．药物经济学研究中离散事件模拟的介绍．药物经济学评价，2012，29（5）：347-350.
31. 罗霞．运用 Markov 模型进行药物经济学评价的概率敏感度分析．中国新药与临床杂志，2009，28（3）：175-178.
32. 张彦琦．重庆市卫生服务系统可持续发展系统动力学模型研究．重庆：第三军医大学，2008.

第八章 系统评价与Meta分析在中药药物经济学中的应用

系统评价和Meta分析是目前公认的最好的二次研究方法，其结果是中医药临床决策的最高级证据。前者是运用定性或定量描述方法的二次研究，后者是运用定量描述方法的二次研究，但两者对纳入研究的数据均有严格要求。本章主要介绍系统评价和Meta分析的基本原理和方法，在此基础上了解它们在中药药物经济学中的应用。

第一节 系统评价

一、系统评价的概念

系统评价（systematic review，SR）又称系统综述，是一种全新的文献综合评价方法，即针对某一具体问题（如临床、卫生决策、基础医学、医学教育等问题），通过全面系统检索收集已发表或未发表的相关研究，采用严格评价文献的原则和方法，筛选出符合质量标准的文献，并获得这些研究的相关数据，最后进行定性或定量分析，得到当前最佳的综合结论。

二、系统评价的作用

系统评价全面系统地收集、筛选资料，严格评价纳入研究的内部与外部真实性，定性与定量分析结合，系统与透明的方法和过程是从海量文献中筛选真实科学信息的有效途径，也是在国际水平了解同行研究进展的最佳手段。系统评价是循证医学中经常见到的术语，与循证医学的发展密切相关。

（一）评估证据质量

每年约有600万篇生物医学文献发表在3万多种生物医学杂志上，年增长率约为7%。但是并非所有研究在设计、实施和分析过程中都做得完美无缺，任何问题都可能影响结果的真实有效性。系统评价采用严格而规范的方法，针对某一疾病或某个干预措施全面收集所有相关临床研究并逐个进行严格评价和分析，必要时进行定量合成，可以防止或减少原始研究的系统误差（或偏倚）和随机误差的程度，并分析和解释纳入研究质量对结果的影响。

（二）提高统计效能

随着疾病谱发生变化，评估多因素疾病如恶性肿瘤、心脑血管疾病和各种慢性疾病治疗方法效果，需要开展大样本临床试验，特别是随机对照试验（randomized controlled trials，RCT）。但实施大规模RCT需要消耗各种成本，往往超过一个单位的承受能力，可行性受到限制。同时，针对某一临床问题的研究很多，但因各研究疾病诊断标准、纳入研究对象的标准、研究方法、治疗措施和研究设计等存在差异，且多数研究样本量不足等，导致单个试验难以提供全面、准确和应用价值大的研究结果，还存在不同试验结论矛盾等不足。系统评价则提供了合成多个经过质量评价的同质临床试验结果的方法，并充分考虑了各研究样本量大小和研究质量后得出一个综合结论，提高了研究结果的可靠性和准确性。因此，系统评价被推荐为疗效评价的金标准，为临床治疗实践提供可靠依据。

三、系统评价的分类

系统评价作为一种研究方法，并不限于RCT或仅对治疗措施的疗效进行系统评价。按照研究领域可分为基础研究、临床研究、医学教育、方法学研究和政策研究；按照临床问题可分为病因、诊断、治疗、预后和卫生经济学；按照原始研究类型可分为随机对照试验、非随机对照试验、队列研究、横断面研究、病例对照研究和个案报道；按照纳入研究的方式可分为前瞻性、回顾性和累积性系统评价；按照是否采用统计学方法可分为定性系统评价和定量系统评价。

四、系统评价的基本过程

与其他研究类似，中药药物经济学分析的系统评价的基本过程可分为8个步骤。

（一）确定系统评价的题目

中药药物经济学系统评价的选题应围绕具体的经济学问题，采用PICO的原则制定，具体如下：P（participants/patients），研究对象的类型，即明确研究药物的适用人群；I（intervention），研究的干预措施；C（comparisons），作为对照的措施，与其他药物临床研究不同，中药药物经济学分析的对照措施通常不会选择安慰剂（不治疗），而选用其他有效药物或常规治疗；O（outcome），结果评价指标，药物经济学系统评价的结果指标主要是效果指标（安全性与疗效）以及成本，即结果一般以成本效果比或增量成本效果比的形式出现。

（二）制订系统评价计划书

系统评价的题目确定后，还应制订系统评价的研究方案或计划书，这有助于高质量顺利地完成中药药物经济学系统评价，避免作者在工作中迷失研究方向，实现偏倚最小化。系统评价计划书的主要内容包括系统评价的题目、背景、目的和方法（包括纳入与排除标准、文献检索的策略、合格文献的选择标准、文献质量的评价、数据采集及分析方法等）。

（三）检索文献

系统评价的检索原则是全面、客观和可重复，注意使用主题词与自由词相结合的方式进行检索。中药药物经济学文献检索的策略同样根据PICO原则制定，制定过程中应注意增加检索经济学证据的主题词与自由词，如：economics，costs and cost analysis，economic value of life，或截词检索：cost effective *，cost *。英国约克大学评价与传播中心（the Centre for Reviews and Dissemination，CRD）提供系列检索策略，专门用于检索经济学评价研究，可从 NHS-EED 手册或 www. york. ac. uk/inst/crd/nfaq2. htm 获取。

利用检索策略，从电子文献数据库中筛选出研究文献，文献检索的来源除考虑常用数据库（PubMed、Embase、Cochrane Library 等）外，还应检索经济学分析的专业数据库，如：英国约克大学卫生服务部的经济学评价数据库（NHS Economic Evaluation Database，NHS EED）、卫生经济学评价数据库欧洲协作网（The European Network of Health Economic Evaluation Databases，EURONHEED）。

（四）筛选文献

根据研究方案拟定的纳入与排除标准，从收集到的文献中检出能够回答研究问题的文献，确定最后纳入经济学研究。文献资料的筛选主要分为：

1. 初筛根据检出的引文信息，如题目、摘要，剔除明显不合格的文献，对不肯定或不能确定的文献应查出全文再筛选。

2. 阅读全文对可能合格的文献资料注意阅读与分析确定是否合格。

3. 与作者联系若文献提供的相关信息不全面，有疑问或分歧，则可与作者联系获得进一步信息后再决定取舍，具体流程见图 8-1。

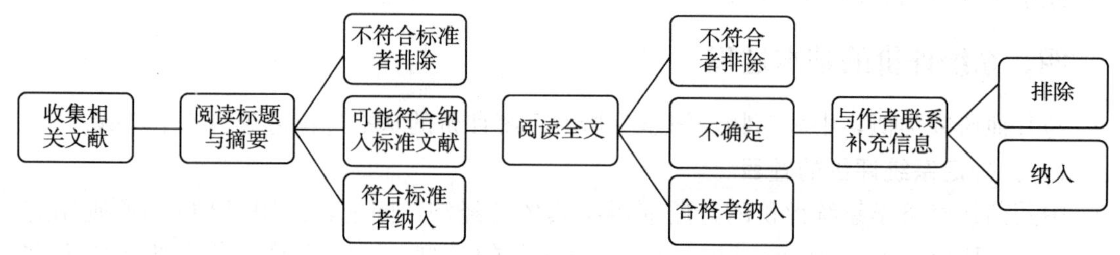

图 8-1　选择文献的基本步骤

（五）评价文献质量

经济学研究文献的质量评价不如疗效评价的 RCT 质量评价标准完善，尽管目前有数十种质量评价指南或清单，但仍没有一个专门用于经济学研究文献筛选的标准。文献质量评价通常包括经济学研究的设计、数据收集和结果分析与解释（如研究的问题、替代方案的选择、评估形式、结果指标的测量与评价、成本计算、模型化、成本效果的时间调整、不确定性与结论）等内容。目前，国外常用的药物经济学研究质量评价工具主要有：卫生经济研究质量评估量表（QHES Instrument）、英国医学杂志药物经济学研究审批指南（BMJ Guidelines）、卫生经济评价质量评估标准一览表（CHEC List）以及 Philips 指南（Philips Guidelines），其中 QHES 量表是唯一以评分形式进行质量评估的量表。

（六）提取数据

数据提取（data extraction）是指从原始研究的全文或者研究者提供的资料中收集相关数据的过程，即采用手写或计算机录入的方式将需要提取的信息填入数据提取表。中药药物经济学系统评价的数据提取表应尽可能全面、客观、准确以确保重要的、有意义的信息不被遗漏。数据提取表包括的信息主要有：

1. 研究基本信息　包括纳入研究的题目、编号、引文信息、提取者姓名、提取日期等。

2. 研究基本特征　包括发表年限、干预与对照措施的具体细节、研究人群的特征、研究角度、研究设计方案、卫生资源来源、成本单位、成本效果时间范围等。

3. 研究结果　对于同一结局指标，原始研究往往报告几个不同的结果，选择不同的结果进行数据合并得到的综合效应结果往往相差甚远。因此，在撰写计划书时应尽可能详细地对拟分析的研究结果进行限定，例如特定的卫生经济学问题或研究目的，包括资源、成本、成本效果等。

（七）结果分析

中药药物经济学系统评价结果的分析包括定性分析与定量分析两部分。

1. 定性分析　将主要的研究特征与结果以表格的形式列出，同时对纳入研究的质量与主要结果进行小结。药物经济学研究特征包括发表年限、干预与对照措施细节、设计方案类型、数据来源、研究场所、研究角度、时间跨度等。经济学研究结果可以单独列表，内容包括各种资源消耗及成本点估计值及其范围，边际成本和（或）成本效果的点估计值及其可能范围，货币单位与价格统计年份等。另外，为方便不同研究间的比较，常将成本按照国际汇率统一转换为目标货币，同时估计贴现成本。

2. 定量分析　由于不同国家资源消耗差异、研究角度差异、成本和效果测量不同、经济学研究方法等都可能存在巨大的差异，经济学研究结果通常变异较大难以合并数据。可探索采用经济学模型分析，如：决策树模型、回归模型、Markov 决策分析、Monte Carlo 模型等，不论采用何种建模方法，都应详细阐述模型的假设条件、特征和数据来源等。如果两个或两个以上纳入的经济学研究中报告了有关干预及对照措施所消耗的资源与成本，且使用了相同的度量衡单位，即可采用 Meta 分析进行定量。

（八）结果解释与报告撰写

系统评价旨在帮助患者、公众、医生、管理者与决策者进行决策，是提供信息和辅助解释结果，而不是作出推荐意见。有关卫生经济学研究系统评价的结果解释与报告应基于研究结果，围绕经济学问题、研究目的进行，内容主要包括：

1. 总结和解释结果　总结和解释分析结果时，应同时考虑干预措施的利和弊以及结果的点估计值和 95%置信区间。点估计值主要表示效应值的强度和方向，95%置信区间反映效应值的变动范围与精确性，两者结合可提供更全面的信息，有助于解释结果的价值。

2. 证据的适用性　应特别注意经济学分析系统评价结果的内部效度（internal validity，真实性）和外部效度（external validity，外推性），包括证据的真实性和对当地背景或其他国家的适用程度，特别是不同经济学分析的综合结果。

3. 结论　结论包括对临床实践和未来研究的意义两部分。在确定这两方面的意义时，要考虑证据的质量、干预措施的利弊、患者的价值喜好及卫生资源的利用。

五、系统评价的局限性

系统评价作为循证医学重要的研究方法，已成为循证医学最佳证据的重要来源之一，但并非所有临床问题都能从目前的系统评价中找到答案。系统评价在文献检索的全面性、纳入研究质量、系统评价方法的可重复性、统计分析方法是否存在发表偏倚等方面存在的问题可使系统评价产生潜在的局限性，如：①某些临床问题目前虽有系统评价，但因纳入的研究质量不高或相关研究缺乏，尚无确切的结论；②新干预措施面世时间短，缺乏足够研究用于支持系统评价；③罕见疾病研究多以个案报道为唯一证据，缺乏进行系统评价的数据；④系统评价不良反应的方法尚未完善，因系统评价纳入标准对象往往限制为RCT，难以发现潜伏期长、罕见、对患者有严重影响的不良反应，进行原始监测数据可能会更适合；⑤可能不适用于某些卫生体制领域的研究，当不止一项政策在同时实施时就很难判断单项政策的影响；⑥由于缺乏报告规范，关键信息的缺失使得系统评价的潜在价值大打折扣；⑦系统评价纳入临床试验在药物干预方面存在差异，有明显的临床异质性，不宜进行合并分析，因而不能起到系统评价定量合成的作用。

六、系统评价研究的注意事项

确立正确的选题范围是开展系统评价研究的最重要步骤，因此确定选题范围时应仔细考虑各方面资源和条件、临床意义和研究质量等，尤其需要注意以下几点：

（一）选题范围过宽

选题范围不宜过宽，以免导致干预措施变异性大，增加临床疗效评价的难度和偏倚。如：“我国中草药治疗癌前病变的META分析”这一选题，范围则明显过宽，一方面未阐述是哪一种中草药和哪一种癌的癌前病变，不同癌症相对应中草药用药不尽相同，因此某些特定类型的癌症患者并不能从中得到有效的信息；另一方面可导致纳入研究的异质性增大而使研究结果缺乏可靠性。但是，纳入研究的选题范围宽可获得更多的信息量，实用性和推广性较好，缺点是消耗了更多资源和时间。

（二）选题范围过窄

选题范围过窄的系统评价因所获资料或纳入研究较少，容易出现偶然性，增加出现假阳性和假阴性结果的机会，使结果的可信度小，不具推广实用性。但范围窄的系统评价可能提高研究对象的同质性。

此外，系统评价研究的问题应该在制订计划书或收集文献前确定，以避免作者根据原始文献的数据信息和结果改变系统评价的题目及内容，导致结论的偏倚。但由于系统评价是对现有文献资料的分析和总结，受原始文献的制约，随着对研究题目全面深入地了解，有时有必要对系统评价的问题或评价的内容作出适当的改动。在进行改动时，必须明确回答原因及动机，并对文献检索、选择、评价作相应的调整。

七、系统评价在药学领域中的应用

（一）指导基本药物遴选及新药准入

基本药物是指能够满足基本医疗卫生需求、剂型适宜、价格合理、能够保障供应、公众可公平获得的药品，是从大量临床应用药物中经过科学评价而遴选出的在同类药物中具有代表性的药物。WHO基本药物示范目录的遴选、修订及推广程序的核心是一套证据收集、循证评价、实施数轮外部审评的公开透明的制度。通过借鉴Cochrane系统评价和高质量研究证据，启动基本药物目录的循证遴选，鼓励运用当前可得到的最佳上市后药物循证评价证据，结合当地具体情况选择安全、有效、经济的药物。高质量的临床研究，尤其是多中心大样本的RCT和联合多个RCT的系统评价是目前国际公认的评价药物疗效最高级别的证据。

目前，循证方法已作为WHO和许多国家基本药物遴选技术的核心方法及各国临床指南制定的证据基础。2009年，WHO根据5项临床试验和2项Cochrane系统评价综合比较了静脉注射劳拉西泮和静脉注射地西泮的临床疗效，得出的结论是劳拉西泮的使用效果优于地西泮。本次系统评价结果正是该药入选WHO 16版最新基本药物标准清单有效性方面的证据。同时WHO遴选委员会还评估了劳拉西泮申请加入治疗持续性癫痫的5个随机对照试验和2个Cochrane系统评价，认为以上证据表明劳拉西泮在有效性方面与地西泮相当甚至较优，且有较少的不良反应。WHO遴选委员会建议将注射用劳拉西泮加入WHO基本药物标准清单作为抗惊厥抗癫痫药。

在我国，循证评价在药物遴选领域的应用从2003年开始起步，2009年8月循证评价方法写入基本药物制度政策中，国家鼓励科研机构和社会团体进行循证评价的研究。然而我国基本药物遴选多采用专家评审的方法，因此存在一些问题：遴选的标准不够合理，遴选结果受主观成分影响较大，遴选原则不能切实落到实处，遴选的证据不足，中药遴选不尽科学等问题。循证评价对完善我国基本药物目录遴选机制发挥重要作用，对上市后的药品进行循证药学系统评价研究，逐步探索出完善的基本药物体系，结合WHO基本药物遴选的系统评价方法和评价结果，将临床实践和经验与客观的科学研究证据结合起来，根据评价结果对目录进行调整，从而使我国基本药物目录的遴选和调整更具科学性和客观性。

（二）指导药物安全性和有效性评价

上市后药物的安全性和有效性评价是国内外医药工作者十分关注的问题，但目前缺乏规范、系统的评价体系。药物上市后，某些药物在临床应用中可能会出现新的适应证或不良反应，面对相同的临床试验结果不尽相同的情况，如何合理评价这些药物的临床试验、新的适应证、不良反应等是临床上经常遇到的难题；然而现在可以通过系统评价的综合分析来开展药物的有效性和安全性评价，为临床药物的合理应用提供可靠的证据。在有效性方面，如有多项随机对照临床试验及系统评价等循证医学证据基本肯定了小剂量阿司匹林预防高危孕妇子痫前期的作用，且认为妊娠16周之前开始用药优于妊娠16周之后。加拿大和英国分别在2008年和2010年将小剂量阿司匹林预防子痫前期写入指南。2007年，Cochrane数据库发表了一项共纳入59项研究、37560例孕妇的系统评价（Meta分析），结果认为抗血小板药物可以使子痫前期的发病风险降低17%，尤其是具有子痫前期高危因素者下降更为显著。基于此，美国妇产科医师协会在2013年版指南中建议将早期小剂量阿司匹林（60～80mg）作为高危人群子痫前期的一级预防。在安全性方面，如用于治疗高血压的短效钙拮抗剂硝苯地平曾被认为是安全、有效、经济的良药，而大规模、多中心、随机对照试验发现其虽能有效降压，但也可能促使心脏缺血事件发生，心肌梗死危险性和冠心病死亡率增加，且剂量越大，这种危险性越大。

系统评价方法也已广泛应用于评价中药的有效性和安全性。中医药是我国医疗卫生体系的重要组成部分，并在临床实践中广泛运用，国际医学界对中医药临床研究的兴趣日益增长。随着国内循证医学的发展和普及，系统评价越来越受到中医药界重视，中医药临床有效，但缺乏高质量的证据和疗效标准，全面深入地开展中医药循证医学研究，通过高质量的RCT试验和系统评价，有助于建立体现中医药治疗优势和特色同时被国际认可的疗效和安全性评价体系，为中医药走向世界提供确凿的科学证据。如连花清瘟胶囊治疗流行性感冒（简称流感）疗效和安全性的两项系统评价结果显示：连花清瘟胶囊较其他中药更能针对流感的中医病机演变规律；同时与西药比较，连花清瘟胶囊充分发挥了中医药治疗流感的优势，更能有效缓解流感症状。连花清瘟制剂不良反应发生率低，有较好的安全性，已被国家卫生计生委和中医药管理局列入多种流感诊疗方案和推荐用药。同时，中药在心脑血管、肺部疾病、类风湿关节炎、肿瘤等方面均开展了相应的系统评价。如复方丹参滴丸治疗冠心病的系统评价表明：复方丹参滴丸治疗冠心病心绞痛安全有效，不良反应轻微。痰热清注射液治疗慢性阻塞性肺疾病合并呼吸衰竭的Meta分析、参芪扶正注射液联合常规用药治疗心力衰竭的系统评价、黄芪注射液辅助治疗病毒性心肌炎的系统评价等显示：这些中药联合西药使用比单独使用西药有较好的疗效和较少的不良反应和副作用。然而这些系统评价也存在一些问题：①缺乏多中心、大样本的随机临床试验，纳入研究的文献质量不高，样本量少；②纳入文献大多存在未具体描述随机的方法，隐匿方案，未分析脱失与失访，无意向性分析等问题，这些问题给疗效和安全性评价的结果带来较大的测量偏倚可能。系统评价方法学质量普遍较低，研究结果尚需更多高质量的临床试验加以证实。

（三）指导药物经济学评价

目前，我国药物经济学评价还处于不断发展与完善的阶段，因研究主体、研究方法设计、研究药品以及对照药品的选择、研究目的、研究角度、数据收集、分析方法、证据的透明度等各异，导致药物经济学研究质量参差不齐，如何评价以及利用这些药物经济学评价研究结果，系统评价是一个良好的评估工具。运用系统评价的方法对我国药物经济学评价研究的质量进行评估，为药物经济学评价在卫生决策中的合理应用提供可靠的依据。循证医学的系统评价要求临床治疗应考虑成本—效果的证据，用药物经济学方法制定出合理的成本—效果处方，为临床合理用药和治疗决策科学化提供依据，使患者得到最佳的治疗效果和最小的经济负担。如国产与进口头孢呋辛钠治疗细菌性感染的循证经济学评价表明：国产与进口头孢呋辛钠治疗细菌性感染的临床疗效、细菌清除率及不良反应发生率均无显著性差异。用最小成本法进行药物经济学评价，国产头孢呋辛钠在价格方面存在优势，是治疗细菌性感染的优选药物。

（四）指导临床药学实践

临床药学是医院药学的重要发展方向，在临床药学实践中，药师会面临许多复杂的临床问题，同时随着新药的不断上市，老药出现新的不良反应或者新的适应证，大量的医药信息呈现在临床药师面前，如何在这些浩瀚的信息中去伪存真，搜集和利用有效的资料与数据，已成为传统医院药学实践模式的重大挑战。循证医学的系统评价采用当前的最佳证据来制定科学、合理的临床决策，避免不合理用药情况的发生。

目前，在医药领域Micromedex、MEDLINE、Embase等循证文献数据库被广泛地用于医药信息的检索。同时，也可以通过各个国家不良反应监测中心的数据库及PubMed网站对某些药品的评价进行搜集。如临床药师要为临床提供某药物的资料，应进行以下的工作内容：首先要检索和收集循证药学资料，查询该药品的临床对照试验结果、疗效学研究、安全性研究、经济学研究等有关药品信息的文献报道；其次，对于检索出的大量文献资料，临床药师要选择符合系统评价要求的文献数据分析整理，加以利用。高质量系统评价作为最高级别证据，可为临床实践提供可靠依据，也是制定循证临床指南的重要依据。

（黄红兵　朱全刚　陈卓佳　潘　莹　邱　孟　房财富）

第二节　Meta分析

一、Meta分析的概念

Meta分析是用统计学方法对收集的多个研究资料进行分析和概括，以提供量化的平均效果来回答研究的问题。从狭义上说，Meta分析为将系统评价中的多个不同研究的结果合并为单一的量化指标的统计学方法；从广义上说，Meta分析为运用定量方法汇总具有相同目的的多个研究的结果的系统评价。

1976年英国教育心理学家Glass GV首次将合并汇总同类研究结果的一类统计分析命名为“meta-analysis”，meta分析一词由此诞生。Meta分析最初应用于教育学、心理学和社会决策学等，80年代后开始应用于医学研究领域，如今已成为一种广泛应用的评价方法。循证医学将收集所有质量可靠的RCT后作出的系统评价或Meta分析结果视为等级最高的证据。Meta分析的实现需要一定的条件，系统评价纳入的研究不一定能满足Meta分析的条件，而系统评价也并不一定要进行Meta分析。因此，Meta分析与系统评价既有联系又有区别。从狭义上理解，Meta分析为一种统计学方法；从广义上理解，Meta分析属于系统评价的一种，即使用了定量合成的方法对资料进行统计学处理的系统评价，亦称定量系统评价，而没有进行Meta分析的系统评价称为定性系统评价。

二、Meta分析的目的与意义

（一）增加统计学检验功效

受病例来源及其他因素所限，单个临床研究常常会出现样本量偏少、检验功效偏低的情况，导致一些研究结果虽有临床意义，却得不到统计学意义（即假阴性结果）。Meta分析通过对多个同质的研究结果进行效应合并，变相地增大了样本量，提高了检验效能，可能发现有效的干预方法。

（二）定量分析研究结果

针对同一问题常常有多个不同的研究，而不同研究受研究水平、研究对象、研究条件、样本大小等因素影响结果不尽相同，甚至出现相反的结论，当需要根据研究结果进行临床决策时容易发生分歧。用Meta分析进行同质性检验和综合分析，可以发现不同研究异质性的来源，估计各研究存在的偏倚，从而帮助决策者更好地判断和理解研究之间的分歧。另外，相对定性系统评价，Meta分析可以得到具体的数值，在支持临床决策时更直观而便于利用。

与系统评价一样，Meta分析需要对纳入的临床研究进行质量评价，可发现过去研究的不足，利于提出新的研究方向或优化研究方案。

（三）进行亚组分析

将纳入Meta分析的多个同类研究按一定的协变量分组后作分层分析或亚组分析，可以得到针对特定人群或特定干预方法的研究结论，使研究结果更具针对性，可能会得到新的结论。

三、Meta 分析的步骤与方法

Meta 分析的基本步骤如下：①提出问题，制订研究计划；②检索相关文献；③筛选符合要求的文献；④提取纳入文献中的数据；⑤对纳入文献进行质量评价；⑥对资料的进行统计学处理；⑦敏感性分析；⑧分析和讨论。其中第 1、2 点的方法和要点，如 PICO 原则、数据库的选择、检索策略的确定等与系统评价基本一致，此处不再赘述，本节重点介绍第 3～8 点。

（一）文献筛选

与系统评价一样，Meta 分析的质量首先取决于纳入文献的范围和质量。两者文献筛选的原则基本一致。不同的是，Meta 分析的纳入和排除标准除了要考虑研究对象、研究设计和干预方式等外，还要考虑研究的结局指标，因为 Meta 分析需要对研究结果进行合并统计，所以常需选择纳入报告了某个有临床意义、可量化、具可比性的结局指标的研究，而排除未报告该指标的研究。

（二）提取纳入文献中的数据

Meta 分析数据提取的原则和方法与系统评价基本一致，提取数据前需要设计数据提取表格，一般应包括研究的基本信息、研究特征、结局指标等；为保证数据收集的质量，最好由两人以上独立提取数据。提取表可以是纸质版，也可以是电子版。

需要注意的是，Meta 分析需要对研究的结果进行合并统计，对于不同的变量类型需要提取的数据有所不同。临床研究的常见结局指标有两种，一种为二分类变量，如肿瘤反应率、血压/血糖达标率、疾病死亡率等；另一种为连续型变量，如血压/血糖下降值、药品成本等。下面就这两类变量的提取及提取数据过程中可能需要的数据转换作详细说明。

1. 二分类变量的提取　对二分类变量进行 Meta 分析时需要 4 个值，即试验组的样本量、对照组的样本量、试验组发生结局事件的例数、对照组发生结局事件的例数。一般来说临床研究均会报道这 4 个值，有时候原始文献报道的是各组结局事件的发生率，此时只需进行简单的换算，即发生结局事件的例数＝各组样本量×事件发生率。

特殊情况下一些会议论文的原始文献可能不报道总样本量和发生率，而报道了比值比（odds rate，OR）或相对危险度（relative rate，RR），如果文献同时报道了 95%置信区间（confidence interval，CI）、标准误（standard error，SE）或 P 值，仍可以通过倒方差法进行 Meta 分析。对于资料不足的文献，建议积极联系文献作者取得所需数据。

2. 连续型变量的提取　对连续型变量进行 Meta 分析时需要以下数据：各组的均值、标准差（standard deviation，SD）和样本量。对连续型变量提取数据时需要注意的问题较多。有时研究会报道中位数而非均数，报道 SE、CI、四分位间距、最大值和最小值而不报道标准差。甚至有时原始文献的作者会将标准误当作标准差报道，提取数据时需要注意加以区分，标准差可以由标准误换算出来：$SD=SE\times\sqrt{N}$，此处 SE 为试验组或对照组的组内标准误，而非试验组和对照组的组间标准误。有时纳入研究中的一些报道了干预前后的差值而另一些报道了最终值（原始文献倾向报道效果看起来更好的数据），无论差值还是最终值都可以通过 Meta 分析整合，选择其中一种即可。此外，研究过程中可能会有病例退出研究，文献中一般会说明，提取数据时需要区分基线样本量和最终纳入分析的样本量。

一些会议文献可能没有报告各组样本量、均数和 SD，但报告了均数差或标准化均数差，如果文献同时报道了 95%置信区间、标准误或 P 值，可以通过数据转换的方法得到所需数据。

3. 数据转换　最理想的情况是原始文献报告的数据可以直接用于 Meta 分析，但如前文所述，很多时候文献并不直接报道 Meta 分析所需的数据，因此需要进行数据换算。需要注意的是，即使需要进行数据转换，也建议先将原始数据收集到提取表中，以便将来核算。数据转换的方法按照不同的原始数据叙述如下：

（1）根据试验组和对照组的 CI 换算 SD：此处 CI 指试验组或对照组组内均数的 CI，而非组间 CI。大部分研究报道的是 95%的 CI，亦有部分研究报道 90%或 99%的 CI。若数据符合正态分布（可简单理解为 CI 相对均数对称分布，即均数与 CI 下限的差值近似于其与 CI 上限的差值的绝对值），则可通过下列公式计算标准差：①若试验组和对照组样本量≥100，SD=$\sqrt{N}$×（CI 上限－CI 下限）/3.92。对于 90%的 CI，3.92 替换为 3.29；对于 99%的 CI，3.92 替换为 5.15。②若各组样本量≤60，则需要将上述公式中的 3.92 替换为 2×t 值，t 值可以通过查阅 t 界值表获得（请参阅医学统计学相关章节，自由度为样本量－1）；也可以通过在 Excel 表格中输入函数“＝tinv（概率，自由度）”获得，其中概率为 1－0.95（当为 95%CI 时）。③若各组样本量在 60～100 之间时，上述两种方法都可以使用。若数据不满足正态分布，可考虑通过数据转换（如计算原始数据的对数值）使之符合正态分布再采用上述公式换算。

（2）根据组间均数差以及标准误、CI、t 值或 P 值计算 SD：若原始数据只提供了组间均数差及对应的 SE、CI、t 值或 P 值，也可以计算 SD，此时需假设各组的 SD 相同，而进行 Meta 分析时计算出来的 SD 将被应用到试验组和对照组中。换算过程为通过 P 值计算 t 值，然后通过 t 值（或 CI）计算 SE，再通过 SE 计算 SD。若原始文献给出了 t 值、CI 或 SE，则可省略相应步骤。

第一步，通过 P 值计算 t 值：若已知 P 值和自由度，可通过查 t 界值表获得相应的 t 值，设试验组样本量为 N_E，对照组样本量为 N_C，自由度＝N_E+N_C-2。也可以在 Excel 表中输入函数“＝tinv（概率，自由度）”得到 t 值，其中概率为 P 值。有时候原始研究未报道确切的 P 值，而是报告 $P<0.05$ 或 $P<0.01$，此时可以使用 P 值的上限作为概率估算 t 值，如 $P<0.05$ 则概率考虑为 0.05；$P<0.01$ 则概率考虑为 0.01。但如果组间差无统计学差异，而原始文献报告 $P>0.05$，则无法计算 t 值。

第二步，按式 8-1，通过 t 值计算标准误：

$$SE=\text{组间均数差}/t \quad \text{式（8-1）}$$

第三步，按式 8-2，通过 SE 计算 SD：

$$SD=SE\times\sqrt{\frac{1}{N_E}+\frac{1}{N_C}} \quad \text{式（8-2）}$$

（3）根据中位数和四分位数间距估算均数和标准差：如果数据符合正态分布，则中位数和均数很接近，可以直接提取中位数替代均数进行Meta分析，但如果数据呈偏态分布，则不能替代。然而，原始数据报道中位数常常提示数据呈非正态分布。若原始数据采用四分位间距描述数据离散程度，常常提示数据呈偏态分布，若研究的样本量很大且数据分布接近正态分布，则四分位数间距约等于1.35×SD，可以通过此公式计算SD。若不满足上述条件，则无法通过四分位数间距计算SD。

应指出，当纳入的文献较重要而未提供Meta分析所需的数据且无法通过换算获取时，应当积极联系原始文献作者获取数据，事实上很多研究者都会乐意为科学研究提供自己的研究数据的。

（三）对纳入文献进行质量评价

1. 质量评价的概念　循证医学中有一句经典的话："Garbage in，garbage out"，道出了系统评价中原始文献的质量对系统评价结果可信度的决定性作用。原始研究的设计、实施和报告过程或多或少存在影响结果真实性和准确性的因素，系统评价和Meta分析的最终目的是为临床决策提供参考，为了保证系统评价结果的客观可靠，必须对纳入文献进行质量评价。质量评价指评估单个研究在设计、实施、结果分析整个过程可能出现各种偏倚的程度，包括对研究真实性、精确性和偏倚的评估。

研究的真实性是指研究设计和实施中防止系统误差或偏倚的程度，包括内部真实性和外部真实性。内部真实性指单个研究结果接近真实值的程度，即受各种偏倚因素，如选择偏倚、实施偏倚、失访偏倚及测量偏倚的影响情况。内部真实性评价考虑的是研究中是否控制了干预效果的混杂偏倚和测量偏倚影响，从而得到真实无偏差的结果。外部真实性又称为适用性，指研究结果是否适用于研究对象以外的人群，即结果的适用价值和推广应用的条件，主要与研究对象的特征、干预措施和结局指标的选择有关。

准确性又称为可靠性或重复性，是指反复测量结果的一致程度，与样本量大小或测量的次数有关。样本量越大，或测量次数越多，其平均值越趋向于真实值，可靠性也越好。

偏倚又称系统误差，是指研究结果系统偏离真值的倾向。无偏倚的研究结果具有良好的内部真实性。偏倚对研究结果影响的方向（低估或夸大）和大小是可变的，不同临床问题和不同研究设计方案受偏倚的影响情况不尽相同。偏倚包括选择偏倚、实施偏倚和测量偏倚等。

研究的"质量"和"偏倚风险"是有区别的，有些研究已经达到可能范围内的最高质量了，但仍存在偏倚。例如有时候研究无法对研究对象、研究者和结果评估者设盲，据此称研究是"低质量的"显然不恰当，因其质量已经达到了可能的最高水平，但并不是说该研究没有偏倚。另外，一些与研究质量相关的指标，如样本量估算、伦理审查和报告质量等，与偏倚风险并无直接关系。

2. 质量评价的工具　质量评价的主要工具为清单和量表。清单由多个评价研究质量和偏倚风险的条目组成，需要评价者对每个条目作出判断，不予评分；量表亦由多个评价研究质量和偏倚风险的条目组成，但每个条目会予相应评分，能定量地估计整个研究的质量。清单和量表有很多种，可根据Meta分析纳入的原始研究类型选择合适的质量评价工具。对于RCT，常用的质量评价工具包括Cochrane风险偏倚评估工具、PEDro量表、Delphi清单、CASP清单、Jadad量表等；观察性研究常用NOS量表和CASP清单。

（1）Cochrane风险偏倚评估工具：Cochrane协作网认为"研究偏倚"比"研究质量"

更能反映研究存在的缺陷，因此要求以Cochrane风险偏倚评估工具替代其他评价RCT的清单和量表。Cochrane风险偏倚评估工具既不是清单也不是量表，而是基于不同维度的评价工具（domain-based evaluation），对6个维度进行独立评价。表8-1为Cochrane风险偏倚评估工具的评价维度和解释。

表8-1 Cochrane风险偏倚评估工具

维　度	描述内容	评价者判断
	选择偏倚	
随机序列产生	详细描述产生随机分配序列的方法以便评估组间可比性	由于随机化序列产生不当导致的选择偏倚（干预方法的分配存在偏倚）
分配方案隐藏	详细描述隐藏随机分配序列的方法以便判断干预措施分配情况是否可预知	由于分配序列隐藏不当导致的选择偏倚（干预方法的分配存在偏倚）
	实施偏倚	
对受试者和工作人员设盲	描述所有防止受试者和工作人员获知特定受试者干预方式的设盲方法。提供所有判断盲法有效的信息	由于受试者和工作人员在研究过程中获知受试者干预分配所致的实施偏倚
	判断偏倚	
对结果评价者设盲	描述所有防止结果评价者获知特定受试者干预方式的设盲方法。提供所有判断盲法有效的信息	由结果评价者知悉干预分配所致的判断偏倚
	随访偏倚	
不完整的结果资料	描述每个主要结局指标数据的完整性，包括失访和退出的数据。说明是否报告了失访/退出、每一干预组的人数（与随机入组的总人数相比）、失访/退出原因、评价者所作的意向分析	由不完整的结果数据的数量、性质和处理方式所致的随访偏倚
	报告偏倚	
选择性报告研究结果	说明评价者判断选择性报告研究结果可能性的方法和判断结果	由选择性报告研究结果所致的报告偏倚
	其他偏倚	
其他偏倚来源	说明所有除上述维度外其他偏倚。若特定的条目或问题有在计划书中列出，应对其作出回应	由其他偏倚导致的问题

（译自Cochrane系统评价手册5.1.0表8.5.a）

评价者对每个维度的每条指标判定“低度偏倚风险”“高度偏倚风险”或“偏倚情况不确定”。Cochrane系统评价手册中列出了每个指标的判断依据，表8-2列出随机化序列产生的偏倚风险的判断标准作为例子，每个维度每条指标的判断标准详见Cochrane系统评价手册。

（2）CASP清单：CASP清单由英国牛津循证医学中心文献严格评价项目（Critical Appraisal Skills Programme，CASP）制作，在英国和加拿大应用较多，包括用于评价

RCT、队列研究和病例对照研究的清单。用于评价RCT的清单包括11个条目，其中前3条为筛选问题，后8条为细节问题；用于评价队列研究的清单包括12个问题，前2个为筛选问题，后10个为细节问题；用于病例对照研究的清单共11个问题，前2条为筛选问题，后9条为细节问题。CASP清单中的问题使用“是”“否”或“不知道”判定。本节列举评价RCT质量的CASP清单如表8-3所示。需要使用或进一步了解CASP清单可登录官方网址 http://casp-uk.net。

表8-2　偏倚风险的评判标准（以随机序列产生为例）

判　断	标　准
低偏倚风险	原始文献作者在序列产生过程中描述了随机化方法，如：随机数字表、计算机产生随机数字、抛硬币、掷骰子、抽签
高偏倚风险	原始文献作者在序列产生过程中描述了非随机化方法，如：由受试者生日、住院日或住院号等末尾数字的奇数或偶数；由医生、患者、实验室检查结果或干预措施的可获得性来分配
偏倚风险不清楚	文中无序列产生的详细信息

（摘译自Cochrane系统评价手册5.1.0表8.5.d）

表8-3　评价RCT质量的CASP清单

条　目	提　示
第一部分　研究结果是否可靠	
1. 研究是否提出了清晰明确的问题	研究人群、干预措施、比较方法、对照选择、可能的结局
2. 干预组和对照组的分配是否随机	/
3. 纳入研究的所有患者能否恰当地解释试验的结论	随访是否完整；纳入分析的患者是否随机抽取
4. 是否对研究对象、研究者、结果分析者使用盲法	患者盲法/分析者盲法/全体盲法
5. 各组之间基线是否接近	主要指影响结局的因素，如患者年龄、性别、社会地位、病情轻重等
6. 除研究的干预措施外，实验组和对照组的处理因素是否相同	/
第二部分　研究结果是什么	
7. 干预效果多大	测量了哪些结局指标
8. 干预效果评价的精确性	置信区间是多少
第三部分　研究结果是否适用	
9. 试验结果是否是用于局域人群	纳入试验的人群是否与你所研究的人群相似
10. 是否考虑到了试验全部的临床重要结局	如果没有，是否会影响决策
11. 收益与危害和成本相比是否值得	这个问题多数不会在研究中提及，但评价者是如何考虑的

（3）Jadad 量表：Jadad 量表由 Alejandro R. Jadad 等于 1996 年发表，从 49 个独立条目中最终筛选出 3 个与研究偏倚直接相关的条目形成，是当时唯一一个应用统计学方法发展的量表。该量表起初是针对结局指标为“疼痛”的 RCT 的质量评价而开发的，因其简单明了，很快普及于其他领域的系统评价和 Meta 分析。Jadad 量表的 3 个评价条目包括随机、盲法和退出与失访，前两项判断“是，有详细描述”“是，无详细描述”和“否”分别评 2 分、1 分和 0 分，最后一项根据是否报道退出和失访评 0～1 分，整个量表共 5 分，评分 2 分及以下的 RCT 判定为低质量，3～5 分质量较高。原始的 Jadad 量表未考虑 RCT 中很重要的潜在偏倚——分配隐藏，目前国内应用的为改良版 Jadad 量表，即增加“分配隐藏”条目并评 0～2 分，全量表共 7 分，评分≤3 分为低质量研究，4～7 分质量较高。改良版 Jadad 量表如表 8-4 所示。目前改良版的 Jadad 量表在国内 Meta 分析中应用广泛，但 Cochrane 系统评价手册 5.1 版指出 Jadad 量表的条目针对 RCT 报告，而非 RCT 的实际设计和实施过程，已不再推荐该量表。

表 8-4　改良版 Jadad 量表

项　　目	条　　目	分值与内容
随机序列的产生	1. 恰当 2. 不清楚 3. 不恰当	2 分：计算机产生的随机数字或类似方法 1 分：随机试验但未描述随机分配的方法 0 分：如采用交替分配的方法如单双号
随机化隐藏	1. 恰当 2. 不清楚 3. 不恰当	2 分：中心或药房控制分配方案，或用序列编号一致的容器、现场计算机控制、密封不透光的信封或其他使临床医生和受试者无法预知分配序列的方法 1 分：只表明使用随机数字表或其他随机分配方案 0 分：交替分配、病例号、星期日数、开放式随机号码表、系列编码信封以及任何不能防止分组的可预测性的措施
盲法	1. 恰当 2. 不清楚 3. 不恰当	2 分：采用了完全一致的安慰剂片或类似方法 1 分：试验陈述为盲法，但未描述方法 0 分：未采用双盲或设盲的方法不恰当，如片剂和注射剂比较
退出与失访	1. 有 2. 无	1 分：描述了退出与失访的数目和理由 0 分：未描述退出与失访数目或理由

注：1～3 分视为低质量，4～7 分视为高质量。

（4）NOS 量表：纽卡斯尔-渥太华量表（The Newcastle Scale，NOS）适用于评价队列研究和病例对照研究。其包括“研究人群选择”“组间可比性”“结果测量”（或“暴露因素的测量”）3 大块 8 个条目。NOS 量表对文献的质量评价使用星级系统的半量化原则，满分为 9 颗星。队列评价和病例对照评价标准见表 8-5 和表 8-6。NOS 有专门的网站：
http：//www.ohri.ca/programs/clinical_epidemiology/oxford.asp，可免费下载量表。

表 8-5　队列研究的 NOS 评价量表

板　块	条　目	评价标准
研究人群选择	暴露组的代表性如何	1. 真正代表人群中暴露组的特征； 2. 一定程度上代表了人群中暴露组的特征； 3. 选择某类人群，如护士、志愿者； 4. 未描述暴露组的来源
	非暴露组的选择方法	1. 与暴露组来自同一人群； 2. 与暴露组来自不同人群； 3. 未描述暴露组来源
	暴露因素的确定方法	1. 固定的档案记录； 2. 结构式访谈； 3. 研究对象自己写的报告； 4. 未描述
	确定研究开始时尚无需要观察的结局指标	1. 是；2. 否
组间可比性	设计和统计分析时考虑暴露组和未暴露组的可比性	1. 研究控制了最重要的混杂因素； 2. 研究控制了任何其他混杂因素
结果测量	研究对于结果的评价是否充分	1. 盲法独立评价；2. 有档案记录；3. 自我报告；4. 未描述
	结局指标发生后随访是否足够长	1. 是；2. 否
	暴露组和非暴露组的随访是否充分	1. 随访完整； 2. 有少量研究对象失访但不至于引入偏倚（规定失访率或描述失访情况）； 3. 有失访（规定失访率）但未描述； 4. 未描述随访情况

表 8-6　病例对照研究的 NOS 评价量表

板　块	条　目	评价标准
研究人群选择	病例的确定是否恰当	1. 恰当，有独立的确定方法或人员； 2. 恰当，如基于档案记录或自我报告； 3. 未描述
	病例的代表性	1. 连续或有代表性的系列病例； 2. 有潜在选择偏倚或未描述

续表

板　块	条　目	评价标准
研究人群选择	对照的选择	1. 与病例同一人群的对照； 2. 与病例同一人群的住院人员为对照； 3. 未描述
	对照的确定	1. 无目标疾病史；2. 未描述来源
组间可比性	设计和统计分析时考虑病例和对照的可比性	1. 研究控制了最重要的混杂因素； 2. 研究控制了任何其他混杂因素
暴露因素的测量	暴露因素的确定	1. 固定的档案记录（如外科手术记录）； 2. 结构式访谈且不知道访谈对象是病例还是对照； 3. 采用未实施盲法的访谈； 4. 未描述
	采用相同的方法确定病例和对照暴露因素	1. 是；2. 否
	无应答率	1. 病例组和对照组无应答率相同； 2. 描述了无应答者的情况； 3. 病例和对照无应答率不同且未描述

（四）资料的统计学处理

对纳入文献应用统计学方法进行定量综合是Meta分析不同于传统综述和定性系统评价的关键。资料的统计学处理主要过程包括：

1. 选择适当的效应指标　Meta分析需要将多个独立研究的结果合并成一个统计量，这个统计量称为“效应量”（effect size或effect magnitude），表示多个独立研究的合并结果。最常用的效应量有两类，一类适用于二分类变量资料，另一类适用于连续型变量资料，进行Meta分析时根据资料类型选择适当的效应量即可。

对二分类变量一般用比［如相对危险度（relative risk，RR）、比值比（odds ratio，OR）］和差［如危险度差值（risk difference，RD）］作为效应量，其结果解释与单个研究的指标一样。

对连续型变量一般选择加权均数差（weighted mean difference，WMD）或标准化均数差（standardized mean difference，SMD）作为合并统计量。WMD为两均数的差值，通过加权消除多个研究间绝对值大小的影响，以原有单位真实地反映试验效应；SMD为两均数的差值再除以合并标准差的商，它不仅消除了多个研究间绝对值大小的影响，还消除了多个研究测量单位不同的影响，尤其适用于单位不同（如采用的量表不同）或均数相差较大的资料的汇总分析，但SMD是一个没有单位的值，进行结果解释时需要慎重。

若为等级资料或多分类资料，受方法学的限制，数据需要转化为上述两种类型。生存资料的效应量是危险比（hazard ratio，HR），有时也可以当二分类变量处理。

2. 异质性检验　按照统计学原理，只有同质的资料才能进行统计量的合并。虽然

Meta 分析通过制定文献纳入和排除标准减少了异质性来源，但受一些潜在混杂因素的影响，仍可能出现不同质的情况。因此，Meta 分析合并统计量之前需要对多个研究结果进行异质性检验，以判断是否符合合并统计的条件。异质性检验（tests for heterogeneity），或称同质性检验（tests for homogeneity），就是用于检验多个研究的统计量是否具有异质性的方法。若异质性检验结果为 $P>0.10$，则认为多个同类研究有同质性；当异质性检验结果为 $P\leqslant0.10$ 时，认为多个研究结果具异质性。纳入研究的异质性还常用 I^2 来衡量，I^2 的计算按式 8-3：

$$I^2=\frac{Q-(k-1)}{Q}\times100\% \quad \text{式（8-3）}$$

Q 为异质性检验的卡方值（χ^2），k 为纳入 Meta 分析的研究个数。Cochrane 协作网的系统评价专用软件 RevMan 使用 I^2 衡量多个研究结果的异质性大小，表示各个研究导致的、非抽样误差引起的变异占总变异的百分比，$I^2\leqslant50\%$ 时认为异质性可以接受。

3. 合并效应量的计算和检验　当异质性检验结果表明多个同类研究间的差异无统计学意义时，可以选择固定效应模型（fixed effect model）获得合并效应量；当异质性检验结果表明同类研究间有异质性，则应首先分析异质性的来源，如设计方案、测量方法、用药剂量、给药方式、研究对象特征、对照选择等，如果异质性是由这些原因导致的可采用亚组分析。若经这些方法分析和处理后同类研究间仍存在异质性时，可选择随机效应模型（random effect model）进行合并统计。计算出来的效应值需要用假设检验的方法检验其是否具有统计学意义，通常用 Z 检验得到该统计量的 P 值。若 $P\leqslant0.05$，则多个研究的合并统计量有统计学意义；若 $P>0.05$，则认为没有统计学差异。

合并统计量的详细计算和检验过程涉及较多统计学知识，这里不作赘述，非统计学专业人员一般使用专业的 Meta 分析或统计处理软件进行计算即可。

固定效应模型假设纳入 Meta 分析的各独立研究来自于一个相同的总体，各个独立研究的效应是总体参数（效应合并值）的估计值：假设 y_i 为各个独立研究的效应，它们的总体参数为 θ，即 $E(y_i)=\theta$，s_i^2 表示第 i 个研究的方差。当样本量较大时，根据中心极限定理，y_i 近似服从总体均数为 θ 的正态分布，即 $y_i\sim N(\theta, s_i^2)$。这里 θ 就是为 Meta 分析的合并效应值。

与固定效应模型不同，随机效应模型假设纳入 Meta 分析的各个独立研究分别来自不同但有相互关联的总体，每个研究有相应的总体参数，Meta 分析是多个不同总体的加权平均：假设 y_i 为纳入 Meta 分析的第 i 个研究的效应，y_i 来自均数为 θ_i、方差为 s_i^2 正态分布，即 θ_i 为第 i 个研究的真实效应，$y_i\sim N(\theta_i, s_i^2)$。假设 θ_1、θ_2、……θ_i 是互相独立的随机变量，且来自于均数为 θ、方差为 τ^2 的正态分布，即 $\theta_i\sim N(\theta, \tau^2)$。这里，$\theta$ 就是我们需要的 Meta 分析的效应合并值（效应的平均水平或总体水平），τ^2 为研究间变异。

Meta 分析对独立研究结果进行合并统计时变异可能来源于两个部分，一个是研究内变异，一个是研究间变异。固定效应模型假设各独立研究来自于一个相同的总体，仅考虑研究内变异（s_i^2），认为研究间的差异是抽样误差。而采用随机效应模型则假设各独立研究分别来自不同的总体，同时考虑了研究内（s_i^2）变异和研究间变异（τ^2），即认为研究间的差异不仅由抽样引起。相比固定效应模型，使用随机效应模型得到的结果更保守，结果通常有更宽的 CI，出现“效应具有统计学差异”的结果机会更低。需要注意的是，虽然随机效应模型引入了反映研究间变异的指标，但其不能解释研究异质性的来源，如果研究间差异过大，必须讨论研究异质性的来源，考虑合并研究的合理性。

（五）敏感性分析

敏感性分析（sensitivity analysis）是用于评价 Meta 分析或系统评价结果是否稳定和可靠的方法。如果敏感性分析显示 Meta 分析或系统评价结果没有改变，说明分析结果可靠性较高；如果敏感性分析结果显示改变某些条件后 Meta 分析或系统评价的结果也随之改变，则提示 Meta 分析或系统评价的结果稳定性较低，应对其持谨慎态度。

敏感性分析通常从以下几方面进行：①改变研究类型、研究对象、干预措施或终点指标等的纳入和排除标准；②纳入或排除某些含糊不清的原始研究，不管它们是否符合纳入标准；③使用某些结果不太确定的研究的估计值重新分析数据；④对缺失数据进行合理估算后重新分析数据；⑤使用不同的模型重新分析数据，如使用随机效应模型替代固定效应模型，或相反；⑥排除某些设计不严谨、偏倚风险较高或质量评分较低的研究。

（六）结果报告与解释

Meta 分析属于定量系统评价（从狭义上来说属于系统评价的一部分），结果报告的原则和内容基本与系统评价一致，不同的是，Meta 分析的结果通常以一个或几个“森林图”表示。森林图是以统计学指标和统计分析方法结果绘制出的图形。在平面直角坐标系中，垂直的竖线的横坐标刻度为 1 或 0，代表无效线，每条平行于横坐标的线段代表一个原始研究效应的 95%CI，线段中间的方形代表各研究的效应值（如 RR、MD），方形的大小代表该研究的权重。图形最下方的菱形代表多个研究的合并效应量及其 CI。若菱形跨越无效线，则代表合并效应量没有统计学差异。在森林图中应当呈现以下数据：①每个研究的原始数据（每组样本量、均数或事件数、标准差或 OR 值）；②各原始研究的结局的点估计及 CI；③每个亚组的 Meta 分析结果；④异质性检验结果；⑤合并效应值的检验结果；⑥各研究的权重。如图 8-2 所示：

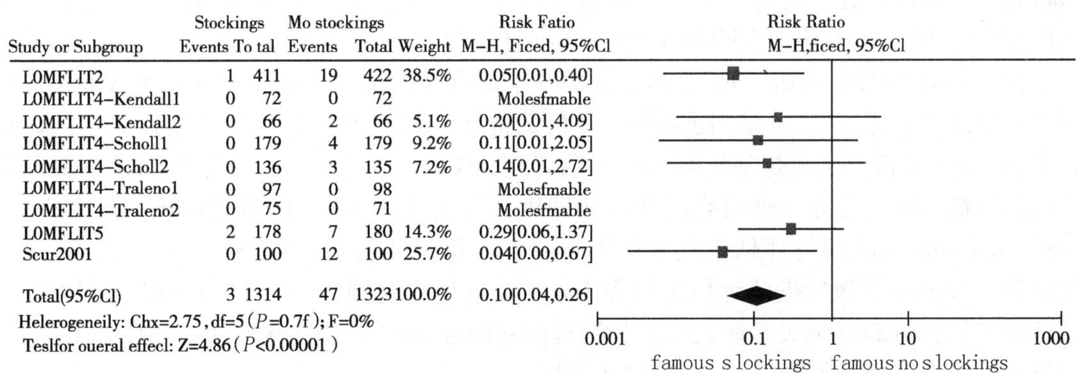

图 8-2　森林图示例

（引自 Cochrane 系统评价手册 5. 1. 0 图 11. 3. a）

需要注意的是，Meta 分析的结论不能仅从合并效应值及其 CI 来判定。当合并效应值有统计学差异时，要结合专业知识判断是否有临床意义；当合并效应值无统计学差异时，要结合临床判断是假阴性（需要更多数据）还是确实无效。当纳入 Meta 分析的研究间有异质性时，应讨论异质性的来源、其对效应合并值的影响、是否需要作亚组分析等。此外，Meta分析的各个步骤均有可能产生报告偏倚，报告偏倚的存在对Meta分析结果会有较大影响，因此需要讨论各种报告偏倚的识别和控制。

偏倚的类型主要包括：

（1）文献发表偏倚：指因得出阳性研究结果的研究较得出阴性结果的研究更容易被发表所导致的偏倚。其原因包括作者（作者偏向于用有阳性结果的实验数据写文章和投稿）、编辑（杂志社偏向于发表具有阳性结果的研究）、语言（阳性结果更易于发表于英语国际杂志）和研究资金来源（某些企业资助的研究不接受阴性结果）等。

（2）文献查找偏倚：因未能全面收集已发表的相关文献而产生的偏倚。原因包括语言偏倚（由语言障碍导致）、文献数据库偏倚、数据提供偏倚。

（3）文献筛选偏倚：由文献筛选不当产生的偏倚。纳入文献前制定合理、明确、严格的文献筛选标准和质量评价标准，剔除与研究问题无关或质量较低的文献，可使Meta分析的结论更为全面、客观、真实。

目前对报告偏倚的评价集中于发表偏倚，对文献查找和筛选偏倚还未有统一的衡量方法。大致判断发表偏倚的常用方法为漏斗图法。其基本假设是纳入研究效应的准确度随样本含量增加而增加。以纳入的研究的干预效果的估计值为横坐标，样本量或效应值的标准误（反映研究精度）为纵坐标作散点图，如果没有发表偏倚，数量多、精度低的小样本研究的结果散在漏斗图的底部，左右对称，而大样本研究的结果在偏上位置以合并效应量为中心集中，整体呈现出类似一个对称倒置的漏斗形。如果漏斗图不对称或不完整，则提示可能存在发表偏倚。

四、Meta分析的分类

（一）按纳入研究的类型分类

Meta分析纳入的研究类型包括临床随机对照试验、诊断性试验、队列研究、病例对照研究、横断面研究、经济学研究、动物实验等。本节主要介绍RCT的Meta分析、观察性研究的Meta分析和经济学研究的Meta分析。

1. RCT的Meta分析　RCT是循证医学中证据级别最高的原始研究，被认为是评价干预效果的“金标准”，也是当前Meta分析最常纳入的研究类型。很多循证医学的评价方法和Meta分析方法都是基于纳入的原始研究为RCT时发展的，因此RCT的Meta分析只需遵循Meta分析一般的原则和方法即可。目前针对RCT的质量评价工具有很多，包括Cochrane风险偏倚评估工具、PEDro量表、Delphi清单、CASP清单、Jadad改良量表等。Cochrane风险偏倚评估工具和Jadad改良量表是国内Meta分析常用的RCT质量评价工具。PEDro量表是澳大利亚的物理治疗循证中心基于Delphi清单制作的RCT评价量表，特别适用于物理治疗RCT的质量评价。

2. 观察性研究的Meta分析　虽然RCT是干预效果的最佳证据来源，但有时受伦理和研究条件等因素所限而无法进行。在缺乏RCT的情况下，临床上也需要对观察性研究进行Meta分析。观察性研究是指没有实施干预措施，允许时间自然发展的研究过程，与RCT相比更容易受偏倚风险的影响。针对中医药干预效果或疾病预后影响因素的观察性研究主要有队列研究和病例对照研究。观察性研究的质量评价工具尚未统一，目前常用的有NOS量表、CASP清单、STROBE声明和STREGA声明。其中NOS量表是Co-

chrane 协作组推荐的用于观察性研究的评价工具。Meta 分析的统计分析方法取决于原始研究结果的资料类型而非研究设计类型，因此观察性研究的 Meta 分析按照常规方法进行即可，如病例对照研究的结果报告为二分类变量，则遵循二分类变量的方法进行。队列研究或病例对照研究常报道的是 RR 值或 OR 值及其 95%CI，可提取 RR 值或 OR 值及其 95%CI 用软件进行合并。如果纳入的原始研究中一部分报道二分类变量而一部分报道 RR 值或 OR 值及其 95%CI，可以先计算出 RR 值或 OR 值及其 95%CI 然后合并。

3. 经济学研究的 Meta 分析　卫生经济学研究与 Meta 分析的关系是双向的，一方面，整合了干预效果和（或）成本资料的 Meta 分析可以为经济学模型提供疗效和（或）成本参数。另一方面，卫生经济学研究可以作为原始研究纳入 Meta 分析，即对经济学证据汇总整合。对成本—效果估计值（如边际成本效果、成本效用或成本效益比）进行 Meta 分析的数据整合和分析方法目前还缺乏定论。对卫生经济学研究进行 Meta 分析时的纳入标准应更为严格以便控制异质性，需要考虑不同研究的经济学问题及对结果的度量是否相同。对多个不同研究的成本进行估计之前，应统一货币单位和价格年份。干预的成本以及成本的意义在不同国家和地区差异较大，一般不推荐对跨地域和不同环境的经济学研究进行 Meta 分析，仅在纳入的原始研究生活水平、医疗环境、干预方法、人群特征等接近时 Meta 分析才可推广应用。在研究质量评价方面，可采用《英国医学杂志》（*British Medicine Journal*，BMJ）经济学研究投稿要求清单（Drummond 清单）和经济学研究方法学质量评价工具（CHEC 清单），以及 QHES 量表。另外，由于商业利益或其他因素，卫生经济学研究可能会产生报告偏倚，目前对卫生经济学研究的偏倚评价方法尚缺乏。

（二）按分析方法分类

按分析方法的不同，Meta 分析包括常规 Meta 分析、累计 Meta 分析、间接比较的 Meta 分析、网状 Meta 分析、个体数据 Meta 分析等。本节对临床医学中有需要的间接和网状 Meta 分析作简单介绍。

1. 间接比较　指通过干预 A 和干预 C 的比较和干预 B 和干预 C 的比较，间接得出 A 与 B 的比较效果。间接比较的 Meta 分析主要在无直接比较的原始研究或直接比较的原始研究数量较少或质量较低的情况应用。为了保留一定的随机性，减少偏倚，目前一般推荐使用调整间接比较，即以干预 C 为公共比较组：设 A 比 C 的效应为 θ_{AC}，B 比 C 的效应为 θ_{BC}，则 A 比 B 的效应为 $\theta_{AB}=\theta_{AC}-\theta_{BC}$，方差为 $Var(\theta_{AB})=Var(\theta_{AC})+Var(\theta_{BC})$。

2. 网状 Meta 分析（Network meta-analysis）　是在多种干预措施的比较中同时合并直接比较和间接比较的证据的一种 Meta 分析。当一个临床问题有多种干预措施（如治疗某种疾病有多种药物）可选择，而又缺乏它们相互之间比较的研究时就需要网状 Meta 分析。

间接比较和网状 Meta 分析的应用需要满足的基本假设：①同质性假设（与常规 Meta 分析相同）；②相似性假设：包括临床相似性和方法学相似性，临床相似性指 A 比 C 和 B 比 C 两个研究的研究对象、干预措施和结局测量等相似，方法学相似性指两个研究的质量相似；③一致性假设：当既有直接比较又有间接比较结果或有多个间接比较结果时，可以使用 Bucher 或 Lumley 法对各比较结果进行一致性检验，以判断是否合并这些结果。

目前对间接比较和网状 Meta 分析仍存在一些争议，主要在于间接比较的结果可能与直接比较的结果不一致。

五、Meta 分析常用软件

目前用于 Meta 分析的软件很多，按照是否需要编程可分为编程软件和非编程软件，其中编程软件包括 Stata、R 软件，非编程软件包括 Review Manager（RevMan）、Comprehensive meta-Analysis（CMA）、Meta-Analyst（MA）、meta-Disc 等等。本节针对目前最为常用的软件 RevMan、Stata 和 R 语言作简介，受于篇幅所限，本节不具体介绍软件的操作流程，有需要的读者可以参考 Meta 分析相关的工具书或登录各软件的官方网站获取教程。

（一）Review Manager（RevMan）

RevMan 是北欧 Cochrane 中心出品的专门用于制作和保存 Cochrane 系统评价的软件，只要用于非商业用途即可免费下载及使用。RevMan 软件中预设了干预措施系统评价、方法学系统评价、诊断试验精确性评价和系统评价汇总评价 4 种格式，支持 Windows、Linux 和 Mac OSX 系统。其界面友好，操作方便简单，不要求操作者有计算机编程基础，且结构化的格式有利于制作标准化的文档和学习系统评价的框架和分析方法，是目前运用最为广泛的 Meta 分析软件。RevMan 软件可以制作森林图和漏斗图、风险偏倚评估工具表、证据结果总结表、文献检索流程图，目前的版本已可以输入中文。利用 RevMan 软件可以完成系统评价或常规 Meta 分析（包括诊断试验和生存资料 Meta 分析）的全流程，但不能制作 Meta 回归分析、累计 Meta 分析、网状 Meta 分析等。RevMan 最新版本为 2014 年 6 月更新的 RevMan 5.3，官方网址为 http：//tech. cochrane. org/revman。

（二）Stata

Stata 是美国 Stata 公司的产品，它不是专门用于制作系统评价或 Meta 分析的软件，而是一套完整的可用于数据处理、统计计算和绘图的付费商业软件。Stata 的数据统计功能非常强大，可进行参数估计，t 检验，方差齐性检验，正态性检验，协方差分析，多组两两比较，卡方检验，OR、RR 及 CI 的计算，秩和检验，相关与回归分析，多元统计分析，生存资料分析等几乎所有医学常用的统计分析，此外还有面向经济学、社会学领域的多种统计功能。Stata 可绘制各种统计图，绘制的统计图（如森林图和漏斗图）精美，且可根据用户需要和学术期刊的需要绘制适合的类型。Stata 的许多高级统计模块均是程序文件（ado 文件），用户可编辑、添加和发布 ado 文件，当需要反复执行多项命令时可以调用预先储存的 ado 文件，也可到 Stata 网站或其他网站下载和使用其他人发布的 ado 文件。其 Meta 分析功能全面而强大，除常规 Meta 分析外，还可制作诊断试验 Meta 分析、生存资料的 Meta 分析、Meta 回归分析、累计 Meta 分析、网状 Meta 分析等几乎所有类型的 Meta 分析，可进行 Begg's 检验和 Egger's 检验（报告偏倚检验），可逐次剔除单一研究进行敏感性分析。Stata 中的操作几乎都靠执行命令来完成，但其命令简单易学，操作灵活，难度不高。Stata 在国际上受推崇，国外高质量杂志更倾向接受 Stata 制作的 Meta 分析图形。目前 Stata 软件的最新版本为 Stata 14，官方网址为 http：//www. stata. com/stata14/。

（三）R 软件

R 软件于 1995 年由新西兰奥克兰大学的 Ross Ihaka 和 Robert Gentleman 开发，目前由 R 核心开发团队（R Development Core Team）维护，其命令称为 R 语言。与 Stata 类似，R 软件的功能也可以通过基于 R 语言的软件包（packages）增强，用户可以将自己创建的软件包发布在 R 语言的官网上，也可以在官网上获取各种用户创建的软件包。R 软件的数据处理、计算和作图功能不逊色于同类型的商业软件。其 Meta 分析功能通过 Meta 分析程序包（如 metafor 程序包）实现，与 Stata 一样，可以进行常规 Meta 分析、诊断试验 Meta 分析、生存资料的 Meta 分析、Meta 回归分析、累计 Meta 分析、网状 Meta 分析等多种类型的 Meta 分析，也可完成 Begg's 检验、Egger's 检验、逐次剔除的单一研究等。R 软件是一个自由、免费、源代码开放的统计绘图软件，可以从官方网站 http://www.r-project.org 下载。

（杨　敏　朱全刚　利亭婷）

第三节　系统评价与 Meta 分析在中药药物经济学中的应用

系统评价和 Meta 分析是所有中药临床研究证据中最高级别的证据，尤其是对中药疗效和安全性的评价。目前，有许多研究者开始关注中医药系统评价与 Meta 分析的研究状况，在全球循证医学快速发展的大环境下，中医药系统评价与 Meta 分析发文量及引文量正处于上升趋势中，且其引用频次高于中医药领域非系统评价类文献。因此系统评价与 Meta 分析常常用于为中药药物经济学分析提供有关中药疗效和安全性的基础数据，且多采用基于 RCT 的 Meta 分析提供中药效果的数据。

一、系统评价和 Meta 分析在中药药物经济学评价中的应用

随着社会的进步、卫生医疗事业的日益发展，近年来费用问题已逐渐成为影响临床合理用药以及治疗决策选择的关键性问题。在药物选用原则上，除须保证药物治疗的疗效和安全性之外，还应积极控制药物的费用。因此，近年来药物经济学评价越来越受到重视。合理地运用药物经济学评价有利于人们在有限的医疗卫生资源下，对药物治疗方案的选择作出最理想的规划。

药物经济学把用药的经济性、安全性和有效性放在同等重要的地位，其目的不仅是为了节约卫生资源，同时更有利于合理用药，减少药物不良反应和药源性疾病，以及减轻患者的经济负担等。系统评价要求临床治疗应考虑成本—效果的证据，用药物经济学方法制订出合理的成本—效果处方，为临床合理用药和治疗决策科学化提供依据，使患者得到最佳的治疗效果和最小的经济负担。如国产与进口硝苯地平控释片治疗高血压的循证经济学评价表明：国产与进口硝苯地平控释片治疗高血压的有效性和安全性方面相近，药物经济学评价显示，国产硝苯地平控释片在价格方面存在优势。

有学者评估了国内中药药物经济学评价的系统评价及质量，结果表明中药药物经济学系统评价存在的主要问题包括：①研究的疾病多以慢性疾病为主，然而所纳入文献其治疗时限相对较短，未能体现中药在临床疗效、治疗费用方面的优势；②成本测算、效果指标观察标准不一，导致文献之间的可比性较差；③药物经济学评价分析方法过于单

一，绝大部分单用成本—效果分析，缺乏长时间的药物经济学分析，应酌情考虑成本—效益分析的应用，探索推广其所产生社会效益的重要意义。

二、系统评价和Meta分析的应用实例

（一）临床随机对照试验的Meta分析

RCT是证据级别最高的原始研究，被称为“金标准”，也是当前系统评价/Meta分析数量最多的研究类型。例如，石亚飞等开展了“两种丹参类中药注射剂治疗冠心病心绞痛的系统评价及其药物经济学分析”的研究，详细内容如下：

1. 背景　冠心病心绞痛是由冠状动脉粥样硬化使血管腔狭窄或闭塞和（或）冠状动脉功能性改变（痉挛）导致心肌急剧的、暂时的缺血与缺氧所引起且以发作性胸痛或胸部不适为主要表现的临床综合征，属中医学“胸痹”“心痛”等范畴。该病是临床常见病、多发病，约占心脏常见病的75%。近年来，其发病率呈逐年增高且有年轻化趋势。因其发病率和病死率高，给国家、患者家庭带来沉重的经济和精神负担。

注射用丹参多酚酸盐与丹参注射液均来源于中药丹参，其中注射用丹参多酚酸盐其主要成分为丹参乙酸镁，丹参注射液有效成分为丹参酮Ⅰ、ⅡA、ⅡB，隐丹参酮，二氢丹参酮，原儿茶醛，丹参素等。两药药理作用相似，均用于冠心病心绞痛的治疗。且两种药物治疗冠心病心绞痛的随机对照试验已有报道，但缺乏两药间比较的系统评价。

本研究系统评价注射用丹参多酚酸盐与丹参注射液在治疗冠心病心绞痛方面的有效性、安全性和经济性，以期为其临床应用提供更可靠的依据。

2. 临床问题

（1）研究类型：随机对照试验（RCT）。

（2）研究对象：冠心病心绞痛发病期，年龄35～85岁。诊断标准符合公认、权威的冠心病心绞痛诊断标准（国际心脏病学会及WHO制定的诊断标准）。排除急性心肌梗死、合并急性出血性疾病、肝肾功能不全、孕妇或哺乳期妇女及对研究药物过敏及资料不全者。

（3）干预措施：试验组静脉滴注注射用丹参多酚酸盐200mg，每日1次；对照组静脉滴注丹参注射液10～20ml，每日1次，用药时间均在10天以上。两组其他基础治疗相同。

（4）结局指标：有效率和不良反应发生率。

（5）排除标准：重复文献；数据有误、数据不完整或无法获得数据的文献。

3. 检索策略　计算机检索PubMed、CENTRAL（2013年第4期）、CNKI、VIP和WanFang Data，查找有关注射用丹参多酚酸盐与丹参注射液比较治疗冠心病心绞痛的RCT，检索时限均为2004年1月至2013年5月。同时手工检索相关期刊与会议论文。中文检索词包括心绞痛、丹参多酚酸盐、丹参注射液；英文检索词包括angina、salvianolate、Danshen injection。

4. 筛选合格研究　由2位评价员根据纳入与排除标准独立进行文献筛选、资料提取并交叉核对，如遇分歧通过讨论或征求第三方意见解决。然后采用Cochrane系统评价员手册5.0.1针对RCT的偏倚风险评估工具对纳入研究的方法学质量进行评价。

5. 统计分析　采用Cochrane协作网提供的RevMan 5.2软件进行Meta分析。分类

变量使用比值比（OR）或相对危险度（RR），计量资料采用均数差（MD）或标准化均数差（SMD）为效应分析统计量，同时给出其95%CI。各纳入研究结果间的异质性采用χ^2检验进行分析。若各研究结果间有统计学同质性（$P>0.1$，$I^2<50\%$），采用固定效应模型进行Meta分析。若各研究结果间存在统计学异质性（$P\leqslant 0.1$，$I^2\geqslant 50\%$），首先分析其异质性来源，并采用亚组分析进行处理；若各研究结果间的异质性并非临床异质性，则采用随机效应模型进行Meta分析。若异质性过大则仅行描述性分析。

6. 结果　初检出相关文献203篇，经逐层筛选后，最终纳入10个RCT，包括1196例患者，其中试验组674例，对照组522例。

（1）Meta分析结果

1）有效率：共10个RCT报告了有效率。固定效应模型Meta分析结果显示，试验组在有效率方面优于对照组［OR＝3.79，95%CI（2.78，5.17），$P<0.00001$］。基于有效率的漏斗图分析结果显示，各研究在漏斗两侧的分布基本对称，提示存在发表偏倚的可能性较小。

2）不良反应发生率：共7个RCT报告了不良反应的发生情况。试验组不良反应类型包括头胀痛、ALT升高、持续性头晕、消化道反应；对照组不良反应类型包括皮疹瘙痒、胸闷气短、头晕、消化道反应。其中对不良反应发生率数据齐全的3个RCT采用固定效应模型进行Meta分析，结果显示试验组明显低于对照组［OR＝0.24，95%CI（0.09，0.64），$P=0.004$］。

（2）药物经济学分析：采用药物经济学成本—效果分析原理进行药物经济学比较。成本计算：以患者损失为考虑角度。两组药物基础治疗相同，其他如治疗不良反应的间接费用及给患者造成的生活不便的隐性成本，因无可借鉴标准未予考虑，故以两种药物的直接成本即单次使用价格为成本。效果计算：以治疗的有效率计，即疗效分析中显效与有效的例数之和与总例数的比值。成本效果比为上述成本值与效果值的比值，越小药物经济学优势越明显。

敏感性分析：目前，注射用丹参多酚酸盐较其他丹参类中药抗心绞痛药物价格偏高，随着药品上市时间的增加，该药价格可能下降。若注射用丹参多酚酸盐的价格下降20%，则该药的日成本将降低为145.032，成本效果比为168，仍高于丹参注射液。

7. 解析　本次Meta分析结果显示，注射用丹参多酚酸盐治疗冠心病心绞痛的有效性及安全性明显优于丹参注射液。同时，药物经济学分析结果显示，丹参注射液在经济学方面处于优势，因此患者在药物选择上需要权衡。丹参注射液的不良反应发生率明显高于注射用丹参多酚酸盐（$P<0.01$），可能原因之一与各研究所用丹参注射液生产厂家不同有关。检索国家食品药品监督管理总局数据显示，全国有60家药品生产企业生产丹参注射液，生产企业不同其生产工艺也不尽相同，生产水平良莠不齐，质量稳定很难保障，这给中药注射剂的质量控制造成很大困难，药品安全性难以保证。此次纳入研究均为国内发表，质量不高。多数研究随机方法不明确，分配隐藏和盲法使用情况不详。综上所述，基于现有证据，注射用丹参多酚酸盐为治疗冠心病心绞痛的安全、有效方案，丹参注射液为较经济方案。受限于纳入研究的数量和质量，上述结论尚需今后开展更多大样本、高质量的RCT加以验证。

（二）横断面研究的 Meta 分析

横断面研究是最常用的描述性研究，与分析性研究相比，其没有对照组，且持续时间短。但其是人群研究的基础，也是揭示暴露与疾病关系不可或缺的一种方法。横断面研究关注的焦点是患病，而不是发病，其效应指标主要是患病率。例如，曾小峰等开展了“我国类风湿关节炎疾病负担和生存质量研究的系统评价”的研究，详细内容如下：

1. 背景类风湿关节炎（rheumatoid arthritis，RA）　是结缔组织病中炎性关节损害最常见的疾病之一。RA 导致患者关节活动明显受限，甚至致躯体残疾，工作能力丧失，生活质量下降，期望寿命降低，并给患者本人、家庭和社会均造成巨大的经济负担。目前尚无针对中国人群 RA 疾病负担和生存质量的系统性研究。有鉴于此，本研究全面检索已发表的关于中国人群 RA 疾病负担和生存质量的文献，对 RA 所致疾病负担和生存质量进行系统评价，以估算 RA 对我国人群健康造成的影响。

2. 文献纳入与排除　标准文献纳入标准：①研究类型为观察性研究；②研究对象来自中国大陆，文种限中、英文；③研究内容报告了疾病负担与生存质量中各指标的数值，或能用文中数据计算出所需数值；④样本数满足研究需要，提供了样本量数据和病例数。

文献排除标准：①重复发表的文献，对同一研究发表的多篇文献，只从其中选用最新和最完整的 1 篇，其他则予以排除；②研究是在特殊人群（军队、监狱、特定的少数民族、特定的年龄段）中进行的，不能代表一般人群；③文中提到了“疾病负担”字眼，但实际上是研究其他疾病的文献或是 RA 的临床、病理等其他方面的文献；④生存质量评价未采用 SF-36 量表的研究。

3. 检索策略　通过查阅疾病负担和生存质量的相关文献，本研究确定检索的对象为 7 个中英文数据库中收录的论著型期刊。中文数据库为：CNKI、CBM、VIP 及 WanFang Data；英文检索数据库为：MEDLINE/PubMed、Embase 和 Science Citation Index。其检索时限为 1990 年 1 月 1 日至 2010 年 7 月 31 日。以 CNKI 和 PubMed 为例。检索文献为各数据库收录的全文或摘要，并追溯纳入文献的参考文献，以查找可能符合纳入标准的其他文献。

4. 资料提取　采用 Excel 2003 软件建立信息摘录表，从纳入文献中摘录以下内容：文题、发表年份、研究类型（病例对照研究/队列研究/横断面研究）、收集病例的时间、收集病例所在省（市）、主要研究人群、RA 的诊断标准、样本量、疾病负担和生存质量指标值。

5. 文献质量评价　本次研究参考 Rostom 等的“横断面/患病率研究质量评价表”对纳入研究进行质量评价。

6. 统计分析　采用广义倒方差模型对各个研究报告的患病率进行合并，采用 Excel 2003 软件自编程序进行，并分性别、不同时间段和南北方进行亚组分析比较。生存质量 SF-36 评分采用 Cochrane 协作网提供的 RevMan 5.0 软件进行 Meta 分析。先通过对纳入文献采用 Q 检验进行异质性检验，选取固定效应模型（异质性检验 $P>0.05$）或随机效应模型（异质性检验 $P\leqslant 0.05$）对 8 个维度因子得分和总得分的均数差进行合并，求其效应合并值的加权均数差（WMD）及其 95%CI。采用 I^2 来反映各研究间的异质性大小，I^2 介于 0～100%之间，$I^2>50\%$时，可认为有明显的异质性，显著性水平 $\alpha=0.10$。

7. 结果　文献筛选最终共纳入 20 篇中文文献，其中有关“患病率”研究 13 篇，有关“生存质量”研究7篇，无关于流行病学负担中的“致残率”“死亡率”“健康调整寿命年”和“减寿年限”的文献纳入。该20篇文献中，除1篇为回顾性调查外，其余均为横断面调查，没有前瞻性研究。20篇纳入文献的整体质量为中等。其存在的主要问题包括：①未对结果分析中排除的对象进行说明；②混杂因素的评估和控制；③阐明缺失值的处理方法；④未对不完整或后续获得资料的比例进行说明。

8. 解析　本研究结果显示，我国RA的患病率为0.42%，与国外研究报道的发展中国家RA患病率为0.35%很接近。结果还显示，女性的RA患病率显著高于男性，但不同年代和南、北方的RA患病率未见显著差异。这提示在RA防治工作中应当特别重视女性群体，同时应认识到RA患病率一直持续处于较高水平。生存质量研究的Meta分析显示RA患者SF-36评分比正常人明显降低，即RA患者的生活质量显著低于正常人。

本研究在文献筛选过程中，严格按照文献纳入和排除标准进行，并由两位研究人员独立平行进行，确保纳入的观察性研究完整和准确。同时进行了亚组分析，对部分细节进行了描述和比较分析。另外，本研究还进行了敏感性分析，排除了一些低质量研究，所得结果基本与总体结果无差异。因此，在一定程度上本研究的合并估计是有价值的。

本研究的局限性：①对于经济负担的评估和门诊用药费用的研究均为回顾性调查，可能会存在一定的回忆偏倚，且各只有1篇文献，缺乏前瞻性研究。②对于患病率的研究，采用的指标是粗患病率，没有采用统一标准计算标准化患病率，因多数研究提供资料不够充分，无法进行标准化。③关于生存质量的研究，所有纳入研究均未对样本量是否合理进行过估计，所有研究对象的纳入均采用方便样本，直接选取某医院某段时间的门诊患者，使研究具有较大的选择性偏倚。在进行Meta分析时，对无正常对照组的研究采用大样本的一般人群的常模代替，但该常模的研究对象非全国性的研究样本，可能会产生一定的偏倚。另外，纳入文献不多，且各研究结果间的异质性较大，使合并分析的结果精确性降低。

（三）病例对照研究的Meta分析

病例对照研究是常见的研究方法，其耗用的时间、金钱和精力都相对较少，但同样能产生重要的科学发现，其采用的频率甚至超过队列研究。例如，李雄文等开展了“芪苈强心胶囊治疗慢性心力衰竭疗效的Meta分析”的研究，详细内容如下：

1. 背景　现代医学对心力衰竭的治疗是在利尿、扩血管、强心、改善心功能的同时，通过生物干预以改善和延缓心肌重构，控制病情进展。心力衰竭在中医归于“胸痹、喘证、痰饮、心悸”等范畴，其中医病机大多为本虚标实，从本虚的角度其证候大致可分为气阴两虚和气阳两虚两大证型。芪苈强心胶囊是石家庄以岭药业股份有限公司生产的治疗轻、中度充血性心力衰竭的中成药，目前，以芪苈强心胶囊疗效为观察对象的试验论文逐年增多，但是对其疗效进行系统评价的文献很少见。本研究期望通过对临床疗程大于等于8周的临床随机对照试验进行系统的分析，了解使用芪苈强心胶囊较长疗程治疗心力衰竭的有效性及可行性，以期为临床合理用药提供参考。

2. 文献纳入与排除标准　纳入标准：符合慢性心力衰竭诊断标准，以NYHA心功能分级Ⅱ～Ⅳ充血性心力衰竭患者为研究对象；原发病为冠心病、高血压、扩张型心肌病、风湿性心脏病；干预及对照措施：治疗组（芪苈强心组）治疗方案为常规西医治疗加芪苈强心胶囊治疗，对照组（观察组）单纯常规西医治疗或加模拟剂比较，疗程≥8周。

排除标准：以急性心力衰竭、慢性舒张性心力衰竭、急性心肌梗死、先天性心脏病、肺源性心脏病的心力衰竭为主要对象的临床研究文献；动物实验和机制研究的文献；个案报道及综述、经验报道等文献；重复发表或者数据重复的文献；统计方法不合理的文献；试验设计不严谨的文献；数据分析及讨论不一致的文献。

3. 文献检索　通过计算机检索中国知网、万方、中国生物医学文献光盘数据库（CBM disk）（至2013年11月30日），中文关键词：心力衰竭、芪苈强心胶囊，英文关键词：heart failure，cardiac capsule，qiliqiangxin。

4. 资料提取　按照选择标准，制定“文献纳入信息表”，内容包括患者基本情况、干预措施、观察指标、不良反应等，由两名评价员独立提取。

5. 质量评价　文献质量评价参照Cochrane Reviews Handbook简单法进行，由两名评价员独立完成，意见不一致经讨论解决，必要时请教专家讨论决定。

6. 统计学分析　采用RevMan 5.2.7进行数据分析，计数资料用相对危险度（RR），计量资料采用加权均数差（WMD），两者均用95%置信区间（CI）来表示。2个及以上采用同一疗效指标的研究首先采用固定效应模型进行异质性检验。

7. 结果　文献检索结果：初步检出文献912篇，阅读文题及摘要后排除重复文献及符合排除标准文献818篇，进一步阅读剩余94篇文献全文，排除对照不符合要求文献、前后自身对照的文献、用药不符合入组标准的文献、讨论内容前后不一致的文献共计78篇，最终纳入16个RCT研究，均为中文文献。

纳入研究的一般特征：16个RCT共纳入1422例患者，失访2例，其中男性788例（55.41%），女性634例（44.59%）。病例患者年龄41～82岁。患病病程5～31年。纳入患者NYHA心功能分级均为Ⅱ～Ⅳ级，其中有13篇详细提及按心功能分级的病例数。

Meta分析结果：两组临床综合疗效比较，两组左室射血分数比较，两组脑钠肽水平比较，两组6分钟步行距离比较，两组左室舒张末期内径比较，两组心排出量比较，两组明尼苏达积分比较。

8. 解析　本研究根据纳入和排除标准筛选后，共纳入16篇文献，包括1422例研究对象。采用Cochrane偏倚风险评估工具来对入选的16篇文献进行风险评估，只有3篇RCT的研究描述了随机数字表法，15篇RCT未使用盲法，从而有可能影响研究结果的真实性和可靠性。临床综合疗效采用固定效应模型进行Meta分析，结果提示芪苈强心胶囊能够显著改善患者症状，提高临床综合疗效，对该指标的漏斗图分析显示左右不对称，提示纳入的RCT存在选择性偏倚的可能性，即有部分阴性结果被研究者隐藏未发表。从2个研究提供的结果显示使用芪苈强心胶囊能使明尼苏达积分减低，且异质性分析中仍显示 $I^2=0$，表明此项两研究效果很好，同质性很好。

（杨　晨　朱全刚）

参考文献

1. 魏巍，邵蓉，郑绯，等. 从劳拉西泮入选WHO基本药物清单论循证理念在我国基本药物遴选中的应用. 中国药事，2012，26（6）：552-555.

2. Furberg CD，Psaty BM，Meyer JV. Nifedipine：Dose related increase in mortality in patients with coro-

nary heart disease. Circulation，1995，92（5）：1326-1331.

3. 孙晓，郭利平，商洪才，等．国内中药药物经济学评价的系统评价及质量评估．中国中药杂志，2015，40（10）：2050-2053.
4. 叶云．应用循证药学原则指导药学信息的收集与评价．中国执业药师，2009，6（5）：24-26.
5. 张俭，张敏州，王磊．复方丹参滴丸治疗冠心病的系统评价．中国新药杂志，2009，18（6）：465-468.
6. 许韦，邵志伟，李小东，等．国产与进口硝苯地平控释片治疗高血压病的循证经济学评价．2012，16（10）：1527-1529.
7. 李幼平．循证医学．北京：人民卫生出版社，2014.
8. 刘鸣．系统评价、Meta分析设计与实施方法．北京：人民卫生出版社，2011.
9. 胡善联．药物经济学．北京：高等教育出版社，2009.
10. Higgins JPT，Green S. Cochrane handbook for systematic reviews of interventions. The Cochrane Collaboration，2011.
11. Jadad AR，Moore RA，Carroll D，et al. Assessing the quality of reports of random clinical trials：Is blinding necessary? Control Clin Trials，1996，17（1）：1-12.
12. 刘建平，夏芸．中文期刊发表的中医药系统评价综述或Meta-分析文章的质量评价．中国中西医结合杂志，2007，27（4）：306-311.
13. 郑明华．Meta分析软件应用与实例解析．北京：人民卫生出版社，2013.
14. 罗杰，冷卫东．系统评价/Meta分析——理论与实践．北京：军事医学出版社，2013.
15. Egger M，Smith GD，Altman DG. Systematic reviews in health care：Meta-analysis in context. 2nd ed. London：BMJpublishing group，2001.
16. 魏万林，郭毅．系统评价/Meta分析理论与实践．北京：军事医学科学出版社，2013.
17. 孙红艳，吕安坤．国内中医药领域系统评价/Meta分析的现状调查．河北中医，2014，36（9）：1392-1396.
18. 徐世侠，徐海琴，冯博，等．几种计算机软件在医学Meta分析中的应用．临床儿科杂志，2010，28（9）：897-900.
19. 熊俊，陈日新．系统评价/Meta分析方法学质量的评价工具AMSTAR. 中国循证医学杂志，2011，11（9）：1084-1089.
20. 石亚飞，闫荟，孙世光，等．两种丹参类中药注射剂治疗冠心病心绞痛的系统评价及其药物经济学分析．中国循证医学杂志，2014，14（3）：287-291.
21. 曾小峰，朱松林，谭爱春，等．我国类风湿关节炎疾病负担和生存质量研究的系统评价．中国循证医学杂志，2013，13（3）：300-307.
22. 李雄文，胡展瑞，罗洪民，等．芪苈强心胶囊治疗慢性心力衰竭疗效的Meta分析．中国循证心血管医学杂志，2014，6（5）：529-533.

第九章 中药的药物经济学评价

第一节 中药药物经济学评价现状

一、开展中药药物经济学评价的必要性

中药是中华民族的瑰宝，几千年来，在疾病的预防与治疗中发挥了重要的作用。我国发展中药具有得天独厚的优势，这不仅体现在我国拥有世界上最丰富的天然药物资源、独到的中医药理论体系、数千年积累的临床实践经验、丰厚的中医药文化底蕴等，而且还体现在中药在慢性疾病、疑难病的治疗和保健方面具有独特的优势。

中药产业是我国在国际上拥有潜在优势和自主知识产权的少数领域之一，并且已经初步形成了具有一定规模、结构完整的产业体系，以中药农业为基础，中药工业为主体，中药商业为枢纽和中药知识产业为动力，相互支持构成了一个完整的产业链条。

药物经济学是应用现代经济学的研究手段，结合流行病学、决策学、生物统计学等多学科研究成果，全方位地分析药物治疗备选方案（包括非药物治疗方案）的成本、效益、效果或效用，评价其经济学价值差别的一门学科。我国的药物经济学研究始于1993年，有关专家在杂志上介绍了药物经济学的概念、原理和基本方法，并探讨了在我国应用的前景，引起了国家及相关部门的注意，并开始从事这方面的实践研究。

中药以其多成分、多系统、多靶点的综合效应，对某些疾病及疑难病症有特殊疗效，因而深受广大患者的欢迎。然而中药的疗效评价多以经验和推论为基础，缺乏现代药物临床研究常用的评价手段。将药物经济学引入中药领域研究，为中药评价的科学化、规范化提供新的途径，同时为中药现代化和国际化奠定基础。

“中药药物经济学应该作为一种决策辅助工具，在医药政策制定、药物资源优化配置、预防与诊疗方案选择、药品定价、国家基本药物目录、药品报销目录确定及管理、药品费用补偿水平确定、临床合理用药指导、新药研发战略研究等诸多方面起到重要的参考和指导作用。”国家中医药管理局原副局长李大宁说，“从中医药行业的自身发展来说，开展药物经济学和卫生经济学的评价也十分必要。要得到政策的支持，要说清楚自己的优势到底在哪里，企业自身研发、生产什么药物最经济；这就需要用数据说话，用事实说话，当然也就涉及到了评价问题。”

近年来，中药药物经济学的研究工作已取得了很大进展，有关中药安全性和有效性的数据也越来越多。由于中药相对于西药具有一定的价格优势，中药的成本产出比可能优于西药。若能利用药物经济学评价手段证明中药治疗或中西药结合治疗较西药治疗具有更好的性价比，那么开展中药药物经济学研究工作，将不仅会使其在中药产品定价和

医疗保险政策中发挥重要的借鉴作用，同时还会大力推动中医中药产业化的发展，提高全球对中医中药的认知度与使用率，最终让世界接受中药、相信中药、使用中药。

二、中药药物经济学评价现状

中药药物经济学评价可分为上市前药物的评价与上市后药物的评价。上市前药物指尚未取得生产批准文号，未经准许生产并上市销售的药物；上市后药物指已经取得生产批准文号，产品经检验合格准许生产并上市销售的药物。

（一）文献数量

张洪峰等在中国期刊全文数据库（CNKI）中，以“药物经济学”“最小成本”“成本效果”“成本效益”“成本效用”为关键词，对2007～2012年公开发表的药物经济学评价研究文献进行检索，排除药物经济学理论研究及相关综述文献，得出有效文献910篇，其中中药领域的药物经济学研究文献只有82篇，仅占全部文献的9%，表明以药物经济学作为评价手段的中药疗效研究还不是很广泛。

（二）研究机构与研究方法

国外的药物经济学研究多数由医疗服务机构、学术机构、医药企业、政府部门、咨询公司等单位合作完成，且第一作者单位的分布较分散。在我国，研究机构以医疗服务机构为主，在中药药物经济学文献中，医院为研究机构的占89.02%，学术机构占8.54%，且我国中药药物经济学研究方法比较单一，93.90%采用成本—效果分析法（CEA）。

（三）研究范围

目前中药药物经济学所发表的文章，大多数是针对某一中成药或汤剂进行有效性和经济性评价，也有部分文章涉及中药炮制方法、中药包装、中药品质的药物经济学研究。

刘敏等应用药物经济学分析医院中药炮制品的药物经济学意义，对五种医院蜜炙中药（麻黄、百部、甘草等）和市场采购蜜炙炮制品的效益成本比和净现值进行分析。结果显示医院炮制的效益成本比大于市场采购的效益成本比，其净现值也大于市场采购品，得出医院炮制中药不仅可以提高医院经济效益，而且可以促进医院中药炮制技术的发展的结论。

天麻药材是兰科植物天麻的干燥块茎，具有平肝息风、止痉的作用，是中医学上常用贵重药材。天麻按品种可分为乌天麻、青天麻、红天麻、黄天麻4种，不同生长环境、不同大小、不同贮藏条件的天麻的品质和价格有很大差异。俞良汉利用药物经济学中成本—效用分析方法对不同天麻的品质进行研究，确定效用指标为“60%天麻素含量＋20%天麻多糖含量＋20%浸膏收率”的综合评分值。该研究表明：家种天麻的效用成本比普遍高于野生天麻，因而大力发展人工天麻的种植可大大降低天麻实际药用的成本。

（四）病种分布

查阅中国期刊全文数据库（CNKI）和维普自建库以来至2015年3月的数据，初步筛选，约有120余篇关于中药药物经济学的文章，共涉及11个系统32种疾病150种药物。其疾病系统分布如表9-1。

心脑血管疾病是严重威胁人类健康的疾病之一，中药在防治心脑血管疾病方面具有良好的作用，冠心病、心绞痛、脑卒中、椎-基底动脉供血不足等疾病往往可以采用中医中药来治疗，由表 9-1 可以看出心、脑血管疾病类的文章占了 39.33%，是目前中药药物经济学研究的热点。

表 9-1　中药药物经济学文献涉及的疾病系统分布

系统名称	涉及药物总数	构成比（%）
心、脑血管系统疾病	59	39.33
呼吸系统疾病	17	11.33
生殖系统疾病	14	9.33
乳腺疾病	12	8.00
循环系统疾病	9	6.00
内分泌系统疾病	9	6.00
消化系统疾病	8	5.33
骨科疾病	7	4.67
皮肤及汗腺系统疾病	7	4.67
泌尿系统疾病	6	4.00
其他	2	1.33

呼吸系统疾病，涉及到上呼吸道感染、下呼吸道感染、肺部肿瘤等。清热解毒、祛痰平喘、补益肺肾、化癥消积类中药品种众多，对常见的鼻炎、感冒、咳嗽、肿瘤等疾病有独到的治疗效果。呼吸系统疾病的文章占全部文章的 11.33%，也是目前中药药物经济学研究的热点之一。

（五）药物功效分布

将查阅到的 121 篇关于中成药药物经济学的文章，参考《中华人民共和国药典临床用药须知：中药成方制剂卷》（2010 年版）的分类方法，将文献中研究的中成药按功效进行分类，其分布如表 9-2。

表 9-2　中药药物经济学文献涉及的药物功效分布

类　别	功　效	文献数量	构成比（%）
内科类（83 篇）	理血剂	41	33.88
	补益剂	11	9.09
	祛湿剂	8	6.61
	祛风剂	4	3.31
	清热剂	4	3.31
	理气剂	4	3.31
	止咳平喘剂	3	2.48
	开窍剂	2	1.65
	解表剂	2	1.65
	泻下剂	1	0.83
	解毒散结剂	2	1.65
	祛痰剂	1	0.83

续表

类　别	功　效	文献数量	构成比（%）
妇科类（20 篇）	止带剂	10	8.26
	活血消癥剂	5	4.13
	消核散结剂	5	4.13
骨伤科类（7 篇）	补肾壮骨剂	7	5.79
外科类（6 篇）	活血通脉剂	3	2.48
	生肌敛疮剂	2	1.65
	清热凉血剂	1	0.83
皮肤科类（2 篇）	清热消痤剂	2	1.65
眼科类（2 篇）	化瘀明目剂	2	1.65
鼻科类（1 篇）	祛风通窍剂	1	0.83

从表 9-2 中可以看出，理血剂是目前中药药物经济学研究的热点，占研究药物的 33.88%。理血剂主要由活血和止血药物组成，用于各种血瘀证及出血病证。主要研究药物有：血塞通注射液、疏血通注射液、复方丹参滴丸、麝香保心丸、银杏叶制剂等，集中在冠心病、心绞痛、脑梗死、椎-基底动脉供血不足等疾病的治疗。

补益剂也是目前中药药物经济学研究的热点之一，占研究药物的 9.09%。补益剂以补益药为主组成，具有补养气、血、阴、阳不足和补益脏腑功能虚损的作用，主治人体气、血、阴、阳和脏腑功能虚弱而产生的虚证。在检索到的文献中，有不少对六味地黄丸、参麦注射液、消渴丸等补益剂的药物经济学研究。

另外，关于祛湿剂、妇科止带剂、骨科补肾壮骨剂类中成药的药物经济学研究文献也较多。

三、中药药物经济学评价尚存在的问题

目前，药物经济学作为一种评价手段，已经逐步开展和运用到中药研究领域中。然而，其评价过程仍存在很多问题。

1. 中成药经济学评价的模式　还有待于逐步探索由于中医药的特殊性，在很多方面与西药不同，用西医药的方法并不能很好地评价中医药。与化学药相比，中医药具有的一些特点，如资源的依赖性、批次间的不确定性等，决定了中医药药物经济学评价研究与实施的独特性。

中药的诸多特点在药物经济学评价中必须予以充分考虑，否则中医药的优势可能会在“科学”“循证”的外衣下，全部被遮盖。以西医药的外延测算中医药的收益可能存在疏漏从而降低其经济性。中医药的药物经济学研究应考虑治本、综合调治以及远期效果的收益。

2. 如何客观评价　中医药临床疗效，已经成为亟待解决的问题中医治病强调辨证论治，个体化治疗是中医的优势，也使得中药临床疗效评价存在不确定性，以及可重复性较差的现实问题。有些中成药甚至缺乏可靠的临床疗效。这些问题均在不同程度上制约着中药生产规模的进一步扩大，影响着中药尤其是中成药迈出国门。其中中药及其制剂

是否具有相应临床疗效及如何评价等问题，尚未能引起有关人士的足够重视。不少中药临床疗效的不确定性，较其他问题显得更为严重，有可能将中医药的美誉毁于一旦，使中医药现代化成为空谈，应当引起广大同仁及有关人士的关注。

3. 成本的计算　过于简单药物经济学研究中成本的计算应包括直接成本、间接成本和隐性成本。直接成本是指与医疗干预直接相关的成本，包括医院治疗使用的治疗费用、药品费用、辅助检查费用、康复费用等；间接成本是指与疾病、残疾或者死亡相关的患者劳动力损失，还包括患者治疗和家属照顾的时间损失等；隐性成本一般是指因疾病引起的疼痛，精神上的紧张、痛苦，生活与行动的不便，或因诊断治疗过程中带来的担忧、痛苦等，其计算比较复杂。在检索出的文献中，86.59%的文献只计算了直接成本，对于间接成本的涉及较少，尚未有文献涉及隐性成本的计算。研究者在测量成本时应提供充足的数据，从而使研究结果更具有参考价值。目前，对于研究的直接、间接成本的计算还不够全面，成本变量的选择过于随意，部分研究者以“不便于计算”为由就舍弃了许多应提供的变量。

为了使药物经济学在我国中药学领域更好地发展，需进一步加强药物经济学的理论与应用研究，科学合理地制订研究方案，对其存在的问题进行研讨及学术交流。中药药物经济学评价是一个必然的趋势，虽然还处于起步阶段，存在很多不足之处，但也是一个契机。在当今医药治疗费用迅速增长的背景下，运用现代化科学的手段，证明中医药在临床治疗的优势，必将促进中药的现代化发展。

（唐洪梅　蔡庆群　熊　芬　范秀荣）

第二节　中药药物经济学研究常见错误案例分析

对查阅到的药物经济学案例进行分析，发现存在着一些问题，在此摘录部分，供大家参考学习。摘录的目的仅仅在于对方法学的探讨，以期促进药物经济学得以科学、合理地应用，不仅绝无任何不良用意，相反对所摘录的原文的作者以及发表相关论文的杂志能够对新兴学科有较为迅速的反应能力和勇于探索的精神深表敬意。为论述方便，下面所摘录的案例有可能经过修改和加工处理。

一、药物经济学评价方法选择错误

实例1：对206例急性缺血性脑血管病患者，随机分为A、B两组，A组前7天给予脑苷肌肽注射液，后7天改用丁苯酞软胶囊联合消栓通络胶囊；B组给予脑苷肌肽注射液，用药14天。本研究以总有效率作为效果指标，总成本的计算包括治疗药物总费用、护理费、材料费、检查费、床位费和其他费用。试验结束后统计药物不良反应发生率。

疗效比较结果见表9-3。A组与B组，经Ridit分析，统计学处理无显著差异。A组不良反应发生率为4.7%，B组不良反应发生率为7.5%，两组组间比较无差异。

成本—效果分析结果见表9-4，脑苷肌肽—丁苯酞软胶囊联合消栓通络胶囊序贯治疗每获得1个治疗单位需花费129.1元，脑苷肌肽连续静脉滴注则需178.5元，脑苷肌肽连续静脉滴注较脑苷肌肽—丁苯酞软胶囊联合消栓通络胶囊序贯治疗每提高1个单位需多花费1697.7元。

表 9-3　两组患者日常生活能力评分（ADL）比较

组别	例数	基本痊愈	显著进步	进步	无变化	总有效率（%）
A组	102	27	33	34	8	92.2
B组	104	29	35	35	5	95.2

表 9-4　两组患者治疗急性缺血性脑血管病的成本—效果分析

项目	总成本	总有效率（%）	成本/效果	ΔC/ΔE
A组	11 900	92.2	129.1	—
B组	16 993	95.2	178.5	1697.7

【分析】 本例中两组的疗效和不良反应发生率经统计学分析无显著性差异，应选择最小成本分析法。最小成本分析是测定具有相同临床效果的不同治疗方案的成本间差异，即在证实安全性和有效性相同或相当的情况下，成本低的方案为优选方案。

实例 2：筛选慢性支气管炎住院患者的临床病历资料，按用药情况分为抗生素单独用药组和痰热清＋抗生素联合用药组。本研究以临床显效为效果指标。成本的计算包括药品费用、患者住院期间的床位费、检查费和不良反应的处理费。

临床显效成本—效果分析结果见表 9-5，单独用药组的成本效果比为 40.2，而联合用药组成本效果比为 26.8，可见联合用药组临床治疗慢性支气管炎具有更高的药物经济性，为相对较优方案。

表 9-5　单独用药组与联合用药组临床显效成本—效果分析

	病例数	显效	成本（C）/元	效果（E）%	成本效果比
单独用药组	40	10	1005.4	25	40.2
联合用药组	44	20	1204.6	45	26.8

【分析】 本例中未进行增量分析。对多个可供选择的干预方案进行经济性比较、选优时，不能依据干预方案的成本效果比指标（C/E）的大小直接对其经济性进行比较和选优，需要采用增量分析法。

实例 3：将 236 例慢性宫颈炎患者，随机分为 3 组：中药组、西药组、中西药组，以药物治疗的总有效率为效果指标。因本研究中接受治疗的患者除了药品费用外，其他费用（挂号费、诊疗费、检查费）基本相同，故只计算 3 组患者应用上述药物的费用。

（1）临床治疗结果见表 9-6。3 组病例中，轻度和中度患者的治愈率、临床总有效率均高于重度患者，差异有统计学意义（$P<0.05$）。西药组和中西药组的治愈率、总有效率高于中药组，经卡方分析，中药组与西药组临床疗效比较，χ^2 为 7.046，$P<0.05$，差异具有统计学意义，中药组和中西药组比较，χ^2 为 10.595，$P<0.05$，差异具有统计学意义，西药组与中西药组比较，χ^2 为 0.677，$P>0.05$，无显著性差异。3 组不良反应发生率均无显著性差异。

表 9-6　3 种治疗方案临床疗效比较

		例数	痊愈	显效	无效	总有效率
中药组	重度	5	1	2	2	60.00%
	中度	31	14	11	6	80.64%
	轻度	36	20	9	7	80.55%
	总计	72	35	22	15	79.17%
	百分比	100%	48.61%	30.56%	20.83%	
西药组	重度	8	2	4	2	75.00%
	中度	35	24	7	4	88.57%
	轻度	40	31	7	2	95.00%
	总计	83	57	18	8	90.36%
	百分比	100%	68.67%	21.69%	9.64%	
中西药组	重度	9	3	4	2	77.78%
	中度	34	25	6	3	91.18%
	轻度	30	30	8	0	100.00%
	总计	81	58	18	5	93.83%
	百分比	100%	71.60%	22.22%	6.17%	

（2）成本—效果分析：当不同治疗方案在临床治疗效果方面差异有统计学意义（$P<0.05$），通常进行成本—效果分析，结果如表 9-7 所示。中药组、西药组和中西药组的成本效果比分别为 2.99、5.04、4.74。

表 9-7　3 种治疗方案成本—效果分析

组　别	成本 (C)/元	效果 (E)%	C/E	$\Delta C/\Delta E$
中药组	236.88	79.17	2.99	—
西药组	500.88	90.36	5.04	19.57
中西药组	442.08	93.83	4.74	14

（3）最小成本分析：本研究发现，西药组的治愈率为 68.67%，总有效率为 90.36%，中西药组的治愈率为 71.60%，总有效率为 93.83%，治疗效果无显著性差异。故以最小成本法进行药物经济学评价，西药组成本为 455.88 元，中西药结合组成本为 442.08 元。按照成本最小化原则，中西药组在药物经济学上优于西药组。

【分析】 本例中，由表 9-7 可知，西药组比中西药组成本高、效果差，可直接剔除西药组，再对中药组与中西药组进行增量分析法。

实例 4：将子宫肌瘤患者 90 例，按随机平行对照分为两组，分别给予血竭化瘤颗粒、桂枝茯苓胶囊，疗程 90 天。以药物治疗的总有效率作为效果指标。因研究对象均为门诊患者，其他费用都一样，故成本计算只考虑药品费用。

两种方案的治疗效果比较见表 9-8。

表 9-8　两种方案的治疗效果

组别	例数	痊愈	显效	有效	无效	有效率（%）	不良反应率（%）
A 组	45	9	30	7	2	95.55	—
B 组	45	3	20	9	13	71.11	—

注：与 B 组比较，$P<0.05$。

成本—效果分析结果见表 9-9。

表 9-9　两种方案的成本—效果分析

组别	成本（C）/元	有效率（E）%	C/E	ΔC/ΔE
A 组	394.2	95.55	4.13	—
B 组	477.9	71.11	6.72	3.42

【分析】 本例中 A 组方案成本较低、效果较好，B 组方案成本较高、效果较差，即可直接判断 A 组方案更具有经济性，无须进行成本效果比和增量成本效果比的计算。

二、干预方案选择不符合诊疗常规

实例 5：急性上呼吸道感染患者 170 例，随机分为 A、B、C 三组，分别给予利巴韦林分散片＋氨酚伪麻美芬片（日片）/氨麻美敏片Ⅱ（夜片）（日夜百服咛片）＋维生素 C 片，头孢氨苄胶囊＋抗病毒口服液＋克感敏片，日夜百服咛片＋急支糖浆。疗程 5 天。因研究对象均为门诊患者，除药品费用外，其他费用一致，故本研究仅计算药品费用。同时，以药物治疗的总有效率为效果指标。疗效比较结果见表 9-10，A、B、C 三组治疗方案总有效率分别为 91.4%、96.6%、64.2%。

表 9-10　三种治疗方案的治疗效果［n（%）］

组别	例数	治愈	好转	无效	总有效率（%）
A	58	37（63.8）	16（27.6）	5（8.6）	91.4
B	59	49（83.0）	8（13.6）	2（3.4）	96.6
C	53	25（47.2）	9（17.0）	19（35.8）	64.2

成本—效果分析结果见表 9-11，成本效果比分别为 0.33、0.12、0.58。经增量成本效果比分析每增加 1 个效果单位 A 组需增加的费用为－0.26 元，B 组需增加的费用为－0.80 元。C 组与 A 组、B 组疗效比较有显著差异（$P<0.05$），A 组和 B 组的疗效相近，由于两种治疗方案效果的差别无显著统计学意义（$P>0.05$），而 B 组成本显著低于 A 组，故从最小成本分析的角度看，B 组方案优于 A 组方案。综上所述得出结论：B 组为治疗上呼吸道感染三组方案中的最佳方案。

表 9-11　成本—效果分析结果

治疗方案（组）	成本（C）/元	效果（E）%	C/E	ΔC/ΔE
A	29.99	91.4	0.33	−0.26
B	11.22	96.6	0.12	−0.80
C	36.99	64.2	0.58	—

【分析】

1. 药物经济学评价中每个备选方案首先必须是符合有效性、安全性、伦理、道德及国家有关法律、规章等方面要求的能够行得通的方案，只有在满足备选方案是可行方案的前提条件下，对可行的备选方案进行经济性评价与比较才具有意义。这是进行药物经济学评价的总的原则。上呼吸道感染 80%以上均为病毒引起，本例中 B 组方案不符合《抗菌药物临床应用指导原则》中的有关规定。

2. 在进行增量成本—效果分析前，需要对方案进行比对，剔除或淘汰成本较高同时效果较低的方案，保留的方案再进一步进行增量分析。如果没有检验和剔除过程，往往在增量分析中出现非正结果，对结果的判定容易造成混乱。本例中 C 组方案成本最高、效果最差，因此，应该先将 C 组方案剔除，再对 A、B 两组进行比较择优。

三、ICER 值计算错误

实例 6：将 495 例糖尿病视网膜病变患者随机分入 A、B、C、D 4 个治疗组，所用药物分别为羟苯磺酸钙片、胰激肽原酶肠溶片、复方血栓通胶囊、复方丹参滴丸，疗程均为 90 天。本研究中，以总有效率作为效果指标，总成本只计入同一时期的上述 4 种治疗药物的费用，其他费用忽略不计。试用成本—效果分析法作出判断和选择（表 9-12）。

表 9-12　成本—效果分析

组别	总成本（C）/元	总有效率（E）%	C/E	ΔC/ΔE
A	1417.5	94.25	15.04	—
B	810	85.09	9.52	66.32
C	891	85.17	10.46	57.98
D	656.1	83.53	7.85	71.03

【分析】　在进行增量分析法前，需对所有备选方案按照成本额由小到大排序，再进行增量成本—效果分析。本例中将成本额最高的 *A* 方案放在最前面，计算出来的结果判定会出现错误结论。

四、成本、收益数据错误

实例 7：将 434 例消化不良患儿随机分为 *A*、*B* 两组，*A* 组为四磨汤口服液＋酪酸梭菌二联活菌散联合治疗；*B* 组为酪酸梭菌二联活菌散单药治疗。两组的平均疗程分别为 6.78 天和 27.6 天。本研究中，总成本包括药品成本、检查成本、治疗成本、患者家属的误工成本。该研究调查背景为城镇居民人均可支配收入 55.66 元/天，两种药物方案的总成本结果见表 9-13。

表 9-13　两组药物的成本（元）

组别	检查和治疗成本	药物成本	时间成本	总成本
A组	6496.50	15736.79	11855.58	34088.87
B组	6496.50	21751.56	47422.32	75670.38

本研究以总有效率作为效果指标，根据表 9-14，两组临床疗效比较无统计学差异（$P>0.05$）。

表 9-14　两组临床疗效比较

组　别	痊愈（例）	显效（例）	有效（例）	无效（例）	总有效率（%）
Ⅰ组（n=217）	165	40	8	4	98.16
Ⅱ组（n=217）	160	40	12	5	97.70

注：经 Ridit 分析，$P=0.519$。

成本—效果分析结果见表 9-15。

表 9-15　两种治疗方案的成本—效果分析

组别	成本（C）/元	效果（E）%	C/E	$\Delta C/\Delta E$
Ⅰ组	34088.87	98.16	347.28	—
Ⅱ组	75670.38	97.70	774.52	−90394.59

【分析】 本例中治疗消化不良患儿，主要使用口服药，而药物成本和时间成本却高达上万元，两组方案的检查和治疗成本分别为 3.4 万和 7.5 万，与临床实际不吻合。且根据文中提供的数据，无法算出表格中的时间成本。另外，两组疗效无统计学差异，应采用最小成本分析法，无须进行成本—效果分析和增量分析。

（熊　芬　王　婷　孙　旭　姚　媛）

参考文献

1. 徐国成．药物经济学概论．北京：中国中医药出版社，2012.
2. 李瑶．中药药物经济学应以实例研究为抓手．医药经济报，2012-07-11（001）.
3. 尹稳，张鸿燕，高晓红，等．中药注射剂药物经济学研究进展及存在的问题．中国药房，2013，24（47）：4503-4506.
4. 张洪峰，陈晨，王乐，等．中药药物经济学研究进展．中国药房，2013，24（47）：2969-2971.

5. 李明晖，李洪超，马爱霞．近期国内外药物经济学评价研究文献分析．中国药物经济学，2008，1：48-56.
6. 刘敏，年士恒．五种蜜炙中药的药物经济学应用研究．现代中药研究与实践．2008，22（2）：58-60.
7. 俞良汉．天麻药材品质的药物经济学研究．海峡药学．2011，23（2）：186-187.
8. 胡善联．药物经济学．北京：高等教育出版社，2012.